MONING
WAGNER

Vögel

beobachten
in Süddeutschland

CHRISTOPH MONING
CHRISTIAN WAGNER

Vögel beobachten in Süddeutschland

Die besten
Beobachtungsgebiete
zwischen Mosel
und Watzmann

KOSMOS

Inhalt

Vorwort	8
Einführung	9
Beobachtungsethik	9
Vögel beobachten in Süddeutschland	10
Im Gebirge unterwegs	10
In Süddeutschland gebräuchliche Bezeichnungen für Landschaftselemente	12
Reisevorbereitung im Internet	12
Meldung von Beobachtungsdaten	13
Saarland, Rheinland-Pfalz und Hessen	15
Routen im Saarland, in Rheinland-Pfalz und in Hessen	15
1 Ahrmündung	16
2 Urmitzer Werth und Umgebung	17
Blick in die Umgebung: Laacher See	18
3 Auenverbund Wetterau und Umgebung	19
Mittlere Horloffaue	19
Teufel- und Pfaffensee	22
Bingenheimer Ried	23
Blick in die Umgebung:	
Lahnaue und Dutenhofer See	24
4 Streuobstwiesen bei Hochstadt	25
5 Inselrhein und Umgebung*	26
6 Kühkopf-Knoblochsaue und Riedwiesen von Wächterstadt*	33
Blick in die Umgebung: Streuobstwiesen bei Nauheim	37
7 Eich-Gimbsheimer Altrhein	37
8 Lampertheimer Altrhein	39
9 Roxheimer Altrhein und Silbersee	41
10 Klärteiche bei Offstein	43
11 Mehlinger Heide bei Kaiserslautern	45
12 Haardrand bei Neustadt an der Weinstraße	47
Blick in die Umgebung: Dudenhofener Wald	48
Artenspezial Saarland, Rheinland-Pfalz und Hessen	49
Zipp- und Zaunammer	49
Papageien in Süddeutschland	53
Orpheusspötter	54
Mornellregenpfeifer	55

Inhalt

Baden-Württemberg 58
Routen in Baden-Württemberg 58
13 Wagbachniederung bei Waghäusel* 59
   Blick in die Umgebung: Mechtersheimer Tongruben 61
14 Hochlagen des Nordschwarzwaldes 63
15 Mittleres Albvorland bei Göppingen und Schorndorf und Umgebung 69
   Blick in die Umgebung:
   Albuch, Westhang der Teck sowie Jungfrauenfelsen und Hausener Wände 76
16 Donauaue und Donaumoos bei Günzburg 77
   Blick in die Umgebung: Faiminger Stausee sowie Erbacher und Öpfinger Stauseen 82
17 Federsee und Umgebung 83
   Blick in die Umgebung: Wurzacher Ried und Rohrsee 86
18 Taubergießen 87
19 Kaiserstuhl* 90
   Blick in die Umgebung 97
   Blick über die Grenze: Triel im Elsass 97
20 Feldberg 97
   Blick in die Umgebung 100
Artenspezial Baden-Württemberg 101
   Steinkauz 101
   Alpensegler 103
   Mittelspecht 104
   Halsbandschnäpper 104

In Süddeutschland fest etabliert: Die Mittelmeermöwe.

Inhalt

Bodensee 106
Routen am Bodensee 107
Blick über die Grenze: Kanisfluh im Bregenzerwald 107
21 Hohentwiel im Hegau 108
22 Radolfzeller Aachried 111
23 Halbinsel Mettnau 112
24 Mindelsee 114
25 Stockacher Aachmündung 115
26 Wollmatinger Ried-Untersee-Gnadensee* 117
27 Seetaucherstrecke (Schweiz) 120
28 Eriskircher Ried 121
29 Vorarlberger Rheindelta (Österreich)* 124

Alpendohle in den Ammergauer Bergen. Im Hintergrund die Hochplatte.

Inhalt

Der Bergpieper ist ein typischer Bewohner sommerlicher Almen.

Bayern 130
Routen in Bayern 130
30 Mohrhofweiher-Gebiet 131
31 Altmühl- und Brombachsee 133
    Blick in die Umgebung: Rothsee 138
32 Donau zwischen Regensburg und Deggendorf 138
33 Unterer Inn* 145
34 Echinger und Moosburger Stausee 152
35 Ismaninger Speichersee 154
36 Ammersee* 157
37 Starnberger See 163
38 Allgäuer Alpen bei Oberstdorf* 167
39 Murnauer Moos 179
40 Garmisch-Partenkirchen und Umgebung* 182
41 Kochelsee 194
42 Chiemsee* 197
43 Nationalpark Berchtesgaden und sein Vorfeld* 204
Artenspezial Bayern 219
    Wiesenweihen bei Würzburg 219
    Alpenspechte 220
    Mauerläufer 222
    Zitronenzeisig 223

Liste der Vögel Süddeutschlands 225
Literatur 236
Register 241

Vorwort

Als Michael Lohmann, Knut Haarmann und Erich Rutschke vor 15 Jahren ihr dreiteiliges Werk „Vogelparadiese […]" veröffentlichten, war dies ein großer Schritt, um ornithologisch wichtige Gebiete einer breiten Öffentlichkeit zugänglich zu machen. Seitdem hat sich die Szene der Vogelbeobachter stark verändert. Gerade in vielen Teilen Mitteleuropas ist die Vogelbeobachtung zum Volkssport geworden. Unter den Vogelbeobachtern hat der Anteil derjenigen, die „über den Tellerrand hinaus" Vögel in anderen als den „eigenen" Gebieten beobachten wollen, deutlich zugenommen. Zeitgleich wächst das Interesse an detaillierten Informationen zur Vogelbeobachtung in Deutschland stetig. Die Verfügbarkeit von derartigen Informationen hinkt diesem Bedarf allerdings deutlich hinterher.

Deswegen stellte Christoph Moning im April 2002 die Internetseite www.BirdingGermany.de online. Basierend auf den Erfahrungen mit BirdingGermany wurde „Vögel beobachten in Süddeutschland" entwickelt, konzeptionell überarbeitet und inhaltlich deutlich aufgestockt.

Jede öffentlich zugängliche Beschreibung von Beobachtungsmöglichkeiten besonderer, bedrohter oder seltener Arten muss sich der Kritik stellen, diese Arten bewusst einer Störung auszusetzen. Diese Kritik nehmen wir ernst. Unser Standpunkt ist aber, dass Vogellebensräume und Vogelarten nur geschützt werden können, wenn sie im öffentlichen und politischen Ansehen als Kulturbestandteil verankert sind! Dies ist nur durch ein breites öffentliches Interesse möglich, das wiederum nur durch frei zugängliche Informationen erzeugt und unterstützt werden kann. Dazu bemerkte Jochen Hölzinger schon 1987: „Ein Naturschutz unter der Käseglocke würde sehr bald den zugrunde liegenden Konsens über die Notwenigkeit bestimmter Schutzgebiete in Frage stellen; denn Naturschutzgebiete werden nicht nur durch Verordnungstexte gesichert, sondern müssen auch durch Öffentlichkeitsarbeit politisch durchgesetzt werden."

Dieses Buch, so hoffen wir, erhöht die Beobachterdichte in den vorgestellten Gebieten und kann unter anderem durch viele neue Beobachtungsdaten zu einem besseren Wissen über die Gebiete und die dort beobachteten Vögel beitragen. Alle Daten sind selbstverständlich naturschutzrelevant und wirken bei naturschutzpolitischen Argumentationen unterstützend. Die vorgestellten Beobachtungsmöglichkeiten (Wege, Unterstände usw.) geben zudem eine bereits existierende Beobachtungsinfrastruktur wider.

Zu starken Menschenansammlungen, die sich rücksichtslos ihren Weg zu einer weiteren „neuen Art" bahnen, wird es durch dieses Buch sicherlich nicht kommen. Das haben auch die Erfahrungen mit der Internetseite BirdingGermany gezeigt. Das Buch wird eher helfen, Beobachter zu kanalisieren und Störungen zu minimieren.

Dieses Buch lebt von der Qualität der in ihm veröffentlichten Informationen. Daher bitten wir Sie um Mithilfe bei der Informationsverbesserung für spätere Auflagen. Bitte teilen Sie uns Änderungen in den Beobachtungsgebieten sowie Anregungen umgehend mit!

Wir hoffen, dass wir Ihnen bei Ihren vogelkundlichen Entdeckungen in Süddeutschland helfen können und wünschen Ihnen viele schöne Beobachtungen mit Hilfe dieses Buches.

Christoph Moning   Christian Wagner
info@birdinggermany.de

Einführung

Dieses Buch richtet sich an Vogelbeobachter, die die ganze Vielfalt der Vogelwelt Süddeutschlands kennen lernen und erleben möchten. Es soll dem Nutzer die Beobachtung aller typischen Arten der jeweiligen Regionen erlauben. Deswegen orientiert sich das Konzept an Zielarten, die ihren Verbreitungsschwerpunkt innerhalb Deutschlands in den vorgestellten Regionen haben oder die in den jeweiligen Regionen besonders einfach beobachtbar sind. So werden nicht nur artenreiche Feuchtgebiete, sondern auch für Regionen typische Ausschnitte und Lebensräume wie die Streuobstwiesen des Albvorlandes in Baden-Württemberg oder die Weinberge der Mosel vorgestellt.

Wir haben das Buch in vier geographische Regionen gegliedert: Rheinland-Pfalz mit Hessen und dem Saarland sowie Baden-Württemberg, Bodensee und Bayern. Jeder Region wird eine kurze allgemeine Beschreibung mit **Zielarten** und **Routenvorschlägen** vorausgeschickt. Am Ende einer jeden Region finden Sie Informationen zu **ausgewählten Arten**, die innerhalb Deutschlands ihren Verbreitungsschwerpunkt in der jeweiligen Region haben oder hier besonders gut beobachtet werden können.

Die einzelnen Gebietskapitel beginnen mit einer allgemeinen Einführung, die der schnellen Orientierung und der Klärung folgender Fragen dienen soll: Was erwartet den Beobachter? Welche Arten kann man an dem Ort sehen? Welche Wertigkeit hat das Gebiet? Wie viel Zeit sollte man für einen Besuch einplanen? **Symbole** ermöglichen dem Leser eine schnelle Bewertung des Gebietes. Dem folgt eine ausführliche Beschreibung der „**Interessanten Arten**" mit Hinweisen zu deren Lebensräumen und dem jahreszeitlichen Auftreten. Der Abschnitt „**Anfahrt**" beschreibt die Anfahrtswege mit Öffentlichen Verkehrsmitteln (ÖPNV) und dem eigenen Pkw. Leider ist der Takt der Busverbindungen oftmals nur wochentags zufrieden stellend. Am Wochenende wird man viele Exkursionspunkte nur mit Schwierigkeiten öffentlich erreichen. Im Abschnitt „**Allgemeine Hinweise**" werden grundlegende Besonderheiten wie spezielle Gefahren, Hinweise, Verbote oder saisonale Veränderungen angemerkt. Der Schwerpunkt dieses Buches liegt bei der Beschreibung der besten „**Beobachtungsmöglichkeiten**". In der Regel sollte eine gewöhnliche Straßenkarte oder ein Straßenatlas im Maßstab 1:250.000 in Ergänzung zu den Karten im Buch genügen, um alle Punkte einwandfrei im Gelände auffinden zu können. Im Gebirge sollte man jedoch für die Feinnavigation in jedem Fall eine detaillierte Karte mindestens im Maßstab 1:50.000 mitführen! Abschließend folgt eine Zusammenfassung der wichtigsten „**Informationen**". Dabei ist zu beachten, dass sich Adressen und Telefonnummern im Laufe der Zeit ändern können. Man sollte daher im Zweifelsfall die aktualisierten Informationen auf der Internetseite www.birdinggermany.de nutzen.

Eine **Checkliste der Vögel Süddeutschlands** am Ende des Buches gibt dem Leser eine Übersicht über die Vogelarten, die er im süddeutschen Raum erwarten kann. Sie enthält auch Angaben zu den besten Beobachtungspunkten der jeweiligen Arten und dient somit als nützliches Werkzeug bei der Reisevorbereitung.

Beobachtungsethik

Die Informationen in diesem Buch sollen es dem Leser ermöglichen, die bestmöglichen

Beobachtungen in einem bestimmten Gebiet zu machen. Dabei geht es für den Einzelnen um Wissenserweiterung, Entdeckungsfreude und Erfolgserlebnisse oder einfach um das Erleben in der freien Natur. Trotz dieser Beweggründe sollte eines nie in Vergessenheit geraten: Die Vögel selbst und ihr Lebensraum sind wichtiger als die Beobachtungsinteressen des Einzelnen! Wir fordern die Nutzer dieses Buches nachdrücklich zur Zurückhaltung auf. Gerade naturkundlich versierte Beobachter sollten sich ihrer Vorbildfunktion gegenüber ihren Mitmenschen bewusst sein. Dies bedeutet, dass jegliche Störung wie beispielsweise zu starke Annäherung oder das Abspielen von Stimmattrappen am Brutplatz unbedingt zu unterlassen ist. Bitte beachten Sie die Fahrverbote. Auch Wegegebote und Schutzgebietsbestimmungen sollten auf jeden Fall eingehalten werden. Nur unter Berücksichtigung dieser Verhaltensregeln geben wir die zusammengestellten Informationen gerne weiter.

Vögel beobachten in Süddeutschland

Die vielfältige Vogelwelt, kombiniert mit einer sehr reizvollen Landschaft und einer reichhaltigen Kultur, machen Süddeutschland zu einem der attraktivsten Vogelbeobachtungsgebiete in Mitteleuropa. Rund 300 Vogelarten kommen hier regelmäßig vor, und allein im Bodenseegebiet wurden bislang über 410 Arten registriert! Die Region ist ein Schmelztiegel alpiner, süd-, west- und osteuropäischer Faunenelemente, was ihr in Mitteleuropa zu einer einmaligen Avifauna verhilft. Wo sonst in Deutschland kann man Dreizehenspecht und Karmingimpel oder Alpendohle und Alpenstrandläufer an einem Tag beobachten? Viele der weitgehend auf Europa beschränkten Arten wie Zitronenzeisig, Rotmilan oder Mittelspecht sind hier weit verbreitet.

Im Gebirge unterwegs

Viele spezielle und deswegen stark begehrte Gebirgsarten müssen erwandert werden.

Vogelbeobachter im Vorarlberger Rheindelta.

Dabei ist das Wandern im Gebirge nicht ohne Gefahren. Für größere Bergtouren sollte man Erfahrung und entsprechende Ausrüstung wie wetterfeste Kleidung, festes Schuhwerk und gutes Kartenmaterial mitbringen. Noch bis Mitte Mai muss in höheren Lagen mit winterlichen Bedingungen gerechnet werden. Diese Bereiche sind dann nur eingeschränkt zugänglich. Wer abseits der ausgetretenen Pfade unterwegs sein will, muss sehr erfahren sein und mit entsprechender Lawinenausrüstung umgehen können.

Glücklicherweise verschieben sich im Gebirge mit dem Andauern der winterlichen Bedingungen auch die Brutabläufe vieler Arten. So kann man beispielsweise noch Ende Juni das Kullern der Birkhähne auf den Almen hören. Wer hochalpine Arten sehen möchte, der sollte es ab Ende Mai probieren.

Süddeutschland liegt im Sommerregengebiet. Besonders am Alpenrand und im Hochgebirge werden Jahresniederschlagssummen zwischen 1000 und 2500 mm erreicht! Im Spätsommer und Herbst ist in den Bergen mit länger anhaltenden Schönwetterperioden zu rechnen.

Bevor man eine Bergtour angeht, ist es ratsam, diese mit Hilfe einer Wanderkarte vorzubereiten und dabei abzuschätzen, wie viele Höhenmeter (Hm) und wie viel Strecke zu bewältigen sind, wie viele Pausen benötigt werden, wo man sich bei Schlechtwettereinbrüchen wie beispielsweise bei Gewitter unterstellen kann und wo Rückzugsmöglichkeiten sind. Überschätzen Sie sich bitte nicht. Bedenken Sie auch, wie viel Beobachtungszeit Sie haben möchten. Die Zeitangaben bei den Wandervorschlägen beziehen sich auf die reine Gehzeit. Seilbahnen ermöglichen auch weniger konditionsstarken Beobachtern den Zugang zu alpinem Gelände. Wenn man auf einer Wanderung einkehren will, sollte man sich informieren, ob die jeweilige Hütte geöffnet hat. Bei Alpenvereinshütten ist dies unter 089–294940 oder www.alpenverein.de möglich.

Mitte Mai: Frühling im Gebirge.

Als Vogelbeobachter stellt sich bei Bergtouren immer die Frage, wie viel Ausrüstung getragen werden soll. Generell leistet ein Spektiv in den Alpen zum Beispiel bei der Adlerbeobachtung oder beim Absuchen von Felswänden wertvolle Dienste. Auf langen Wanderungen ist es jedoch ein großer Ballast, so dass in den meisten Fällen schon ein Gänsegeier vorbeifliegen muss, um den Aufwand zu rechtfertigen.

In Süddeutschland gebräuchliche Bezeichnungen für Landschaftselemente

Ache	Bach/Flüsschen
Alm/Alp(e)	Gebirgsweiden und die dazugehörigen Wirtschaftsgebäude. Regelmäßig sind diese zu Einkehrmöglichkeiten ausgebaut.
Filz	Hochmoor
Gries	Schotterablagerungen
Joch	Einsattelung im Gebirge/Pass
Kar	Nischen- oder sesselförmige Hohlform in den Steilhängen vergletscherter oder ehemals vergletscherter Gebirge
Klamm	Schmale, durch einen Bach tief eingeschnittene Felsschlucht
Lawinenstrich	Lawinenschneise; zunächst baumfrei, über die Jahre oft mit typischer Sukzessionsvegetation
Moos	(Nieder-) Moor
Mure	Schlamm- und Schuttlawine
Ried	Schilf; Begriff wird oft auch für Grundwassermoore verwendet
Steig	Steiler, unbefestigter Pfad im Gebirge

Reisevorbereitung im Internet

Neben den Internetressourcen, die bei den einzelnen Beobachtungspunkten angegeben sind, gibt die Seite www.BirdingGermany.de aktuelle Informationen zu Gebieten im ganzen Land. Diese Seite sei auch empfohlen, um sich mit aktuellen Adressen, Telefonnummern und neuen Informationen zu Beobachtungsstellen zu versorgen. Auf www.BirdingGermany.de werden wir auch Ihre Anregungen und Kritik zeitnah veröffentlichen. Wenn wir ein Gebiet nicht beschrieben haben, dass Ihrer Meinung nach aber wert ist, veröffentlicht zu werden, kontaktieren Sie uns einfach unter info@birdinggermany.de. Wir freuen uns über jede Anregung und jeden Beobachtungshinweis.

Deutschlandweit aktuelle Informationen findet man auf www.birdnet.de und Informationen zu Raritäten auf www.club300.de. Auf der Seite www.Bavarianbirds.de kann man sich sehr gut über aktuelle Beobachtungen im bayerischen Raum informieren. Wer sich über Aktivitäten der Ornithologischen Gesellschaft in Bayern informieren will, findet diese unter www.og-bayern.de/. Für die Bodenseeregion hält die Seite der Ornithologischen Arbeitsgemeinschaft Bodensee (www.bodensee-ornis.de) viele aktuelle Informationen bereit. Für das Saarland bietet der Ornithologische Beobachterring Saar (OBS) auf der Seite www.obs-saar.de Angaben zur Region. Hier ist auch das SaarBirdNet mit Meldungen der vergangenen Monate integriert. Für zeitnahe Informationen kann man sich bei der Yahoo-Group „SaarBirding" unter http://de.groups.yahoo.com/group/SaarBirding anmelden. Meldungen zu ornithologischen Beobachtungen in Rheinland-Pfalz und Gebietsbeschreibungen findet man unter www.ornithologie-rlp.de. Wer Informationen zu Naturschutzaktivitäten und Publikationen in Rheinland-Pfalz sucht, findet diese bei der Gesellschaft für Naturschutz und Ornithologie Rheinland-Pfalz www.gnor.de. Das hessische Gegenstück ist die Hessische Gesellschaft für Ornithologie und Naturschutz www.hgon.de.

Norbert Kühnberger hat auf www.norbert-kuehnberger.de eine Seite mit regelmäßig aktualisierten Beobachtungsdaten aus Hessen aufgebaut.

Meldung von Beobachtungsdaten

Wer seine **Beobachtungsdaten** der rheinland-pfälzischen Avifaunistik zugänglich machen will, sendet sie an den Koordinator der Datensammlung: Christian Dietzen (Mönchwörthstr. 23, 68199 Mannheim, chrisdie@aol.com).

Im Saarland schicken Sie derartige Daten an den Ornithologischen Beobachterring Saar: Allmendstraße 30, 66399 Mandelbachtal.

Für Hessen gilt folgende Adresse: Hessische Gesellschaft für Ornithologie und Naturschutz e.V.; Lindenstraße 5, 61209 Echzell, info@hgon.de.

In Baden-Württemberg ist die Dokumentationsstelle bei Dr. Jochen Hölzinger, Wasenstr. 7/1, 71686 Remseck, E-Mail: jochen.hoelzinger@web.de.

Die Stummellerche ist in allen süddeutschen Bundesländern meldepflichtig.

Im Bodenseeraum werden Beobachtungsdaten mit Hilfe des Programms MiniAvi gesammelt. Sie können die Daten aber auch in ein Excel-Meldeformular (http://bodensee-ornis.de/downloads/datenform.pdf) eingeben. Die Meldeadresse lautet: Ornithologische Arbeitsgemeinschaft Bodensee, Beyerlestraße 22, 78464 Konstanz, HaraldJacoby@t-online.de.

In Bayern nimmt das Bayerische Avifaunistische Archiv (BAA) entsprechende Daten an: Elmar Witting, Münchhausenstr. 21, D–81247 München, baa@og-bayern.de.

Wenn nicht anders beschrieben, sollten die Meldungen wenn irgend möglich bitte in Form tabellarischer Übersichten wie zum Beispiel in Form von Excel-Dateien verschickt werden. Informationen direkt aus der E-mail oder aus Briefen können nur mit erheblichem Mehraufwand von Hand eingegeben werden.

Die Beobachtung von **Seltenheiten** ist das Salz in der Suppe bei der Vogelbeobachtung. Wenn die Beobachtung einer Rarität zitierfähig werden soll, muss sie an die jeweilige avifaunistische Kommission gemeldet werden. Meldebögen und Listen der meldewürdigen Vogelarten erhält man unter folgenden Adressen:

Für das Saarland: Avifaunistische Kommission Saarland (AKSL). c/o Günter Nicklaus, Allmendstraße 30, 66399 Mandelbachtal, ubgnic@uniklinik-saarland.de beziehungsweise Internetseite der OBS-Saarland: www.obs-saar.de/projekte/avifauna/avifauna.html.

Für Rheinland-Pfalz: Avifaunistische Kommission für Rheinland-Pfalz. c/o Ewald Lippok, Wismarer Str. 9, 56075 Koblenz, egh.lippok@t-online.de beziehungsweise Internetseite der AKRP: www.ornithologie-rlp.de/seltenheiten/seltenheiten.htm

Für Hessen: Avifaunistische Kommission in

Hessen (AKH): c/o S. Stübing, Auezentrum, Lindenstr. 5, 61209 Echzell, AviKH@aol.com beziehungsweise die Internetseite der HGON: www.hgon.de/akh.htm

Für Baden-Württemberg ist die Dokumentationsstelle bei Dr. Jochen Hölzinger, Wasenstr. 7/1, 71686 Remseck, jochen.hoelzinger@web.de.

Für das Bodenseegebiet: Avifaunistische Kommission Bodensee (AKB): c/o Matthias Hemprich, Ravensburger Str. 38/2; 88074 Meckenbeuren, Matthias.Hemprich@freenet.de beziehungsweise die Internetseite der Bodensee-ornis: http://bodensee-ornis.de/downloads/.

Für Bayern: Bayerische Avifaunistische Kommission (BAK): Michael Knoll, Becker-Gundahl-Str. 57, 81479 München, bak@og-bayern.de beziehungsweise die Internetseite der OG-Bayern: www.og-bayern.de/

Wimbachgries und Steinernes Meer – die Berchtesgadener Alpen von ihrer spektakulärsten Seite.

Saarland, Rheinland-Pfalz und Hessen

Saarland, Rheinland-Pfalz und Hessen sind von waldreichen Mittelgebirgen geprägt. Vor allem die vielgestaltigen Weinbergslandschaften mit ihren bundesweit herausragenden Zipp- und Zaunammerbeständen locken zu einem Besuch. Des Weiteren bietet der Rhein mit seinen perlschnurartig aufgereihten Feuchtgebieten und Auwäldern vielseitige Beobachtungsoptionen. Die Vogelwelt der Heiden und Obstwiesen, die bundesweit größte Orpheusspötterpopulation sowie die Papageienscharen in den Städten runden das Spektrum ab.

Top-Arten

Weißstorch, Rotmilan, Wanderfalke, Mornellregenpfeifer, Uhu, Steinkauz, Halsbandsittich, Ziegenmelker, Grau- und Mittelspecht, Heidelerche, Orpheusspötter, Blaukehlchen, Zaunammer, Zippammer.

Routen im Saarland, in Rheinland-Pfalz und in Hessen

Gute Standorte für mehrtägige Exkursionen sind Koblenz, Wiesbaden/Mainz und Worms. Die Umgebung bietet jeweils einen Mix aus interessanten Feuchtgebieten im Rheintal und abwechslungsreichen Weinanbaugebieten an steilen, sonnenexponierten Hängen. In den Weinlagen findet man von Mitte März bis Mitte April die deutschlandweit besten Beobachtungsmöglichkeiten für **Zaun-** und **Zippammer**. Nicht unterschätzen sollte man die Trennwirkung des Rheins. Es gibt nicht überall Brücken. Fähren sind allerdings gute Alternativen. In Hessen bietet die Mittlere Horloffaue außerhalb des Rheintales Beobachtungsmöglichkeiten für einen vollen Tag und gleichzeitig einen guten Querschnitt durch die hessische Vogelwelt. Das Saarland wartet mit der größten **Orpheusspötter**population Deutschlands auf. Hier lohnt sich ein Besuch im Mai (S. 54).

Der Wanderfalke ist im Saarland, in Rheinland-Pfalz und in Hessen ein weit verbreiteter Brutvogel.

1 Ahrmündung

Im Bereich der Ahrmündung findet man den dichtesten Steinkauzbestand in ganz Rheinland-Pfalz. Die Population ist nicht nistkastengestützt, sondern nutzt den Höhlenreichtum des völlig überalterten Obstbaumbestandes.

Anfahrt und Beobachtungsmöglichkeiten

Mittig zwischen Koblenz und Bonn gelegen erreicht man die Ahrmündung über die B 9. Für den nördlichen Zugang verlässt man die Bundesstraße auf der B 266 nach Osten Richtung „Linz/Kripp". Kurz darauf fährt man am Kreisel Richtung „Kripp". 1 km danach zweigt eine mit „Sportplatz" beschilderte Straße nach links ab. Am Beginn dieser Straße kann man parken (**1**). Wenn man von hier nach Süden die B 266 überquert, erreicht man am Ende des Sträßchens „Zum Ahrtal" die extensiv genutzte Hecken- und Wiesenlandschaft (**2**), an deren Rand man nach links bis zur Brücke über die Ahr (**3**) gehen kann. Besonders in der Dämmerung und in der Nacht hat man hier gute Chancen, **Steinkäuze** zu hören.

Sehr gute Chancen auf die kleine Eule hat man auch im südlichen Teil der Ahrmündung. Um diesen zu erreichen, nimmt man von der B 9 die Ausfahrt „Sinzig/Königsfeld". Auf dem „Triftweg" fährt man 1 km nach Osten bis zu einer T-Kreuzung, an der man links fährt („Rheinallee"). So erreicht man auf dem Sträßchen „Am Dorn" durch ein Wohngebiet fahrend einen Wendekreisel, 1,6 km nach der

Abfahrt von der B 9. Dort stellt man das Auto ab (**4**) und folgt der Straße geradeaus. Gute Steinkauzhabitate sind bald erreicht (**5**, **6**). Eine Asphaltstraße führt zum Rhein und zur Brücke über die Ahr (**3**). Hier kann man den **Eisvogel** beobachten. Weitere Begleitarten im Gebiet sind **Grünspecht**, **Neuntöter**, **Gartenrotschwanz** und im Winterhalbjahr **Rotdrosseln**.

Informationen
Literatur: BRÖTZ (1994).

2 Urmitzer Werth und Umgebung

Rund 9 km nordwestlich von Koblenz liegt, inmitten einer stark industriell überprägten Landschaft, die Rheininsel Urmitzer Werth. Sie ist Rasthabitat für durchziehende Limikolen, Seeschwalben und Schwarzmilane. Die nördlich angrenzenden Baggerseen sind für Taucher- und Entenarten als Durchzugs-, Rast- und Überwinterungsgebiet von Bedeutung. Ein halber Tag genügt, um im gesamten Gebiet zu beobachten.

Interessante Arten
Zu den Brutvögeln zählen **Haubentaucher**, **Eisvogel**, **Uferschwalbe**, **Pirol**, **Schwarzkehlchen** und **Wiesenschafstelze**. **Nachtigallen** singen häufig am Rheinufer. Das Urmitzer Werth beherbergt eine **Kormoran**- und eine **Graureiher**kolonie. Weitere Brutvögel sind **Graugans** und durchschnittlich 6 Paare des **Schwarzmilans** (Stand: 2003). Auf dem Durchzug ist die Insel Schlafplatz für Hunderte **Schwarzmilane**. Bei Niedrigwasser rasten **Limikolen** am Ufer. Im Bereich der Insel können ebenso durchziehende **Zwerg**- und **Großmöwen** als auch **Seeschwalben** und unter diesen vor allem **Trauerseeschwalben** beobachtet werden. Am Kraftwerk direkt südlich des Gebietes brütet der **Wanderfalke**, der regelmäßig vom Rheindamm aus beobachtet werden kann.

Anfahrt
Mit öffentlichen Verkehrsmitteln Die

Blick vom Rhein-Uferweg auf das Urmitzer Werth.

nächsten Bushaltestellen sind „Feuerwehr" und „Stadtwerke". Sie werden stündlich angefahren.
Mit dem Auto In Neuwied über die B 256 bis zur Ausfahrt „Hafenstraße" (**1**). Dann Richtung „Hafenstraße" und vorbei an den Stadtwerken von Neuwied. Direkt hinter den Stadtwerken biegt man an einer Kreuzung vor einer Freifläche rechts ab und erreicht nach weiteren 200 m einen Parkplatz auf der linken Seite (**2**).

Beobachtungsmöglichkeiten

Ein 5,7 km langer Rundweg ermöglicht die Beobachtung an allen interessanten Stellen. Vom Parkplatz (**2**) begibt man sich zwischen Hafen und Pioniersee auf den Rhein-Uferweg und folgt diesem flussabwärts bis auf Höhe des Urmitzer Werths. Bei Flusskilometer 602,75 (**3**) verlässt man den Uferweg nach Norden und geht über das Kann-Firmengelände zum Kann-See, wo man bei (**4**) über den Damm ins Ostbecken schauen kann. Danach orientiert man sich zwischen Silbersee und Kannsee nach Westen. Am Westende des Kann-Sees ermöglicht ein nach Norden führender Damm einen Überblick über den Westteil des Gewässers (**5**). Zurück auf dem Rundweg erreicht man nach Westen gehend bald den Steinsee, an dessen Südufer man auf eine Fahrstraße gelangt, der man nach links folgt. Schon nach 100 m verlässt man diese wieder auf einen Feldweg nach rechts. Entlang des Nordufers des Pioniersees gelangt man schließlich auf schmalen Pfaden wieder zurück zum Parkplatz.

Blick in die Umgebung

Rund 12 km Luftlinie westlich von Neuwied liegt der Laacher See. Es handelt sich um ein rund 50 m tiefes, nährstoffarmes Gewässer vulkanischen Ursprungs, das vor allem als Rasthabitat von Bedeutung ist. Unter anderem können unregelmäßig **Stern-** und **Prachttaucher** oder **Meeresenten** sowie regelmäßig verschiedene **Großmöwenarten** beobachtet werden. In den umgebenden Wäldern kommen **Grau-** und **Mittelspecht**,

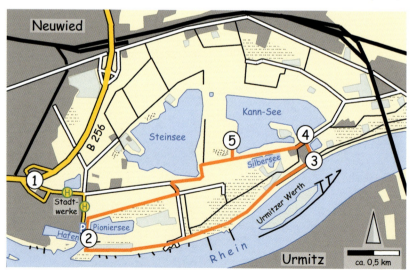

Waldbaumläufer und **Waldlaubsänger** vor. Die Anfahrt erfolgt über die A 61 (Koblenz – Bonn) bis zur Abfahrt „Wehr" oder „Mendig". Von dort sind die Zufahrten zum Kloster Maria Laach ausgeschildert. Folgende Beobachtungspunkte bieten sich an: Den Bootsverleih am Südwestufer des Laacher Sees erreicht man am besten vom großen kostenpflichtigen Parkplatz am Kloster. Von hier hat man den wahrscheinlich besten Überblick über den ganzen See, besonders aber über die Süd- und die Schilfbucht.

An der Jägerspitze, die vom Parkplatz am Kloster durch einen rund 2,5 km (einfach) langen Fußmarsch erreicht werden kann, hat man Einblick auf den zentralen und östlichen Teil des Sees, sowie auf den Schilfgürtel. Man erreicht die Landzunge, indem man auf dem einfach zu findenden, etwas abseits des Ufers verlaufenden Weg am Südufer entlang nach Südosten geht

Der buchendominierte Wald am Nordufer des Sees ist durch einen ufernahen Weg erschlossen, der am Parkplatz am Campingplatz beginnt. Der Weg verläuft parallel zum Campingplatz nach Norden und bietet alle oben genannten Waldvogelarten.

Informationen
Literatur: BITTNER & BOSSELMANN (2000), BOSSELMANN (1993).

3 Auenverbund Wetterau und Umgebung

Die Tallandschaft der Horloff und ihrer Nebengewässer bildet ein überregional bedeutendes Brut- und Rastgebiet vor allem für Wasservögel. Deswegen wurde das rund 7400 ha große Areal 1989 als Landschaftsschutzgebiet „Auenverbund Wetterau" ausgewiesen. Darin eingebettet sind 33 Naturschutzgebiete mit einer Fläche von 1400 ha. Hauptlebensräume sind großräumige, naturnahe Feuchtgrünländer, Feuchtbrachen, Röhrichte, Stillgewässer sowie Schlammbänke, Gehölze und Weichholzauwälder. Nicht zuletzt bietet einer der im süddeutschen Raum wenigen, regelmäßig in großer Zahl genutzten Kranichrastplätze Anlass, das Gebiet zu besuchen. Ein Tag genügt, um in allen Teilbereichen zu beobachten.

NSG Mittlere Horloffaue (A)

Die Mittlere Horloffaue setzt sich aus dem Unteren und dem Oberen Knappensee, sowie dem Wiesengebiet Kuhweide zusammen. Vor allem Anfang November hat man gute Chancen, größere **Kranich**ansammlungen zu beobachten.

Interessante Arten

Die gesamte Mittlere Horloffaue ist ein wichtiger Rastplatz für ziehende Vogelarten. Zur Zugzeit können auf den Seen und den angrenzenden Gebieten **Rohrweihen**, **Fischadler**, **Trauerseeschwalben**, **Enten-** und **Watvögel** sowie **Beutelmeisen** beobachtet werden. In Schilf und Hecken brüten viele Singvögel wie **Blaukehlchen** und **Nachtigall**. Außerhalb der Brutzeit können alle binnenländischen **Entenarten**, **Zwerg-** und **Gänsesäger**, aber auch **Bläss-** und **Saatgans**, **Lappentaucher** und

Saarland, Rheinland-Pfalz und Hessen

Anfahrt und Beobachtungsmöglichkeiten

Utphe und Unter-Widdersheim sind am Besten über die A 45 Ausfahrt „Wölfersheim" zu erreichen. Der nächste Bahnhof liegt etwas östlich von Trais-Horloff. Utphe wird mit Bussen von Hungen und Wölfersheim aus bedient. Die Haltestelle „Sportplatz" ist 400 m vom Friedhof, dem Startpunkt für Exkursionen in das Gebiet, entfernt.

Der Obere Knappensee kann vom Friedhof Utphe in kurzer Zeit erreicht werden. Zum Friedhof gelangt man, indem man am nördlichen Ortsrand von Utphe die erste/letzte innerörtliche Straße nach Osten nimmt – der „Friedhof" ist ausgeschildert – und dann nach 400 m linkerhand auf den Friedhof stößt. Hinter dem Friedhof befinden sich einige Parkplätze. Von dort sind es 100 m nach Norden bis zu einer Schranke und dem Zugang zum See (**1**).

Den Parkplatz am Unteren Knappensee erreicht man, wenn man, wie oben beschrieben, von der B 489 kommend zum Friedhof fährt, dort rechts abbiegt, sich kurz darauf links und gleich wieder rechts hält. Bald darauf wird der Parkplatz auf der linken Seite erreicht. Einen Überblick über den Unteren Knappensee bekommt man von einer Beobachtungshütte am Nordufer (**2**), die einen kurzen Fußweg vom Parkplatz entfernt liegt. Daneben existieren drei Beobachtungshügel am Südufer des Unteren Knappensees (**3**).

Silberreiher beobachtet werden. Im Bereich Unterer Knappensee und Kuhweide verweilen je nach Jahreszeit **Kornweihen**, **Weißstörche**, **Schwarz-** und **Braunkehlchen**. Alljährlich nutzen mehrere hundert **Kraniche** vor allem im Oktober/November die Kuhweide zur Rast. Die **Rohrdommel** überwintert unregelmäßig am Unteren Knappensee.

Besonders im November lassen sich im Bereich Kuhweide rastende Kraniche beobachten.

Auenverbund Wetterau und Umgebung 21

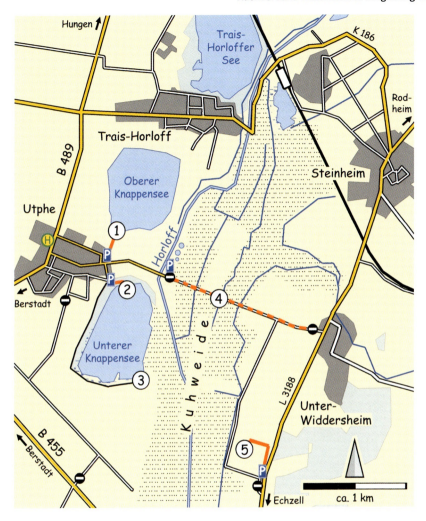

Der Weg zu diesen führt über Privatgelände und Beobachter werden lediglich toleriert. Derzeit wird nach einer angemessenen Ersatzlösung gesucht, da besonders für die Kraniche von diesen Hügeln Störungen ausgehen. Zur Zugzeit der **Kraniche**, vor allem im März und Oktober/November, sollte der Beobachtungsstand im NSG Burg (s.u.) genutzt und die Beobachtungshügel sollten völlig gemieden werden!

Die Kuhweide ist ein ausgedehnter und regelmäßig überschwemmter Feuchtwiesenkomplex mit eingestreuten Schilffeldern und einzelnen Hecken. Dieser Bereich ist insbesondere zur Zugzeit interessant.
Ein Fußweg durch die Kuhweide führt von

Utphe nach Unter-Widdersheim. Für den Zugang hält man sich am Friedhof – wie für den Unteren Knappensee – rechts und dann gleich wieder links. Man fährt dann aber geradeaus aus dem Dorf heraus und parkt nach der Horloff-Brücke an der Kläranlage, von wo aus man den asphaltierten Weg geradeaus gehen kann. Dieser erschließt zentrale Bereiche der Kuhweide (**4**). Die übrige Kuhweide ist aus Schutzgründen ganzjährig gesperrt.

Für einen weiten Blick über die Niederung und als Beobachtungspunkt für rastende **Kraniche** sollte man den Beobachtungsstand im NSG Burg nutzen (**5**). Zu diesem gelangt man, indem man von der B 455 in der Nähe von Grund-Schwalheim auf die L 3188 nach Norden Richtung Unter-Widdersheim wechselt. Kurz danach führt die Straße bergauf. Hier befindet sich auf der linken Seite ein Parkplatz mit Informationstafel und NSG-Schild. Von diesem führt ein Fußpfad zuerst parallel zur Straße bergauf und biegt dann nach Westen zum versteckt liegenden Beobachtungsturm ab (**5**).

NSG Teufelsee und Pfaffensee (B)

Das 91 ha große Naturschutzgebiet Teufelsee und Pfaffensee liegt knapp 2 km südwestlich von Echzell. Beide Seen sind aus ehemaligen Braunkohlelagerstätten entstanden, in denen bis 1989 im Tagebau abgebaut wurde. Zahlreiche wassergebundene und flächenanspruchsvolle Vogelarten brüten, rasten oder überwintern auf den Wasserflächen oder im Uferbereich. Der **Rothalstaucher** hat hier einen der wenigen regelmäßig besetzten Brutplätze in Hessen.

Interessante Arten

Im Winter finden sich auf den Seen eine breite Palette binnenländischer **Entenarten** sowie **Zwergsäger**, **Bläss-** und **Saatgänse** ein. Weiterhin gehören **Lappentaucher**, **Fischadler** und **Limikolen** zu den regelmäßigen Durchzüglern. **Kornweihe**, **Merlin** und

Wanderfalke sind Nahrungsgäste, während **Zwerg-** und **Rothalstaucher**, **Blaukehlchen**, **Uferschwalbe**, **Beutelmeise** und **Grauammer** zu dem mit rund 35 Arten relativ armen Brutvogelspektrum gehören.

Anfahrt und Beobachtungsmöglichkeiten

Teufel- und Pfaffensee erreicht man von Norden kommend von der A 45 Ausfahrt "Wölfersheim" und von Süden kommend von der Ausfahrt "Florstadt". Sie liegen zwischen den Orten Echzell/Gettenau und Reichelsheim/Weckesheim. Es gibt drei Beobachtungsstände rund um die Seen.

Zum Beobachtungsstand am Teufelsee (**6**) gelangt man über Weckesheim. Im Ort verlässt man die L 3186 auf der K 179 nach Norden Richtung "Wölfersheim" und biegt 1,4 km nach dieser Kreuzung auf der freien Feldflur nach rechts (Osten) in einen asphaltierten Wirtschaftsweg ein. Auf diesem erreicht man nach 500 m eine Parkmöglichkeit in unmittelbarer Nähe des Beobachtungsstandes. Der Bahnhof in Weckesheim befindet sich an der Kreuzung L 3186/K 179 und ist somit 1,9 km vom Teufelsee entfernt.

Den Beobachtungsstand am Südufer des Pfaffensees (**7**) erreicht man von Heuchelheim. Auf der K 180 nach Norden Richtung "Gettenau/Echzell" fahrend, biegt man kurz vor dem Ortsausgang und vor einem kleinen Friedhof nach links Richtung "ZAAG Wetterau Nord" und "Bauhof" ab. Man parkt gleich rechts am Zaun und geht geradeaus weiter, bis man auf einen Teerweg stößt, dem man nach rechts bis zum Beobachtungsstand folgt (**7**). Die Strecke beträgt vom Parkplatz aus 700 m. Der Gettenauer Bahnhof liegt leider etwas abseits. Die nächste Bushaltestelle ist "Gettenau Kirche".

Der Parkplatz zu dem Beobachtungsstand am Nordufer des Pfaffensees (**8**) befindet sich an einer Scheune am westlichen Ortsausgang von Gettenau, direkt an der L 3412. Um den Beobachtungsstand zu erreichen, folgt man von der Scheune dem Feldweg 1,7 km nach Südwesten. Von hier hat man eine gute Übersicht über die Flachwasserzonen, bei Sonnenschein allerdings meistens auch Gegenlicht.

Die beiden Seen können auf Wirtschaftswegen umrundet werden. Eine mögliche Route ist in der Karte gestrichelt eingezeichnet. Sie ist gerade für Bahnfahrer eine attraktive Alternative.

NSG Bingenheimer Ried (C)

Das Bingenheimer Ried liegt in unmittelbarer Nachbarschaft zu Teufels- und Pfaffensee (**B**). Die Wiesen- und Schilfflächen des 85 ha großen Naturschutzgebietes sind vor allem

Blick auf das Bingenheimer Ried von dem östlich gelegenen Beobachtungsturm (9).

im Frühjahr regelmäßig überschwemmt und bieten dann sehr gute Beobachtungsmöglichkeiten für durchziehende **Enten** und **Limikolen**.

Interessante Arten

Zur Zugzeit kann man neben allen heimischen **Entenarten** auch eine für das Binnenland große Auswahl an **Watvögeln** beobachten. **Silberreiher, Bläss- und Saatgans, Kornweihe, Wanderfalke, Raubwürger** und **Bergpieper** halten sich je nach Jahreszeit im Gebiet auf. Rund 30 Vogelarten brüten im Ried. Darunter **Weißstorch, Rohrweihe, Spieß-, Löffel-** und **Knäkente, Tüpfelsumpfhuhn** und **Wasserralle** sowie **Waldohreule, Blaukehlchen** und **Beutelmeise**.

Anfahrt und Beobachtungsmöglichkeiten

Bingenheim erreicht man wie Teufel- und Pfaffensee am Besten von der A 45. Parken sollte man an der Hauptstraße („Raunstraße", L 3188) am Südrand von Bingenheim. Der für den Verkehr gesperrte „Riedweg" führt dort nach Westen aus dem Ort und nach 600 m zu einem Aussichtsturm (**9**), der einen hervorragenden Überblick über das Gebiet bietet. Der Weg ist mit einem „Radweg Echzell"-Schild versehen.

Der nächste Bahnhof ist in Beienheim, einem Ortsteil von Reichelsheim. Von dort kann man entlang der Bahnlinie zum Beobachtungsturm und darüber hinaus nach Echzell/Gettenau gehen (orange gestrichelt, von Bahnhof zu Bahnhof 3 km).

Blick in die Umgebung

Die Lahnaue und der Dutenhofer See (**10**) zwischen Atzbach, Dutenhofen und Heuchelheim wenige Kilometer westlich von Gießen entwickelten sich in den letzten Jahren zu einem interessanten Vogelbeobachtungsgebiet vor allem für durchziehende und rastende Vogelarten. Das Gebiet ist aufgrund überregional bedeutender Rast- und Überwinterungszahlen sowie regional bedeutender Brutvogelzahlen FFH-Gebiet.

Ein guter Ausgangspunkt für Exkursionen in das Gebiet ist die Brücke nördlich des Dutenhofener Bahnhofs (**10**).

Informationen

www.norbert-kuehnberger.de

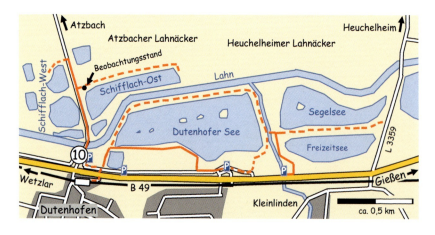

4 Streuobstwiesen bei Hochstadt

Der Main-Kinzig-Landkreis nordöstlich von Frankfurt ist ein wichtiges Zentrum des hessischen Steinkauzvorkommens. Im Kreisgebiet brüten rund 150 Paare des Kauzes, wobei der Bestand größeren Schwankungen unterworfen ist. Die Obstwiesen am nördlichen Ortsrand von Hochstadt sind die größten im Landkreis und haben eine stattliche, nistkastengestützte Steinkauzpopulation.

Anfahrt und Beobachtungsmöglichkeiten

Hochstadt erreicht man über die A 66 Anschlussstelle „Maintal/Dörnigheim". Auf der L 3209 hält man sich zuerst links Richtung „Bergen-Enkheim". An der nächsten Ampel biegt man nach rechts Richtung „Hochstadt" ab. Ungefähr 200 m weiter führt nach links ein gesperrter Feldweg in die Obstwiesen. In diesem Bereich sollte man das Auto abstellen. Der Feldweg führt 200 m nach Norden und stößt dort auf einen Teerweg. Diesem folgt man nach rechts und durchquert dabei gutes Steinkauzhabitat.

In den Streuobstwiesen bei Hochstadt.

Potenzielle Reviere lassen sich an dem im ganzen Gebiet aufgehängten **Steinkauz**röhren erkennen. Desweiteren bieten die extensiv genutzten Streuobstwiesen Lebensraum für eine ansprechende Auswahl an typischen Bewohnern dieses Habitats. Dazu zählen Spechte wie **Klein-** oder **Grünspecht**, aber auch typische Kulturlandarten wie **Gartenrotschwanz** und **Feldsperling**.

Informationen

Literatur: Hessische Gesellschaft für Ornithologie und Naturschutz (1993-1999), Nitsche & Nitsche (2202).

5 Inselrhein und Umgebung*

Zwischen Mainz und Bingen fließt der Rhein in südwestlicher Richtung durch den Rheingau (rechtsrheinisch) beziehungsweise die Ingelheimer Rheinebene (linksrheinisch) und bildet den so genannten Inselrhein. Das 25 km lange Stromgebiet mit seinen Inseln ist Europareservat und Ramsargebiet und hat für Wasservögel europaweite Bedeutung. Besonders in den Wintermonaten finden sich große Bestände von Tauchern, Gänsen, Enten, Sägern und Möwen ein. Reste einer abwechslungsreichen Kulturlandschaft, benachbart liegende Weinhänge und das aus einer Kiesgrube entstandene NSG „Hinter der Mortkaute" machen die Region auch in den anderen Jahreszeiten zu einem lohnenden Exkursionsziel für ein oder zwei Tage.

Interessante Arten

Der Inselrhein ist ein gutes Gebiet zur Beobachtung von **Möwen**. Am Schlafplatz Krausaue bei Bingen überwinterten im Jahr 2000 gut 13 000 Individuen. Neben der **Lachmöwe**, die den Hauptanteil stellt, findet man regelmäßig und auch in großer Zahl **Sturm-, Mittelmeer-, Steppen-, Silber-, Herings-** und **Zwergmöwen**. Letztgenannte ist mit einem Maximum Ende April fast ganzjährig beobachtbar. **Schwarzkopfmöwen** ziehen vor allem Anfang September, **Küstenseeschwalben** regelmäßig bei Gewitterlagen in der ersten Maidekade durch. Häufigere Durchzügler sind **Fluss-** und **Trauerseeschwalbe**. Die Zahl der Möwen wird mit der Schließung der umgebenden Deponien in Zukunft abnehmen.

Neben den **Möwen** überwintern in geringer Zahl auch **nordische Gänse**, verschiedene **Meeresenten**, sowie regelmäßig **Zwerg-** und **Gänsesäger**.

„Rüdesheimer Rottland" von Bingen aus gesehen. Neun Möwenarten können regelmäßig am Inselrhein beobachtet werden. Hier eine Silbermöwe.

Inselrhein und Umgebung 27

Fischadler und **Limikolen** sind typische Durchzügler am Inselrhein. Der **Silberreiher** bevorzugt die Mortkaute. Die erfahrungsgemäß besten Plätze für **Limikolen** sind die Rüdesheimer Aue, die Fulder Aue, die Ilmen Aue und das Nordufer beziehungsweise der Südostrand der Winkeler Aue.

Zur Brutzeit wird die Mortkaute interessant. 2003 brüteten **Zwerg-** und **Schwarzhalstaucher** (4 BP), **Baumfalke, Eisvogel, Neuntöter** sowie **Blau-** und **Schwarzkehlchen**. Zur richtigen Jahreszeit (siehe S. 54) sollte man auch auf den **Orpheusspötter** achten, der hier aber auch an der Hindenburgbrücke bei Bingen vorkommt. Weiterhin brütet die Art regelmäßig auch direkt südlich von Bingen südlich des Kaiser-Friedrich-Turmes zwischen Wald und Weinbergen auf dem Rochusberg.

Weit verbreitete Brutvogelarten in den angrenzenden Wäldern sind **Mittel-** und **Grauspecht** sowie **Nachtigall, Pirol** und **Hohltaube**.

Anfahrt
Der Inselrhein liegt zwischen Mainz und Bingen. Er ist linksrheinisch über die A 60 beziehungsweise von Koblenz über die A 61 und rechtsrheinisch über die B 42 erschlossen. Bahnstrecken befinden sich sowohl auf der linken, als auch auf der rechten Rheinseite. Viele Beobachtungspunkte sind direkt von einem der zahlreichen Bahnhöfe aus zu Fuß erreichbar.

Allgemeine Hinweise
Eine Wanderung oder Fahrradtour entlang des rheinland-pfälzischen Rheinufers (Südufer) vom Bahnhof Bingen bis Heidenfahrt ist ungefähr 16 km lang und verbindet alle im Süden beschriebenen Exkursionspunkte. In Teilen benutzt man dabei den Leinpfad und den Rheinauenpfad (Lehrpfad), die beide an der Hindenburgbrücke (**3**) beginnen.

Der NABU Bingen und Umgebung bietet kommentierte ornithologische Schiffsexkursionen an. Mit dem Schiff „Rheingau" fährt

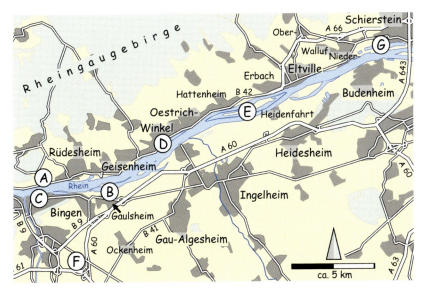

man ab Bingen bis nach Eltville. Nähere Informationen sind im NABU-Naturschutzzentrum Rheinauen erhältlich (siehe Informationen).

Bei Hochwasser sind auch die Stillwasserbereiche stärkerer Strömung ausgesetzt, so dass viele Schwimmvögel den Inselrhein dann meiden. Auch die Schlickflächen liegen dann unter Wasser.

Beobachtungsmöglichkeiten
Weinhänge westlich von Rüdesheim (A)
In den Weinbergen zwischen Rüdesheim und Assmannshausen brüten auf knapp 5 km Flussstrecke konstant rund 30 Paare der **Zippammer**, und auch der **Wanderfalke** kommt am Rüdesheimer Berg vor. Von Mainz der B 42 folgend, biegt man am westlichen Ortsende von Rüdesheim unmittelbar vor Überquerung der Bahngleise nach rechts in die „Oberstraße" und parkt bald am Straßenrand. 100 m von der Hauptstraße führt nach links das gesperrte Sträßchen „Feldtor" in die Weinberge. Das „Niederwald-Denkmal" ist angeschrieben. An der ersten Abzweigung folgt man den Schildern Richtung „Rüdesheimer Weinpfad" geradeaus und danach dem Zeichen Richtung „Niederwalddenkmal". An einer kleinen Kapelle nach links in den Hang gehend, erreicht man einen Felssporn, an dem traditionell **Zippammern** brüten (**1**).

Direkt unterhalb des Felssporns ist der schon vom anderen Rheinufer aus sichtbare, große weiße Schriftzug „Rüdesheimer Rottland" abzulesen. Von hier kann man dem Weg weiter in die Weinberge folgen und passiert an entsprechenden Stellen weitere **Zippammer**reviere.

NSG Fulderaue – Ilmen Aue (B)
Das 341 ha große NSG ist ein zentraler Teil des Inselrheins. Durch Leitwerke aus Steinschüttungen und Buhnen sind in dem Bereich der Inseln zum linksseitigen Rheinufer hin Stillwasserzonen entstanden, die in den Zugzeiten **Wasservögeln** und bei gleichzeitigem Niedrigwasser **Limikolen** als Rast- und Nahrungsplatz dienen. Auch viele überwinternde **Enten** können hier beobachtet werden. Regelmäßige Brutvögel sind **Pirol**, **Mittelmeermöwe** und **Schwarzmilan**. Leider ist das Gebiet im Sommerhalbjahr durch Wasser- und Bootssportler erheblich beeinträchtigt und dann wenig lohnend.

Ein guter Ausgangspunkt für Beobachtungen am Rheinuferweg ist der Parkplatz am NABU-Naturschutzzentrum (**2**) in Gaulsheim. Um ihn zu erreichen, verlässt man die A 60 über die Ausfahrt „Bingen-Gaulsheim" und fährt in den Ort Gaulsheim hinein. 400 m nach dem Ortsschild weist ein Schild nach rechts zum „Naturschutzzentrum", dass bald

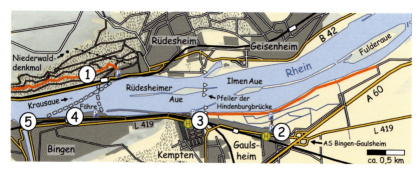

darauf auf der rechten Seite erreicht wird. Die nächste Bushaltestelle heißt „Gaulsheim Kirche" und ist weniger als 300 m vom Naturschutzzentrum entfernt. Vom NABU-Zentrum geht man nach Norden und erreicht so den Rhein. Am Ufer entlang nach links oder rechts gehend, gelangt man an die interessanten Stillwasserzonen.

Rüdesheimer Aue und Krausaue (C)
Auf der 29 ha großen Rüdesheimer Aue befinden sich eine **Graureiher**- und eine **Kormoran**kolonie. Die Insel bietet bei Niedrigwasser auch gute **Limikolen**rastplätze. Die Krausaue ist der größte winterliche **Möwen**schlafplatz im Bereich des Inselrheins und lohnt sich vor allem ab dem späten Nachmittag.

Für einen Überblick über die Rüdesheimer Aue fährt man von der A 60 und dem Naturschutzzentrum kommend, weiter nach Westen und hält sich an der T-Kreuzung nach 1,3 km rechts Richtung „Bingen". 1,8 km nach dem Naturschutzzentrum, beziehungsweise 0,5 km nach der T-Kreuzung biegt man gegenüber einer Shell-Tankstelle rechts auf ein Sträßchen in Richtung „Campingplatz" und „Sportanlagen" ab. Gleich nachdem man die Gleise unterquert hat, gibt es Parkmöglichkeiten auf der linken Seite (**3**), von denen man zum Ufer geht. Am Ufer blickt man auf die gegenüber liegende Rüdesheimer Aue. Nach rechts kann man dem Uferweg am Campingplatz vorbei in das NSG Fulder Aue – Ilmen Aue folgen und erreicht so nach 300 m die Pfeiler der zerstörten Hindenburgbrücke (**Orpheusspötter**) und nach knapp 2 km das NABU-Naturschutzzentrum (**2**) (**B**). An der L 419 liegt die Bushaltestelle „Kempten" im Bereich der Abzweigung zum Campingplatz mit guter Anbindung an den Bingener Bahnhof.

Einen Parkplatz mit Blick auf die Krausaue erreicht man von der in Bingen rheinparallel verlaufenden L 419. Man verlässt diese 1,3 km westlich der Abfahrt zum Campingbeziehungsweise Sportplatz in Richtung „Hafen/Rheinanlagen Parkplatz" und folgt der Straße ca. 900 m nach Westen bis zu einem unbefestigten Parkplatz auf der rechten Seite (**4**), von dem man freie Sicht auf die Krausaue am Rheinkilometer 528 hat. Die Krausaue ist bei Hochwasser gänzlich überschwemmt. Der Bahnhof Bingen liegt nur wenige Meter von (**4**) entfernt. Dem Ufer rund 1 km nach Westen folgend, erreicht man schließlich die Nahemündung, an der zur entsprechenden Jahreszeit oft **Seeschwalben** beobachtet werden können (**5**).

NSG Winkeler Aue (D)
Diese relativ junge und nur 1,5 ha große Insel ist ein wichtiges Rasthabitat für **Wasservögel** und **Limikolen**. Vor allem das Nordufer und der Südostrand sind interessant. Die Winkeler Aue kann vom rechten Rheinufer von Winkel aus eingesehen werden. Der Ort liegt an der B 42, wo man im Bereich der Ausfahrt „Gewerbegebiet" parkt. Von hier sind es nur wenige Meter bis zum Ufer, von wo man auf die gegenüber liegende Insel blicken kann.

Der nächste Bahnhof ist „Oestrich-Winkel" und am Einfachsten von Wiesbaden aus erreichbar. Vom Bahnhof sind es 200 m nach Süden bis zum Rheinufer am Leitwerk östlich der Winkeler Aue. Von hier sind es noch einmal 600 m nach Westen bis zur Insel.

NSG Mariannenaue (E)
Auch die östlich der Winkeler Aue gelegene Mariannenaue kann über die B 42 erreicht werden. Dazu parkt man im Bereich des Schlosses Reichardshausen, das zwischen den Orten Oestrich und Hattenheim liegt. Die Abfahrt von der B 42 ist mit „Oestrich/Hatten-

Saarland, Rheinland-Pfalz und Hessen

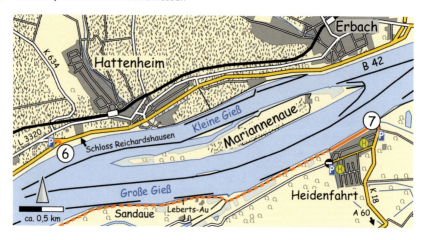

heim/Hallgarten" ausgeschildert (**6**). Gleich darauf befindet sich am linken Straßenrand eine kleine Parkmöglichkeit. Vom Ufer blickt man an dieser Stelle auf die Wasserflächen innerhalb der Leitwerke westlich der Mariannenaue, die im Winter regelmäßig von **Meeresenten** und **Sägern** aufgesucht wird. Auch **Limikolen** und **Möwen** halten sich gerne im Bereich der Mariannenaue auf. Vom Hattenheimer Bahnhof, der von Wiesbaden angefahren wird, erreicht man das Rheinufer an der Mariannenaue in 5 min.

Einen Blick auf das Südufer der Mariannenaue hat man von Heidenfahrt, das von der A 60 Ausfahrt „Ingelheim Ost" erreicht werden kann. Man folgt von der Ausfahrt den Hinweisschildern nach „Heidesheim-Heidenfahrt" und erreicht nach 2,4 km den rechterhand liegenden Parkplatz am Hafen. Heidenfahrt ist unter der Woche von Mainz aus gut mit dem Bus erreichbar. Vom Ufer (**7**) hat man einen guten Überblick über den Nordostteil der Insel. Am Leitwerk bei Heidenfahrt halten sich gerne **Möwen** auf. Von hier aus kann man dem Rheinuferweg nach Westen folgen und erhält so weitere Einblicke auf die Mariannenaue (in der Karte orange gestrichelt).

NSG Hinter der Mortkaute (F)

Die 18 ha große Mortkaute ist ein ehemaliges Kiesabbaugelände und wurde wegen der interessanten Brut- und Rastvogelwelt in den 80er Jahren unter Schutz gestellt. Nach wenigen Jahren trocknete das Gebiet aus, verbuschte und verlor an Bedeutung. Im Frühjahr 2001 stieg der Wasserspiegel wieder an und das Gebiet zog erneut Wasservögel an. Unter anderem brütet der **Schwarzhalstaucher** hier. Weitere Brutvögel sind **Baumfalke**, **Schwarzkehlchen**, **Neuntöter** und **Orpheusspötter**. Die Brutpaarzahlen der Wasservögel hängen vom jeweiligen Wasser-

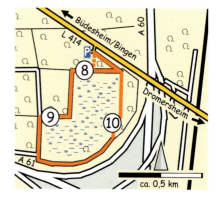

stand ab. Die Mortkaute liegt direkt an der Autobahn, muss aber etwas umständlich angefahren werden. Wenn man von Mainz kommt, verlässt man die A 60 in „Ingelheim West" und fährt auf der B 41 über Gau-Algesheim und Ockenheim bis zur Kreuzung mit der L 414, die 7,8 km nach Verlassen der A 60 erreicht wird. Das Gasthaus „Kutschereck" markiert die Kreuzung. Auf der L 414 fährt man noch einmal 2 km nach Norden Richtung „Bingen" bis auf der linken Seite ein ausgeschilderter Parkplatz auftaucht. Von diesem geht man nach links entlang der Straße zurück und trifft so auf den ca. 2 km langen Rundweg um die Mortkaute. Drei Beobachtungsstände (**8**, **9**, **10**) ermöglichen Einblick in das Gebiet.

NSG Niederwalluf-Schierstein (G)

Westlich von Wiesbaden liegt rechtsrheinisch zwischen Schierstein und Niederwalluf ein 176 ha großes Wasserwerksgelände mit sechs insgesamt 12 ha großen Klärbecken, in denen Rheinwasser aufbereitet wird. Die schilfbestandenen und von Feldgehölzen und ungedüngten Wiesen umgebenen Klärbecken sind Lebensraum von **Schwarzmilan**, **Grauspecht**, **Kleinspecht**, **Blaukehlchen** und **Nachtigall**. Eine **Weißstorch**kolonie mit rund 30 Paaren (**14**), die aus nächster Nähe eingesehen werden kann, ist auf dem Wasserwerksgelände angesiedelt. Die Störche werden zugefüttert. Einige **Störche** ziehen nicht und überwintern im Gebiet. Am Schiersteiner Hafen westlich des Brunnens (**18**) befindet sich ein zeitweilig über 1000 Tiere umfassender **Halsbandsittich**-Schlafplatz. Einige Sittiche halten sich auch tagsüber in den Platanen am Wasserwerk auf.

Nach Niederwalluf gelangt man von Wiesbaden über die A 66 Ausfahrt „Wiesbaden-Frauenstein" am westlichen Ende der Autobahn. Von dort fährt man auf der L 3441 ca. 1 km nach Süden und dann bei (**11**) nach rechts auf die K 638 Richtung Niederwalluf. 1 km nach dem Ortschild biegt man am Hotel „R. Ruppert" nach links Richtung „Sportplatz/Pension Henz" ab. Die „Johannisbrunnen-

Blick auf das Wasserwerksgelände zwischen Niederwalluf und Schierstein.

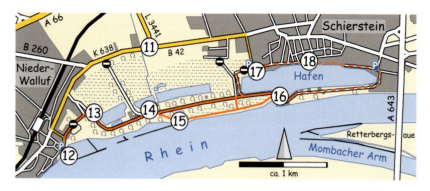

straße" führt in 200 m zum Rhein. Dort fährt man wenige Meter nach rechts zum Parkplatz am Hafen (**12**). Der Bahnhof Niederwalluf liegt an der Bahnstrecke Wiesbaden – Koblenz und ist keine 400 m vom Hafen entfernt.

Vom Parkplatz aus lohnt sich ein Blick über den Schiersteiner Hafen. Zu Fuß geht man rheinaufwärts am Sportplatz vorbei und erreicht den Damm (**13**), der nach rechts um das Wasserwerkgelände herum und an der **Storchen**kolonie (**14**) vorbei bis zum Hafen nach Schierstein führt. Bei (**15**) kann sich ein Blick hinter das Rheinleitwerk lohnen. Von der Hochbrücke über die Hafeneinfahrt von Schierstein (**16**) hat man eine gute Übersicht über den Hafen und den Rhein. Vor allem im Winter finden sich hier immer wieder **Taucher**, **Säger** oder interessante **Enten** ein. Bis zur Hochbrücke sind es einfach 2,6 km.

Den Parkplatz am Hafen Schierstein (**17**) erreicht man, wenn man bei (**11**) nicht nach rechts Richtung „Niederwalluf", sondern nach links Richtung „Schierstein" abbiegt. Der B 42 in den Ort hinein folgend, erreicht man 500 m hinter dem Ortsschild die „Kleinaustraße", die nach rechts in 300 m zum Parkplatz „Hafen" führt. Der Parkplatz „Hafen" ist auch von der Hauptstraße aus angeschrieben.

Informationen

NABU-Naturschutzzentrum Rheinauen, An den Rheinwiesen 5, 55411 Bingen-Gaulsheim, 06721–14367, Kontakt@Nabu-Rheinauen.de, www.NABU-Rheinauen.de
www.norbert-kuehnberger.de
Literatur: FOLZ (1987a, 1987b, 1999), FOLZ & HEUSER (2001), STOLTZ & HELB (2004), VOLLMAR (2002).

Graureiher

6 Kühkopf-Knoblochsaue und Riedwiesen von Wächterstadt*

Mit 2369 ha ist das im Ballungsraum Rhein-Main liegende Europäische Vogelschutzgebiet Kühkopf-Knoblochsaue das größte Naturschutzgebiet in Hessen. Die Auelandschaft ist von internationaler Bedeutung und beherbergt eine bemerkenswerte Vogelwelt. Bislang wurden rund 265 Vogelarten festgestellt. Im Gebiet brüten neben Weißstorch, Schwarzmilan, Mittelspecht, Pirol und Blaukehlchen weitere 115 Vogelarten. Wer im gesamten Gebiet beobachten möchte, benötigt zwei Tage.

Interessante Arten

Das NSG „Kühkopf-Knoblochsaue" beherbergt mit 100–150 Paaren die, neben dem Lampertheimer Altrhein, wichtigste **Graureiher**kolonie Hessens. **Kormorane** brüten mit 40 Brutpaaren wie auch die **Graureiher** am Aquarium. Der **Weißstorch** brütet im Bereich des Gutes Guntershausen im Süden des Kühkopfs und ist darüber hinaus ein regelmäßiger Durchzügler. Auch der **Schwarzstorch** tritt in den Sommermonaten regelmäßig auf. Der **Schwarzmilan** brütet im Europareservat mit rund 60 Paaren. Nirgendwo in Deutschland ist die Siedlungsdichte dieser Art höher. Im Spätsommer, kurz vor dem Abzug, versammeln sich bis zu 160 Individuen im Gebiet. Weitere regelmäßig brütende Greifvögel sind **Rotmilan**, **Wespenbussard**, **Rohrweihe**, **Habicht** und **Baumfalke**.

Wachtel, **Dorngrasmücke**, **Schwarzkehlchen**, **Neuntöter**, **Grauammer** und das **Blaukehlchen** besiedeln im Sommer die offenen Röhricht- und Wiesenbestände, wie man sie beispielsweise im NSG Großes Michelsried oder im NSG Riedwiesen von Wächterstadt findet. Das **Blaukehlchen** brütet dabei mit rund 70 Paaren innerhalb und noch einmal so vielen Paaren knapp außerhalb der Naturschutzflächen. **Pirol**, **Kuckuck**, **Turteltaube**, **Trauerschnäpper**, **Nachtigall**, Gar-

Ab Ende März sind die Riedwiesen von Wächterstadt ein guter Beobachtungsort für das Blaukehlchen.

ten- und **Waldbaumläufer** sowie **Waldlaubsänger** gehören zu den typischen Sommergästen im Auwald. Auch ein **Uhu**paar lebt in den Wäldern. **Gartenrotschwanz** und **Beutelmeise** nisten in den ausgedehnten Kopfweidenbeständen, in denen auch der **Waldkauz** mit einigen Dutzend Paaren brütet. Zu den sieben **Spechtarten** des Gebietes zählen **Schwarz-, Grün-, Grau-, Klein-** und **Mittelspecht**; letztgenannter mit rund 100 Paaren. An den Altwässern und verlandenden Altarmen brüten unter anderem **Zwerg-** und **Haubentaucher** sowie **Graugans**, wenige **Eisvögel** und die **Wasserralle**. **Kanada-** und **Nilgans** gehören zu den Neubürgern.

Zu den Zugzeiten nutzen **Kraniche**, eine Reihe **Limikolenarten**, **Fischadler**, **Rohrweihen** und **Baumfalken** das Gebiet zur Rast. **Raubwürger**, **Kornweihe**, **Bergpieper** und **Rotdrossel** sind Wintergäste und können beispielsweise im Bereich des NSG Riedwiesen von Wächterstadt beobachtet werden. Vor allem im Winterhalbjahr versammeln sich auch viele Entenarten wie **Spieß-, Pfeif-** und **Schellenten** sowie **Zwerg-** und **Gänsesäger** auf den Gewässern. Die Wiesenbereiche im Norden des Gebietes werden meistens in kleiner Anzahl von **Bläss-** und **Saatgänsen** sowie selten auch **Singschwänen** und **Sumpfohreulen** zur Nahrungssuche genutzt. **Wanderfalke** und **Silberreiher** sind vor allem außerhalb der Brutzeit typische Gäste (Stand der Brutpaarzahlen: 2002).

Anfahrt

Das Gebiet liegt am rechten Rheinufer rund 12 km südwestlich von Darmstadt. Die B 44 führt am Ostrand des Gebietes entlang. Stockstadt hat einen Bahnanschluss.

Allgemeine Hinweise

An Spitzenwochenenden im Mai bevölkern bis zu 7000 Spaziergänger und Radfahrer das Naturschutzgebiet, so dass es sich empfiehlt, diese Zeiten zu meiden. Das Landgut Guntershausen beherbergt ein sehenswertes Informationszentrum. Ein im Frühjahr 2003 eröffneter Auenlehrpfad, der von der Stockstädter oder der Erfelder Fußgängerbrücke aus erreicht werden kann, beginnt am Naturschutzzentrum. Er veranschaulicht die Hintergründe der Auwaldentwicklung auf dem Kühkopf.

Beobachtungsmöglichkeiten

NSG Kühkopf

Die durch einen künstlichen Durchstich eines ehemaligen Rheinbogens in den Jahren 1828/29 entstandene Insel Kühkopf mit Auwald und Wiesen ist seit 1983 wieder an das Überflutungsregime des Rheins angeschlossen. Die landwirtschaftliche Nutzung wurde aufgegeben und große Zonen entwickeln sich seitdem ungestört zum Auwald. Das NSG kann über die B 44 erreicht werden. In Stockstadt folgt man der Beschilderung in Richtung NSG („Rheinstraße"), um auf dem Parkplatz vor der gesperrten Brücke über den Altrhein zu parken (**1**). Stockstadt am Rhein liegt an der Bahnlinie Frankfurt a. M. – Mannheim. Vom Bahnhof geht man der Ausschilderung folgend in 15–20 min zum NSG Kühkopf. In Erfelden, einem zweiten Ausgangspunkt, parkt man auf dem großen Parkplatz am „Richthofenplatz/Rheinstraße" (große Fußgängerbrücke) (**2**). Mit dem Bus erreicht man Erfelden von Goddelau aus unter der Woche stündlich. Aussteigen sollte man an der Haltestelle „Krone".

Ein empfehlenswerter Rundweg ist in der Karte als durchgehende orange Linie eingezeichnet. Er führt durch eichenreichen Hartholzauwald mit einer guten Auswahl an Waldvogelarten einschließlich des **Mittel-**

Kühkopf-Knoblochsaue und Riedwiesen von Wächterstadt

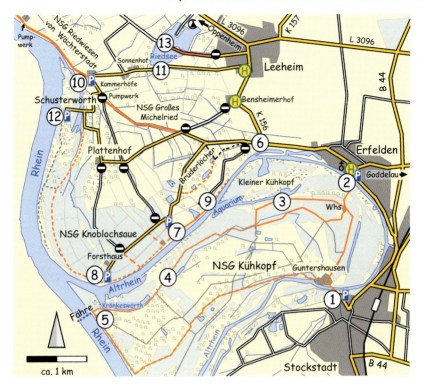

spechts. Außerdem hat man von einem Beobachtungsstand (**3**) einen guten Einblick in den hinteren Bereich des Aquariums mit ausgedehnten Schilfflächen. Der Rundweg ist ca. 5 km lang. Die große Runde über die alten Sommerdämme ist etwa 17 km lang und erschließt weitere Beobachtungsstände am Schlappeswörth-Arm (**4**) und am Krönkeswörth (**5**) und führt nach Guntershausen (orange gestrichelt), wo sich auch das Informationszentrum befindet.

NSG Knoblochsaue

Ein weiterer wichtiger Teilbereich des Auwaldkomplexes ist die Knoblochsaue. Im Auwald blühen im März der Große Blaustern (*Scilla bifolia*) und die Hohe Schlüsselblume (*Primula elatior*) in sehr eindrucksvollen Teppichen.

Die Anfahrt erfolgt über die B 44 durch Erfelden und weiter über die K 156 Richtung Leeheim. In der starken Rechtskurve bei (**6**) hält man sich geradeaus, fährt aber rechts am Damm vorbei. Die Parkplätze „Knoblochsaue" (**7**) und „Forsthaus Knoblochsaue" (**8**) sind über ein kleines Sträßchen erreichbar und in Richtung „Knoblochsaue/Schusterwörth" ausgeschildert. Bushaltestellen für die nördlichen Exkursionsziele gibt es, mit stündlicher Anbindung vom Bahnhof Goddelau aus, am „Bensheimer Hof" und in Leeheim am Abzweig „Schusterwörther Straße" (siehe Karte). Näher kommt man mit öffentlichen Verkehrsmitteln an die nördlichen Exkur-

Das Aquarium von dem Beobachtungsturm bei (9) aus gesehen. Die Knäkente kann hier regelmäßig auf dem Durchzug beobachtet werden.

sionspunkte leider nicht heran. Sie sind am besten mit dem Fahrrad erreichbar.

Vom Parkplatz „Knoblochsaue" lohnt sich der Weg zum Beobachtungsturm mit Blick auf das Aquarium (9). Von hier blickt man auf die **Kormoran-** und **Graureiher**kolonie. Den **Uhu** hört man am ehesten von diesem Beobachtungsturm aus. Ein Blick in die Bruderlöcher, die von einem Damm, der 800 nördlich des Parkplatzes die Straße quert, aus eingesehen werden können, ist einen Abstecher wert. Der Wald zwischen Parkplatz „Knoblochsaue" (7) und Parkplatz „Forsthaus" (8) ist gut für den **Mittelspecht** und andere Waldvogelarten. Verschiedene Wege erschließen hier den Auwald. Am Parkplatz „Forsthaus" (8) lohnt sich der Blick auf Altrhein und Rhein, beide im Winter lange eisfrei und somit attraktiv für **Wasservögel**.

NSG Riedwiesen von Wächterstadt

Die Riedwiesen von Wächterstadt sind ein herausragendes Gebiet für die Beobachtung von **Neuntöter**, **Blaukehlchen**, **Feldschwirl**, **Beutelmeise**, vielen weiteren **Wiesenbrütern** und für verschiedene **Wintergäste**, die vom Damm aus beobachtet werden können. Der zugehörige Parkplatz mit Informationstafel an einer Funkstation mit weithin sichtbaren Satellitenschüsseln (10) erreicht man von Leeheim aus über die „Schusterwörther Straße" 3,1 km nach dem Abzweig von der Hauptstraße in Leeheim. Vom Parkplatz führt der Damm nach rechts (Nordwesten) direkt entlang der Wiesen und Schilfbereiche. Entlang der „Schusterwörther Straße" hat man 1,4 km vor dem Parkplatz einen guten Blick über den südlichen Teil des Riedsees (11). Ein Blick auf den See lohnt sich fast immer. Die nächste Bushaltestelle ist in Leeheim am Abzweig „Schusterwörther Straße".

NSG Michelried

Das Michelried ist ein weiteres gutes Riedgebiet mit ähnlichen Arten wie die Riedwiesen von Wächterstadt. Ein Grasweg beginnt etwas südlich des Parkplatzes bei (10) und führt nach Südosten in die Wiesen.

Schusterwörth

Im Bereich der Halbinsel Schusterwörth findet man **Mittelspecht** und gelegentlich auch **Großmöwen**. Am Schusterwörther Altarm, der kurz vorher überquert wird, halten sich viele **Wasservögel** auf. Der Altarm ist auch Lebensraum des **Eisvogels**. Vom Parkplatz bei (**10**) führt eine kleine und schlechte Fahrstraße zunächst entlang des Dammes und später durch die Aue zum Parkplatz „Schusterwörth" (**12**). Der Weg ist ausgeschildert.

Riedsee

Der Riedsee ist für Wasservögel und rastende beziehungsweise überwinternde **Schwäne** und **Gänse** interessant. Einen guten Überblick über den Nord- wie auch den Südteil hat man von dem Sträßchen, das zwischen beiden Seehälften verläuft. Der Zugang erfolgt über den westlichen Ortsrand von Leeheim, den man über den „Kammerhofweg" erreicht, der wiederum im Ort nördlich der „Schusterwörther Straße" von der K 156 abzweigt. Der Straße folgt man 600 m bis zum westlichen Ortsrand, wo man sein Auto abstellt. Von dort sind es 800 m bis zu guten Einblickmöglichkeiten auf die beiden Seehälften (**13**).

Blick in die Umgebung

Streuobstwiesen bei Nauheim: 8 km Luftlinie nördlich von Leeheim liegt das Örtchen Trebur. Am südlichen Ortsausgang zweigt die L 3040 nach rechts in Richtung „Nauheim" ab. 2 km bevor die Straße Nauheim erreicht, findet man vor allem nordwestlich der Straße ausgedehnte extensiv genutzte Obstwiesen. Diese sind Lebensraum für mehrere **Steinkauz**paare, die hier verlässlich gefunden werden können. Sandige Feldwege ermöglichen den Zugang.

Informationen

Informationszentrum Kühkopf-Knoblochsaue: Öffnungszeiten: Sa., So. und Feiertage von 9–17 Uhr, 06158/86980,
Infozentrum.kuehkopf@t-online.de,
www.rpda.de/kuehkopf/index.htm
Literatur: BAUMGÄRTEL et al. (2003), BRANDT et al. (2005b).

---

7 Eich-Gimbsheimer Altrhein

Wenige Kilometer südwestlich des NSG Kühkopf und rund 12 km nördlich von Worms liegt linksrheinisch zwischen den Ortschaften Eich und Gimbsheim ein alter Flussbogen. Die ehemalige Rheinschlinge ist mit 4,5 km Länge und 600 m Breite der flächenmäßig größte Schilfbestand in Rheinland-Pfalz.

Interessante Arten

Im 274 ha großen Naturschutzgebiet zählen **Zwergtaucher** und verschiedene **Entenarten** wie **Krick-** und **Tafelente** sowie **Rohrweihe**, **Wasserralle**, **Pirol**, **Beutelmeise** und **Blaukehlchen** zu den regelmäßigen Brutvögeln. **Rohrschwirl**, **Drossel-** und **Schilfrohrsänger** brüten dagegen jeweils nur in wenigen Paaren (Stand 2003). Eine große **Uferschwalben**kolonie befindet sich am Heinrichs-Talaue-See, der direkt östlich des Altwassers liegt. Im Winter kann die **Kornweihe** regelmäßig im Gebiet beobachtet werden.

38 Saarland, Rheinland-Pfalz und Hessen

Ausgedehnte Schilffelder prägen das Landschaftsbild am Eich-Gimbsheimer Altrhein.

Anfahrt und Beobachtungsmöglichkeiten

Für den Eich-Gimbsheimer Altrhein verlässt man die B 9 (Mainz – Worms) Richtung „Eich". 2,6 km nach der Ausfahrt erreicht man auf der L 440 einen Kreisverkehr. 200 m nach diesem biegt man nach links in den „Grenzweg" ab. Nach weiteren 300 m steht eine

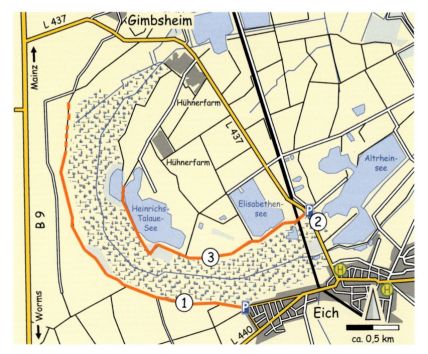

NSG-Infotafel, die das Ende der öffentlich befahrbaren Straße markiert. Der nach links abzweigende Plattenweg erschließt den südlichen Teil mit Chance auf **Rohrschwirl** und **Drosselrohrsänger** (**1**). Für den nördlichen Teil des Eich-Gimbsheimer Altrheins folgt man der L 440 weiter ins Dorf und biegt dann nach links auf die L 437. Auf dieser verlässt man Eich nach Norden Richtung „Gimbsheim". 600 m nach dem Ortsausgang liegt der ausgeschilderte Parkplatz „Altrheinsee" auf der rechten Seite (**2**). Von hier geht man einen Wirtschaftsweg nach Westen entlang des Schilfes vorbei am Elisabethensee zum Heinrichs-Talaue-See. Vor allem bei (**3**) hat man gute Chancen auf den **Schilfrohrsänger**. Im Uferabbruch des Heinrichs-Talaue-Sees nisten **Uferschwalben**. Wer mit öffentlichen Verkehrsmitteln anreist, kann entweder am „Gasthaus Gutjahr" (westliche eingezeichnete Haltestelle) oder am „Gasthaus zur Sonne" (östliche Haltestelle) aussteigen. Die Haltestellen werden von Worms aus angefahren.

Informationen
Literatur: Dietzen & Henss (2004).
Wir danken Christian Dietzen für inhaltliche Hinweise sowie für die Durchsicht des Kapitels.

8 Lampertheimer Altrhein

Der bei Worms gelegene Lampertheimer Altrhein ist ein gutes Beispiel für eine naturnahe Auenlandschaft, wie sie vor den zahlreichen Regulierungsmaßnahmen typisch für das gesamte Rheintal war. Röhrichte, Auwaldreste, Auwiesen und abwechslungsreiche Wasserflächen, die bei Niedrigwasser ausgedehnte Schlammflächen freigeben, stellen die Hauptlebensräume dar. Neben dem Kühkopf (Kapitel 6) ist der Lampertheimer Altrhein das bedeutendste Feuchtgebiet in Hessen. Im 525 ha großen Naturschutzgebiet brüten rund 90 Arten. Ca. 245 Arten wurden bisher festgestellt. Eine Halbtagesexkursion genügt, um an allen wichtigen Stellen zu beobachten.

Interessante Arten
Purpurreiher ziehen selten aber regelmäßig zwischen Juli und August durch. **Silberreiher** können vor allem außerhalb der Brutzeit beobachtet werden. **Graureiher** und **Graugans** sind Brutvögel und gelegentlich mit hunderten Individuen sehr zahlreich im Gebiet vertreten. Seit Jahren gibt es am Welschen Loch eine große **Kormoran**kolonie mit rund 300 Paaren. Auch die **Mittelmeermöwe** brütet im Gebiet. Es können alle binnenländischen Entenarten beobachtet werden. Darunter sind **Gänsesäger** vornehmlich Wintergäste. **Schwanen-**, **Streifen-**, **Kanada-** und **Nilgans** zählen zu den Neubürgern. In den naturnahen Waldbereichen brüten **Klein-**, **Mittel-**, **Grün-**, **Grau-** und **Schwarzspecht** sowie häufig auch **Schwarzmilan**, **Nachtigall** und **Pirol**. In den Röhrichten brüten **Drosselrohrsänger**, **Wasserralle** und viele **Blaukehlchen**. Etwas seltener ist der **Rohrschwirl**. **Beutelmeise**, **Turtel-** und **Hohltaube**, **Eisvogel**, **Habicht**, **Waldohreule** und **Waldkauz** gehören ebenfalls zu den Brutvögeln. Auf dem Durchzug können **Fischadler**, **Rohrweihe**, **Rotmilan**, **Wespen-**

Blick auf das Welsche Loch.

bussard, **Baumfalke**, **Weiß**- beziehungsweise **Schwarzstorch** und **Flussseeschwalbe** beobachtet werden. **Trauerseeschwalben** und **Zwergmöwen** werden hauptsächlich im Mai sowie im August/September beobachtet. Auf den bei Niedrigwasser frei liegenden Schlickflächen kann zur Zugzeit eine Vielzahl rastender **Limikolen** beobachtet werden. Zu dieser Zeit sollte man auch die Schilfränder nach **Tüpfelsumpfhühnern** absuchen. Zu den selteneren Wintergästen zählen **Rohrdommel**, **Bläss**- und **Saatgans**, **Zwergsäger**, **Merlin**, **Bartmeise** und **Bergpieper**.

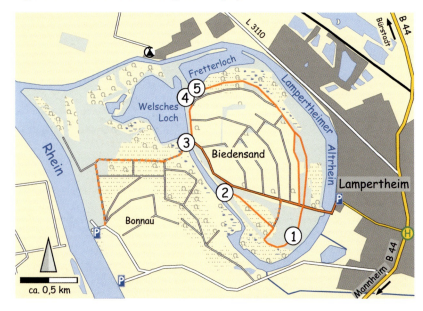

Anfahrt

Lampertheim liegt 12 km Luftlinie nördlich von Mannheim und ist über die B 44 erreichbar. Im Ort weisen Hinweisschilder von der B 44 aus den Weg zum Lampertheimer Altrhein. Die Zugangsstraße zum Parkplatz an der Brücke über den Altrhein ist die „Biedensandstraße". Die nächste Bushaltestelle („Darmstädter Hof") liegt an der B 44 nahe der Abzweigung der „Biedensandstraße". Am Parkplatz erleichtern Informationstafeln die Orientierung.

Beobachtungsmöglichkeiten

Auf der Karte ist ein Rundweg eingezeichnet (durchgezogene orange Linie), der in einem geruhsamen halben Tag alle wichtigen Beobachtungspunkte verbindet. Vor allem im ersten Teil werden naturnahe Auwälder mit **Mittel-** und **Kleinspecht** durchwandert (**1**). Der Beobachtungsturm am Rallengraben (**2**) ist gut für Schilf bewohnende Arten. An der Brücke südlich des Welschen Loches (**3**) sollte man ebenfalls auf Schilfbewohner, wie beispielsweise das **Blaukehlchen** achten. Der Turm am Welschen Loch (**4**) ermöglicht die Beobachtung des Treibens in der großen **Kormoran**kolonie aus relativ kurzer Distanz. Das Fretterloch wird am besten von (**5**) aus eingesehen.

9 Roxheimer Altrhein und Silbersee

Roxheimer Altrhein und Silbersee liegen linksrheinisch rund 4 km südlich von Worms. Sie ziehen im Winterhalbjahr interessante Gäste wie Tauch- und Meeresenten oder Seetaucher an. Darüber hinaus finden hier eine Reihe attraktiver Arten geeignete Bruthabitate vor. Ein Halbtagesausflug genügt für die Erkundung des Gebietes.

Roxheimer Altrhein bei (3).

Interessante Arten

Die Altrhein-Wasserfläche ist Naturschutzgebiet und vor allem im östlichen Teil mit großen Schilfbeständen umgeben. Hier können zur Zug- und Brutzeit **Rohrsänger**, viele binnenländische **Entenarten** wie die **Knäkente**, verschiedene **Rallenarten** und selten auch das **Blaukehlchen** oder der hier unregelmäßig brütende **Purpurreiher** beobachtet werden. **Graureiher** brüten im Westen des Gebietes. In den umgebenden Gebüschen und Baumbeständen findet man **Klein-, Mittel-, Grün-** und **Grauspecht** sowie **Beutelmeise, Nachtigall** und **Pirol**. Vor allem im Winter rasten im Bereich der offenen Wasserfläche des selten ganz zufrierenden Silbersees **See-** und **Lappentaucher**, **Silberreiher**, viele binnenländischen **Entenarten** sowie **Meeresenten** wie **Berg-** und **Samtenten**, **Gänse-** und **Zwergsäger** als auch **Bergpieper**. In normalen Jahren mit hohen Wasserständen wird das Gebiet nur in geringem Umfang von **Limikolen** zur Rast genutzt. Unter den Steiluferbewohnern sind **Eisvogel** und **Uferschwalbe** vertreten.

Anfahrt

Mit öffentlichen Verkehrsmitteln Der nächste Bahnhof liegt im Ortsteil Bobenheim, des sich westlich anschließenden Ortes

Bobenheim-Roxheim und ist rund 1 km Luftlinie von den Kiesseen im Nordwesten des Gebietes entfernt. Die nächsten regelmäßig angefahrenen Bushaltestellen sind „Marktplatz" westlich und „Röntgenstraße" südwestlich des Gebietes.

Mit dem Auto Von der autobahnähnlichen B 9 Ludwigshafen-Worms an der Abfahrt „Bobenheim-Roxheim" Richtung „Roxheim" (K 1). Nach 1,8 km erreicht man den rechterhand liegenden und ausgeschilderten „Parkplatz für Silberseebesucher" (**1**).

Grundsätzliches zum Beobachten im Gebiet

Der Silbersee wird im Sommer von Wassersportlern intensiv genutzt und ist dann wenig interessant.

Beobachtungsmöglichkeiten

Von (**1**) aus hat man gute Sicht auf den Altrhein. Auf Pfaden kann man am Südufer des Silbersees entlanggehen und hat so fortlaufend neue Einblicke (**2**). Eine Umrundung des Sees (in der Karte gestrichelt) ist ebenfalls möglich und rund 6 km lang.

Für weitere interessante Einblicke auf den westlichen Altrheinarm und einige Baggerteiche des angrenzenden Kieswerkes fährt man auf der Hauptstraße (K 1) weiter in Richtung Roxheim. Nach 0,5 km biegt man rechts Richtung „Seestube-Hotel" ab. 0,8 km danach stößt man an einer T-Kreuzung auf die „Friedrich-Ebert-Straße", der man nach rechts folgt. Kurz darauf fährt man links Richtung „Sportanlagen" und folgt dann den Straßen „Altrheinanlage" und „Am Binnendamm". 2 km nachdem man den Parkplatz bei (**1**) verlassen hat und kurz nach einem Basketballfeld kommt auf der rechten Seite eine tiefer liegende gelbe Halle des „WSV Roxheim" in Sicht. Vor der Halle befindet sich ein Parkplatz (**3**). Von hier hat man einen schönen Blick auf Verlandungsbereiche des Altrheins, sowie auf die **Graureiher**kolonie. Ein kleiner Rundweg gewährt Blicke in die Baggerteiche bei (**4**) und (**5**). Diese Teiche sind bei Störungen am Silbersee Ausweichquartiere für **Zwergsäger** und andere interessante Wasservögel.

Informationen

Literatur: Dietzen & Schmidt (2003)
Wir danken Christian Dietzen für inhaltliche Hinweise sowie für die Durchsicht des Kapitels.

10 Klärteiche bei Offstein

Die Klärteiche der Südzuckerfabrik bei Offstein sind das wichtigste rheinland-pfälzische Rastgebiet für Watvögel. Zu den Brutvögeln zählen Brandgans, Schwarz- und Blaukehlchen. Wirtschaftswege bieten bequeme Beobachtungsmöglichkeiten. Die Klärteiche stellen vor allem zur Zugzeit ein lohnendes Ziel für einen Halbtagesausflug dar.

Interessante Arten

Die Offsteiner Klärteiche sind als Rastgebiet für **Lappentaucher**, **Reiher**, **Enten** und vor allem für **Limikolen** bekannt geworden.

Regelmäßige Arten sind **Flussregenpfeifer**, **Temminck- und Zwergstrandläufer** sowie **Dunkler Wasserläufer**, **Grünschenkel** und **Kampfläufer**. **Steinschmätzer** und **Grau-**

Saarland, Rheinland-Pfalz und Hessen

Die Brandgans brütete 2003 mit 3 Paaren auf dem Klärteichgelände.

ammer können ebenfalls regelmäßig beobachtet werden. **Zwergtaucher**, **Löffelente**, **Brandgans**, **Wasserralle**, **Flussregenpfeifer**, **Schwarzkehlchen** und das hier häufige **Blaukehlchen** zählen zu den Brutvögeln. **Fischadler** ziehen im Herbst und **Braunkehlchen** in beiden Zugperioden regelmäßig durch. **Bartmeisen** überwintern zeitweise im Gebiet.

Anfahrt

Mit öffentlichen Verkehrsmitteln Wochentags besteht eine gute Busverbindung von Worms zur Haltestelle „Neuoffstein-Südzucker". Sie liegt direkt südlich der Zuckerfabrik.
Mit dem Auto Rund 9 km westlich von Worms verlässt man die B 47 Richtung „Südzucker/Offstein". Weiterhin der Ausschilderung Richtung „Zuckerfabrik/Haupttor" folgend, erreicht man dieses nach 3,9 km. Hier lässt man den großen Parkplatz links liegen und fährt entlang des Fabrikzaunes 300 m bergauf, um so auf der Geländekuppe einen weiteren Parkplatz zu erreichen.

Allgemeine Hinweise

Die Klärteiche sind Privatgelände der Zuckerfabrik, die Vogelbeobachter auf ihrem Gelände nur duldet. Daher sollte man sich bei Nachfragen entsprechend freundlich erklären und sich auch rücksichtsvoll verhalten, damit das Gelände auch zukünftig Beobachtern frei zugänglich bleibt.

Beobachtungsmöglichkeiten

Vom Parkplatz auf der Kuppe (siehe Anfahrt) geht man entlang des Fabrikgeländes nach rechts, bis nach rund 200 m der Zugang zu den Klärteichen auf der linken Seite erreicht wird. Die Klärbecken befinden sich auf drei Geländestufen. Wirtschaftswege ermöglichen einen Rundgang, der Aussicht auf alle Teiche bietet.

Informationen

Literatur: Birk & Bosselmann (1997), Henss (1987).
Wir danken Christian Dietzen für die Durchsicht des Kapitels.

11 Mehlinger Heide bei Kaiserslautern

7 km nordöstlich von Kaiserslautern liegt das 400 ha große NSG Mehlinger Heide. Auf dem ehemaligen Truppenübungsplatz befindet sich die größte Zwergstrauchheide im südlichen Rheinland-Pfalz. Sie bietet Lebensraum für Wendehals, Ziegenmelker, Heidelerche und Neuntöter.

Anfahrt

Mit öffentlichen Verkehrsmitteln Die nächste wochentags regelmäßig angefahrene Bushaltestelle ist „Fröhnerhof" im gleichnamigen Ort. Von dort sind es 250 m nach Nordwesten bis zum Beginn des Rundweges.
Mit dem Auto Der Zugang erfolgt über die B 40 Mehlingen – Kaiserslautern. Rund 100 m nach dem südlichen Ortsrand von Mehlingen und noch vor dem Örtchen Fröhnerhof befindet sich rechterhand ein Parkplatz.

Allgemeine Hinweise

In den 1990er Jahren drohten die offenen Heideflächen durch Verbuschung zu verschwinden. Deswegen wurden und werden umfangreiche Entbuschungsmaßnahmen durchgeführt. Die mosaikartige Durchführung dieser Maßnahmen und die Beweidung der Flächen durch anspruchslose Heidschnucken stellen sicher, dass alle Altersstadien der Heide und Lebensräume für die oben genannten Arten erhalten bleiben.

Landschaftspflegemaßnahmen durch Schafbeweidung in der Mehlinger Heide.

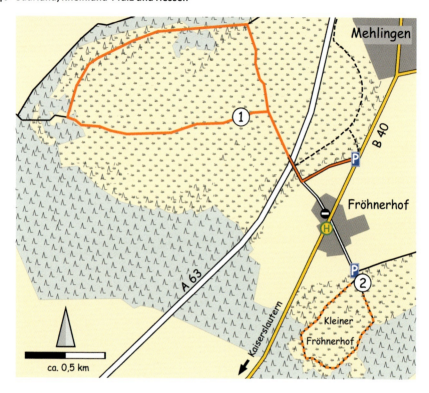

Beobachtungsmöglichkeiten

Der mit Informationstafeln ausgestattete und in der Karte orange markierte „Große Heidewanderweg" führt auf 3,5 km Länge durch die zentrale Heide. Ihn erreicht man, wenn man vom Parkplatz dem Teersträßchen 300 m nach Südwesten folgt. Entlang des Wanderweges lassen sich die genannten Arten beobachten. Eine gute Übersicht über das Gebiet bietet der Feldherrenhügel (**1**). Weitere Beobachtungsoptionen hat man entlang des Rundweges „Kleiner Fröhnerhof", bei dem man grasdominierte Heiden durchwandert. Der Zugang erfolgt über das Örtchen Fröhnerhof. Eine kleine Fahrstraße zweigt nach Süden und Richtung „Reitanlage" von der B 40 ab. Am Ende des Sträßchens kann man parken (**2**).

Informationen

www.kaiserslautern-kreis.de/umwelt/schaupfad_mehlinger_heide.htm

12 Haardrand bei Neustadt an der Weinstraße

Der Haardrand am Ostabfall des Pfälzer Waldes ist das deutschlandweit beste Beobachtungsgebiet für die Zaunammer. Daneben lässt sich hier eine attraktive Mischung aus Waldarten und Arten der Kulturlandschaft beobachten. Zu deren interessantesten Vertretern zählen Heidelerche, Ziegenmelker, Wendehals, Mittelspecht und Schwarzkehlchen.

Interessante Arten

Der Hauptgrund für einen Besuch des Haardrandes dürfte für viele Beobachter die **Zaunammer** sein, die sich hier verlässlich finden lässt. Das Vorkommen der Art konzentriert sich vor allem zwischen den Orten Bad Dürkheim und Landau. Zur besten Beobachtungszeit im März und April (siehe auch Artspezial Zipp- und Zaunammer, S. 49) wird man auch **Heidelerche**, **Schwarzkehlchen** und, besonders entlang der bewaldeten Haardrandbäche, den **Mittelspecht** antreffen. Entlang der Bäche kommt die **Wasseramsel** vor. **Ziegenmelker**, **Wendehals** und der hier sehr seltene **Wiedehopf** treffen erst im späten Frühjahr ein. Häufig nutzen Greifvögel wie **Habicht** und **Wespenbussard** die Aufwinde am Haardrand.

Anfahrt

Mit öffentlichen Verkehrsmitteln Die Bahnhöfe entlang der Bahnstrecke zwischen Bad Dürkheim im Norden und Neustadt an der Weinstraße im Süden bieten Zugang zum Gebiet.

Mit dem Auto Bad Dürkheim liegt rund 17 km westlich von Ludwigshafen. Die B 271 (Deutsche Weinstraße) verläuft auf ganzer Länge am Ostrand des beschriebenen Gebietes.

Typisches Zaunammerhabitat bei Deidesheim unterhalb der St.-Michaelskapelle.

Allgemeine Hinweise

Eine Vielzahl von Wirtschafts- und Wanderwegen gestaltet den Zugang zum Gebiet sehr einfach. Es ist daher nicht notwendig, die Wege zu verlassen, was zudem von den Weinbauern sehr ungern gesehen wird.

Beobachtungsmöglichkeiten

Eine gute Stelle für die **Zaunammer** liegt bei Deidesheim nördlich von Neustadt an der Weinstraße. Von der B 271 biegt man in Deidesheim rund 300 m nördlich der Kirche zwischen dem Weingut „Dr. Deinhard" und dem „Hatterer's Hotel" nach Westen auf eine gepflasterte Straße ab. Rechts haltend durchfährt man bald einen steil bergauf führenden Hohlweg. 400 m nachdem man die Bundesstraße verlassen hat, biegt man der Ausschilderung Richtung „Wallberg-Gaststätte" folgend links ab. Nach weiteren 900 m erreicht man den im Wald liegenden Wanderparkplatz zur St. Michaelskapelle. Ein kleines Stück entgegen der ursprünglichen Fahrtrichtung wieder aus dem Wald herausgehend, folgt man einem Teersträßchen nach links (Norden) in die Weinberge. Linkerhand liegen am Waldrand extensiv genutzte Weinterrassen, die durch Stichwege erschlossen sind und an denen die **Zaunammer** relativ häufig ist. Auch in den Gebüschinseln und Streifen unterhalb des Weges kommt die Art vor.

Im Prinzip brütet die **Zaunammer** von hier bis nach Wachtenberg im Norden durchgehend. So kann man die Art auch in den gebüschreichen Hängen südlich der Wachtenburg am Südwestrand von Wachtenberg relativ zuverlässig finden. Daneben brüten in den Weinbergen südlich des Wanderparkplatzes zur St. Michaelskapelle einige Paare. Bei Königsbach, einem Ortsteil von Neustadt a. d. Weinstraße, liegt ein weiterer zuverlässiger Punkt für die **Zaunammer**. Von Deidesheim die B 271 nach Süden fahrend, nimmt man ca. 2 km nach Deidesheim den nördlichen Abzweig Richtung „Königsbach" (K 11). Nach weiteren 1,4 km biegt man nach rechts zum ausgeschilderten Wanderparkplatz ab, den man nach abermals 400 m erreicht. Der Parkplatz liegt nahe an einem weithin sichtbaren Steinbruch am Nordrand von Königsbach. Die nächste Bushaltestelle ist „Winzer, Neustadt a. d. Weinstraße-Königsbach", wird ca. jede Stunde von Neustadt a. d. Weinstraße bedient und liegt rund 400 m südlich des Wanderparkplatzes. Vom Parkplatz läuft man nach Norden entlang des Waldrandes an den letzten Häusern vorbei und erreicht so die Weinberge, in denen im Bereich der eingestreuten Gebüsche einige Paare der **Zaunammer** brüten.

Blick in die Umgebung

Rund 17 km Luftlinie östlich von Neustadt an der Weinstraße und direkt westlich von Speyer liegt der Ort Dudenhofen. Der Dudenhofener Wald nördlich des Ortes ist ein zuverlässiger Beobachtungsort für **Ziegenmelker** und **Waldschnepfe**.

Gute Beobachtungsmöglichkeiten bestehen entlang der K 15 (die ersten knapp 3 km nördlich von Dudenhofen), die von Dudenhofen nach Norden Richtung Böhl-Iggelheim und Schifferstadt führt. Hier und entlang von Seitenwegen und auf Lichtungen im Wald können beide Arten in der Dämmerung beobachtet werden.

Informationen

Literatur: G‌ROH (1980, 1985, 1990).
Wir danken C‌HRISTIAN D‌IETZEN für die Durchsicht des Kapitels.

Artenspezial Saarland, Rheinland-Pfalz und Hessen

Zipp- und Zaunammer

Diese beiden Ammernarten kommen in Deutschland vor allem im Rheintal und dessen Seitentälern zwischen Freiburg und Bonn vor. Der deutsche Bestand der **Zippammer** liegt bei 300–350 Revieren. 200–250 davon findet man in Rheinland-Pfalz. Die **Zaunammer** brütet in einem relativ konstanten Gesamtbestand von 130–140 Revieren in Deutschland. Davon liegen rund 90 Reviere in Rheinland-Pfalz und ca. 40–50 Reviere in Baden-Württemberg.

Beide Ammern sind Kurzstreckenzieher und ab Mitte März in den Brutgebieten anwesend. Von da an bis zum Laubaustrieb ist auch die beste Zeit, um die unauffälligen Vögel zu beobachten. Vor allem die feinen und schwer zu ortenden Rufe erleichtern das Auffinden der Tiere ungemein. Bevorzugter Lebensraum der wenig scheuen aber unauffälligen **Zippammer** sind südseitige, intensiv bewirtschaftete Weinberge mit offenem Boden, die an offene Felsbereiche mit einzelnen Büschen anschließen, in denen sie sich verstecken und brüten kann. Man findet sie entweder auf Zaunpfählen, seitlich in den Büschen oder am Boden zwischen den Reben.

Die **Zaunammer** bevorzugt sonnenexponierte Hänge mit eingestreuten alten Obstbäumen, Sträuchern und Gestrüppgruppen – vor allem in extensiv bewirtschafteten Weinbergen, in denen die Art bevorzugt nach Nahrung sucht. Das Männchen sitzt gerne in den Baumspitzen auf etwas versteckten Singwarten. Viele Winzer der extremen Lagen kämpfen mit den Bewirtschaftungsbedingungen. Deswegen werden besonders hier zahlreiche Weinberge aufgegeben. Wer seine Beobachtungen gebührend feiern und gleichzeitig den Ammern etwas Gutes tun will, kann sich also bei den Winzern revanchieren und sich

Typisches Zippammerhabitat am Drachenfels.

einen Wein aus dem Weingut zulegen, in dem die Ammer beobachte wurde.

Von Norden kommend, findet man die erste gute Beobachtungsmöglichkeit für die **Zippammer** am Drachenfels bei Bad Honnef und von Süden kommend bei Schloßböckelheim im Nahetal. Im Bereich des Nordschwarzwaldes ist der Karlsruher Grat einen Versuch wert (Kapitel 14). Die **Zaunammer** erreicht entlang des Haardrandes zwischen Landau und Bad Dürkheim die höchsten Populationsdichten innerhalb Deutschlands (Kapitel 12). Hier sind einige lohnenswerte **Zippammer**-Gebiete beschrieben.

Der Drachenfels südlich von Bonn
Zwischen Bonn und Bad Honnef befindet sich rechtsrheinisch der Ort Rhöndorf, an dessen nördlichem Rand sich der Drachenfels über das Rheintal erhebt. Direkt nordöstlich der Ausfahrt „Rhöndorf" der B 42 liegt das „Weingut Pieper/Weinhaus Domstein" (Restaurant). Von dort erschließen für den Privatverkehr gesperrte Wirtschaftswege die Weinberge unterhalb der Felsen. Unmittelbar links der Wirtschaft im Bereich des Flaschenlagers befindet sich schon ein erstes traditionelles **Zippammer**revier. Zwei bis drei weitere folgen, wo der Weg oberhalb des Weingutes in einem Durchstich durch die Felsen verläuft, sowie auf dem Weg unterhalb der Hauptfelsen und im Bereich des Weinbergtürmchens gut 300 m rechts (südlich) des Weingutes. Am Felsen selbst brüten **Wanderfalken**. Der Bahnhof Rhöndorf liegt keine 500 m vom Weingut entfernt und ist von Bonn aus sehr gut zu erreichen.

Mayschoß im Ahrtal westlich von Bad Neuenahr-Ahrweiler
Auf dem Rotweinwanderweg oberhalb der Ahrschleife östlich von Mayschoß nach Süden in Richtung Rech wandernd, hat man vor allem vor und nach dem felsigen Bereich, wo der Weg einige Stufen hinauf und wieder hinunterführt, gute Chancen **Zippammern** zu sehen. Die Anfahrt erfolgt über die B 267 das Ahrtal aufwärts fahrend. In Mayschoß nimmt man die erste Abzweigung nach rechts in den Ort hinein und parkt an geeigneter Stelle. Nach 500 m ist die Straße gesperrt. Hier beginnt der Fußweg. Der Bahnhof Mayschoß liegt 1,1 km vom Ausgangspunkt des Spazierganges entfernt. Am Wochenende ist ein Schienenersatzverkehr eingerichtet, der im Dorf hält.

Am „Durchfahrt verboten"-Schild zweigt nach rechts zwischen einer Garage und einer grünen kastenförmigen Trafostation ein steiler Schotterweg ab. Man muss also nicht unbedingt der Ausschilderung „Rotweinwanderweg" das Tal hoch folgen, sondern kann diesen abkürzenden Zugang zum Rotwein-

Die Weinberge zwischen Drachenfels und dem Weingut am Fuße des Hanges sind ein verlässlicher Ort für die Zippammer.

Singendes Zaunammer-Männchen. Foto: Silvestris/Hecker

wanderweg nehmen. Entlang des Schotterweges immer steil bergauf hält man sich an der nächsten T-Kreuzung links und gelangt so an einer weiteren T-Kreuzung an den Rotweinwanderweg, dem man nach rechts folgt. Der Wirtschaftsweg verjüngt sich bis zu einem Fußweg und führt zu oben beschriebener Treppenstelle. Der **Uhu** brütet in den Felsen über dem Rotweinweg.

Kobern-Gondorf im Moseltal
Zwischen Kobern-Gondorf und dem östlich gelegenen Winningen werden auf 3 km regelmäßig mehr als 10 besetzte **Zippammer**reviere festgestellt, so dass man hier sehr einfach zu seiner **Zippammer** kommen kann. Kobern-Gondorf liegt Luftlinie 11 km südwestlich von Koblenz im Moseltal und ist über die B 416 erreichbar. Von dieser nimmt

Die Weinhänge nördlich von Kobern-Gondorf gehören zu den herausragendsten Zippammergebieten in Deutschland.

man, von Norden kommend, die erste Einfahrt in den Ort, unter der Eisenbahnbrücke hindurch und gleich wieder rechts in den „Moselweg". Weiter hält man sich immer parallel zu den Gleisen bis zum Sportplatz am nördlichen Ortsrand, an dem Parkmöglichkeiten bestehen. Zu Fuß zwischen den Weinbergen und der Bahnlinie moselabwärts gehend, ist man nach wenigen Metern in optimalem **Zippammer**habitat. Viele **Greifvögel** nutzen die Aufwinde an den Hängen des Moseltals und können beim Segeln beobachtet werden. Der Bahnhof von Kobern-Gondorf liegt 1,7 km südlich des Sportplatzes. Nächstgelegene Bushaltestellen sind „Moselweg" in Kobern-Gondorf und „Belltal Abzweigung" mittig zwischen Kobern-Gondorf und Winningen.

Bopparder Hamm südlich Koblenz
In den Weinbergen 11 km südlich von Koblenz und nördlich von Boppard ist am linken Rheinufer ein weiterer sehr guter **Zippammer**lebensraum erhalten geblieben. 1,5 km nördlich des Ortsausganges von Boppard führt an einem Weinfass mit der Aufschrift „Weinlehrpfad Bopparder Hamm" ein kleines Sträßchen von der B 9 nach links über die Gleise zu einem Wanderparkplatz mit einer Übersichtstafel. An der Abzweigung von der Bundestraße liegt auch die Bushaltestelle „Bopparder Hamm" mit guter Anbindung von und nach Koblenz. Die **Zippammern** halten sich vor allem im Bereich der felsigen und verbuschten Abschnitte auf und lassen sich direkt im Bereich des Parkplatzes und zum Beispiel auf dem nach Osten führenden und ausgeschilderten „Römerweg" beobachten.

Rotenfels und Schloßböckelheim im Nahetal westlich von Bad Kreuznach
In Bad Münster am Stein, knapp 5 km südlich von Bad Kreuznach biegt man von der B 48 auf die L 235 nach Westen ab. Direkt hinter dem Ortsausgang von Bad Münster ist auf der linken Seite der schmalen Straße eine

Weinberge mit eingestreuten Felspartien am Bopparder Hamm.

Parkbucht, von der man auf den imposanten Rotenfels blicken kann. Es lohnt sich hier schon mal nach der **Zippammer** zu horchen. Nach Schloßböckelheim gelangt man, indem man erst der L 235, dann der K 58 der Nahe flussaufwärts nach Westen folgt. 12 km hinter Bad Münster zweigt man nach rechts Richtung „Schloßböckelheim" ab. Im Bereich dieser Kreuzung sollte man ebenfalls auf **Zippammern** achten. Man folgt der Straße 1,6 km bergauf durch die Teilorte Tal und Kolonie, um hinter dem Ortsende von Kolonie nach rechts Richtung Ortsteil „Schloss" abzubiegen. Nach weiteren 1,2 km erreicht man den Ortsteil Schloss und einen Buswendeplatz. Leider fahren pro Tag nur wenige Busse. Eine bessere Anbindung hat die Bushaltestelle unten im Nahetal „Abzweigung Niederthäler Schloßböckelheim".

Am Buswendeplatz nimmt man den Weg „Zum Felsenberg" nach links. Dieser führt nach 200 m zu einem rechts liegenden roten Backsteingebäude mit Türmchen. In diesem Bereich muss man parken. Vor dem Backsteingebäude führt nach rechts ein Wegchen in Richtung Weinberge (kleines Schild „N1/Steinschlaggefahr"), die bald beginnen. Von hier bis zum Rabenfels brüten mehr als 6 Paare der **Zippammer**. Daneben kommen Smaragdeidechsen vor und man sollte auf die sporadisch im Gebiet brütende **Zaunammer** achten. Zurück kann man auch den Weg eine Trasse tiefer wählen.

Weitere Beobachtungsmöglichkeiten für die **Zippammer** ergeben sich im Bereich des Inselrheins bei Rüdesheim (Kapitel 5).

Informationen
Literatur: Braun & Groh (1990), Groh (1990), Macke (1980), Mädlow & Model (2000), Hölzinger (1997).
Wir danken Eva Schmidt, Martin Fichtler, Matthias Fehlow, Reiner Petersen und Willi Fischer für die umfassende Hilfe bei der Ammernsuche.

Papageien in Süddeutschland
Ob man es nun als Faunenverfälschung, als farbenprächtige Bereicherung der heimischen Avifauna oder als Kennzeichen zunehmender Urbanisierung ansieht, **Papageien** gehören in einigen klimatisch begünstigten deutschen Städten zum festen Bestandteil der Vogelwelt. Die hier aufgeführten Papageienarten gelten in der Zwischenzeit als fest etabliert.

Der **Halsbandsittich** ist in Deutschland die am weitesten verbreitete Art. Größere Populationen existieren in Düsseldorf, Köln, Bonn, Mainz, Wiesbaden, Worms, Ludwigshafen, Mannheim, Neckarhausen und Heidelberg. Ende 2004 betrug der Bestand rund 5.200 Tiere. Alle **Halsbandsittiche**, bis auf die brütenden Vögel, übernachten jeweils an

Halsbandsittich

einem gemeinsamen Schlafplatz, der oft über Jahre konstant ist. In Ludwigshafen liegt er an der „Brunckstraße", die am BASF-Gelände entlang führt und hier zwischen dem Tor 5 der BASF und dem ALDI in der „Eschenbachstraße" (dort Parkmöglichkeit; Straßenbahnhaltestelle in unmittelbarer Nähe; Stand Sommer 2005). Im August 2003 wurden 835 Tiere gezählt! Die **Halsbandsittiche** treffen in der Dämmerung, je nach Jahreszeit leicht unterschiedlich ein. Im Winter rund 15 min nach, im Sommer ca. 30 min vor Sonnenuntergang. Als Langschläfer verlassen sie den Schlafplatz oft erst eine Stunde nach Sonnenaufgang. Halsbandsittiche ruhen um den Mittag bis weit in den Nachmittag hinein und sind dann nur schwer zu finden.

Weitere sehr gute Beobachtungsplätze sind in Köln das Freigelände des Zoos, in Wiesbaden der Schlosspark Biebrich (an beiden Stellen auch **Große Alexandersittiche**), der zeitweise über 1000 Tiere umfassende Schlafplatz am Hafen von Schierstein (Kapitel 5), in Mannheim der kostenfreie Teil des Luisenparks, und in Heidelberg das Altenheim an der Mönchshofstraße (Nistkästen, Fassadenbruten).

In Köln und Wiesbaden/Mainz haben sich zwei Populationen des **Großen Alexandersittichs** etabliert, die zusammen einige hundert Tiere umfassen dürften.

In Stuttgart gibt es seit 1984 frei lebende **Gelbkopfamazonen**. Ein Tier unbekannter Herkunft suchte im Stuttgarter Zoo „Wilhelma" Kontakt zu den im Käfig gehaltenen Artgenossen und wurde daraufhin von Tierpflegern gefüttert. Diese ließen im Frühsommer 1985 einen Partner für das einsame Tier frei. Heute leben über 40 „wilde" Gelbkopfamazonen unter anderem auf dem Zoogelände und im angrenzenden Rosensteinpark. Sie brüten in Asthöhlen von Platanen beispielsweise im Zoo und in der beeindruckenden Platanenallee der Unteren Anlagen des Rosensteinparks. **Gelbkopfamazonen** verhalten sich sehr heimlich und können daher nur schwer im Laub erspäht werden.

Informationen

Wir danken Detlev Franz für Informationen und Durchsicht des Abschnitts. Weitere Informationen unter http://halsbandsittiche.papageien.org.

Orpheusspötter

Den **Orpheusspötter** findet man bei uns nur in Südwestdeutschland. Vier Fünftel des bundesdeutschen Bestandes brüten im Saarland. Daneben kommt die Art in Rheinland-Pfalz, Hessen, Baden-Württemberg und Nordrhein-Westfalen vor.

Der **Orpheusspötter** ist sehr wärmeliebend und deswegen im Normalfall auf Lagen unter 300 m beschränkt. Typische Habitate sind Straßenböschungen, ehemalige Kahlschläge oder Windwurfflächen, brach gefallene Weinberge, Bahndämme und Industrieanlagen sowie ehemalige Kies- und Sandgruben. Vor allem Südhänge mit angrenzenden offenen oder halboffenen und leicht erwärmbaren Böden mit lockerer Krautschicht werden besiedelt. Dies sind Habitate, die oft nur wenige Jahre bestehen, so dass der Orpheusspötter eine hohe Besiedlungsfluktuation besitzt.

Für eine erfolgreiche **Orpheusspötter**beobachtung benötigt man Glück und das optimale Zeitfenster. Dieses liegt bei uns zwischen dem 20. Mai und dem 10. Juni, wenn die Tiere aus ihren Winterquartieren eingetroffen sind und ihre Reviere besetzen. Schon kurz darauf ist die Art sehr heimlich und bis auf unverpaarte Individuen nur noch schwer zu beobachten. Erst mit dem Ausfliegen der

Jungen im Juli wird der **Orpheusspötter** wieder etwas auffälliger. In den Kerngebieten der Verbreitung verspricht das Absuchen geeigneter Strukturen die höchsten Erfolgschancen. Der **Gelbspötter** ist im Saarland übrigens sehr selten und nahezu ausschließlich an Auwald gebunden.

Der erste sichere Brutnachweis für das Saarland erfolgte 1984. Heute sind es, nach einer explosiven Zunahme, rund 500 Brutpaare. Traditionelle Verbreitungsschwerpunkte sind das Mittlere Ostsaarland und das klimatisch begünstigten Saartal.

Im Mittleren Ostsaarland ist die Art in den Industriestädten Neunkirchen und Homburg gut vertreten. 2004 brüteten in Neunkirchen mindestens 100 Paare. Schwerpunkt ist der Industriegürtel westlich und östlich von Neunkirchen, aber auch die gesamte Haupteisenbahnlinie durch die Stadt ist in Abhängigkeit vom aktuellen Pflegezustand besiedelt. In Neunkirchen-Sinnerthal, das sich westlich an Neunkirchen anschließt, lohnt sich die Suche auf dem Gelände der Kläranlage Sinnerthal zwischen Sinnerthal und dem ehemals dicht besiedelten Hüttenpark Neunkirchen. In Landsweiler findet man **Orpheusspötter** im Bereich der südlich des Ortes liegenden Halde Landsweiler-Reden. Ein weiterer Schwerpunkt besteht östlich von Neunkirchen im Industriegebiet Neunkirchen-Wellesweiler. Zwischen Neunkirchen-Wellesweiler und dem südlich der Stadt Bexbach liegenden Niederbexbach besteht westlich des Segelflugplatzes ein größeres **Orpheusspötter**vorkommen in der Nähe einer Sandgrube direkt westlich des Bexbacher Ortsteils Rothmühle.

Der erste Brutnachweis des **Orpheusspötters** in Rheinland-Pfalz gelang 1986. Seitdem ist eine stete Zunahme zu verzeichnen. Regelmäßigen Vorkommen bestehen zum Beispiel in den Tieflagen im Raum Trier und hier besonders im Saartal unterhalb Saarburg, im Moseltal von Nittel bis Schweich sowie im unteren Teil des Feller Bachtales und in der Wittlicher Senke von Schweich bis zum Bahnhof Ürzig. Bei Bingen am Inselrhein ist das NSG Hinter der Mortkaute ein guter **Orpheusspötter**platz (Kapitel 5).

Informationen
Literatur: HEYNE (1987).

Mornellregenpfeifer
Diese sehr attraktive **Limikole** zieht alljährlich durch den süddeutschen Raum und wird an traditionellen Rastplätzen weit abseits jeglicher Gewässer angetroffen. Typische Rasthabitate liegen auf Plateaus mit sanften Kuppen, in ausgeräumter, hügeliger Agrarlandschaft. Es sind Stoppelfelder, frisch gepflügte Äcker und abgeerntete Raps- oder

Singender Orpheusspötter. Foto: F. Hecker

Maisäcker. Die allermeisten Beobachtungen stammen aus dem Wegzug und liegen in einem engen Zeitfenster zwischen Ende August und Anfang bis Mitte September. Fliegende Vögel machen sich oft durch ihren charakteristischen aber schwer zu lokalisierenden Flugruf bemerkbar. Landen sie auf einem umgepflügten Acker, erscheinen sie trotz ihres auffälligen Gefieders wie vom Erdboden verschluckt. Aufgrund dieser Rastgewohnheiten braucht man viel Geduld und der Erfolg ist keinesfalls garantiert.

Rheinland-Pfalz ist in Süddeutschland das Bundesland mit den alljährlich meisten Mornellregenpfeiferbeobachtungen. 2003 wurden in diesem Bundesland beispielsweise rund 80 Individuen auf dem Wegzug beobachtet. Besonders stetig frequentiert ist hier das Maifeld, 20 km südwestlich von Koblenz. Zwei IBAs (Important Bird Areas; in der Karte orange markiert) wurden hier speziell auf den **Mornellregenpfeifer** zugeschnitten. Die allermeisten Beobachtungen stammen von einer hohen Kuppe 1,5 km westlich von Einig (**1**). Häufig werden die **Regenpfeifer** auch in dem Dreieck Kaan-Rüber-Kerben beispielsweise auf dem Kaaner Kopf zwischen Kaan und Kerben beobachtet (**2**). Weniger häufig dagegen findet man sie südöstlich von Kollig (**3**) und zwischen Lonnig und Minkelfeld (**4**).

Ende August/Anfang September können auf dem Maifeld auch **Wiesenweihen**, **Goldregenpfeifer**, **Brachpieper** und **Steinschmätzer** auf dem Durchzug beobachtet werden.

Im Saarland gibt es einige weitere, wenn auch weniger verlässliche Stellen, an denen **Mornellregenpfeifer** beobachtet werden können. Ein Schwerpunkt liegt im Bereich der Hochfläche zwischen Mosel und Saartal von Rheinland-Pfalz über das dort recht schmale Saarland bis in lothringisches Gebiet hinein. Zu den traditionellen Rastplätzen innerhalb dieses Bereiches zählt die entlang eines Grates verlaufende, 3,7 km lange Römerstraße (K 111) zwischen Fisch im Norden und Bilzingen im Süden. Fisch liegt 4,5 km westlich von Saarburg. Auch der Potsdamer Platz genannte Hang am Renglischberg zwischen Saar und Mosel 13 km südwestlich von Saarburg und 5 km westlich von Orscholz unmittelbar nördlich der Kreuzung B 406/B 407 gehört zu den traditionellen Rastgebieten.

Einen weiteren Schwerpunkt stellt die Webenheimer-Wattweiler-Höhe dar. Es handelt sich um eine Hochfläche im saarländisch-rheinland-pfälzischen Grenzgebiet. Die Vögel rasten hier auf der Kuppe an oder neben der Grenze zwischen Webenheim im Westen (Saarland) und Wattweiler im Osten (Rheinland-Pfalz) rund 5 km westlich von Zweibrücken.

Mornellregenpfeifer-Männchen. Foto: R. Jahn

Artenspezial 57

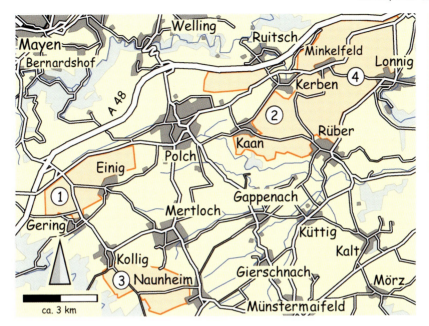

In Hessen stellen das Schröcker Feld östlich von Schröck und im Marburger Lahntal der Nikolausberg nördlich von Niederwalgen in der Feldmark Niederwalgen-Wenkbach-Oberweimar traditionelle Rastplätze dar.

In Bayern gehört die Feldflur bei Gut Seligenstadt in Franken zu den traditionellen Rastgebieten. Eine Anfahrtsbeschreibung findet sich in dem Kapitel „Artenspezial Bayern: **Wiesenweihe**" (S. 219).

Dem ambitionierten Beobachter am Bodensee bietet sich die Möglichkeit, **Mornellregenpfeifer** bei Flims am schweizerischen Cassonsgrat (2637 m) in den Graubündener Alpen zu suchen. Der Grat ist zwischen dem 20. August und 10. September eine für diese Art ungewöhnlich verlässliche Stelle.

Flims liegt rund 100 Fahrkilometer südlich von Bregenz (Kapitel 22) und ist über die A 13 und B 19 erreichbar. Von Flims nimmt man die Seilbahn auf den Cassonsgrat. Die nicht scheuen Regenpfeifer halten sich meistens am tundraähnlichen Berggrat rechts der Bergstation auf (Ausnahmen bestätigen die Regel). Auch **Schneesperling**, **Alpenbraunelle**, **Mauerläufer**, **Schneehuhn** und **Steinadler** können rund um den Gipfelbereich beobachtet werden.

Informationen

Literatur: LIPPOK (1998).
Wir danken GÜNTER NICKLAUS und Dr. MARTIN KRAFT für zahlreiche Informationen.

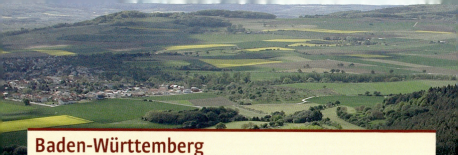

Baden-Württemberg

Baden-Württemberg beherbergt eine für die Bundesrepublik einmalige Auswahl an wärmeliebenden, hauptsächlich mediterran verbreiteten Arten. Bienenfresser und Wiedehopf brüten beispielsweise am Kaiserstuhl, während der Alpensegler im nahen Freiburg und der Purpurreiher im Waghäusel zu finden sind. Daneben haben einige Arten mit mitteleuropäischem Verbreitungsschwerpunkt gute Bestände in diesem Bundesland. Zu ihnen zählen Rotmilan, Mittelspecht oder Halsbandschnäpper sowie der Zitronenzeisig als ein Vertreter der alpinen Fauna, der eine isolierte Verbreitung im Schwarzwald hat. So brüten in diesem Mittelgebirge auch Auerhuhn, Dreizehenspecht, Ringdrossel und Bergpieper.

In Baden-Württemberg finden sich neben dem Bodensee, der in einem separaten Kapitel beschrieben ist (S. 106ff.), überwiegend entlang des Rheintales und in den Mooren Oberschwabens Feuchtlebensräume, die in einem deutschlandweiten Kontext von größerer Bedeutung sind.

Top-Arten Auerhuhn, Purpurreiher, Rotmilan, Wanderfalke, Sperlings- und Steinkauz, Alpensegler, Bienenfresser, Wiedehopf, Wendehals, Grau- und Mittelspecht, Tannenhäher, Bartmeise, Berglaubsänger, Halsbandschnäpper, Schwarzkehlchen, Blaukehlchen, Zitronenzeisig

Routen in Baden-Württemberg

Schwerpunkt der Vogelbeobachtung in Baden-Württemberg ist unserer Meinung nach neben dem Bodensee (S. 106) vor allem der Bereich um Freiburg mit dem einzigen **Alpensegler**vorkommen Deutschlands (S. 103). Zwischen dem Feldberg (Kapitel 20) und dem Kaiserstuhl (Kapitel 19) brüten sowohl alpine als auch mediterran verbreitete Arten. So ist es in dieser Region möglich, innerhalb kurzer Zeit **Zitronenzeisig**, **Ringdrossel**, **Bienenfresser** und **Wiedehopf** zu beobachten. Zusammen mit dem Taubergießen (Kapitel 18) bietet der Freiburger Raum Möglichkeiten für eine erfüllte Woche Vogelbeobachtung. Die beste Reisezeit ist ab Mitte Mai bis Ende Juni. Dies ist ebenfalls die beste Reisezeit für das mittlere Albvorland (Kapitel 15), das vor allem einen schönen Einblick in die Vogelwelt der obstwiesenreichen Kulturlandschaft eröffnet. Diese Region bietet Beobachtungsmöglichkeiten für ein bis zwei Tage und kann mit Feuchtgebieten am Federsee (Kapitel 17) oder an der Donau bei Ulm (Kapitel 16) kombiniert werden. Wer den Bereich Nordschwarzwald (Kapitel 14) mit einem Feuchtgebiet kombinieren will, der findet die nächste gute Möglichkeit in der Wagbachniederung bei Waghäusel (Kapitel 13), dem wahrscheinlich besten baden-württembergischen Feuchtgebiet außerhalb der Bodenseeregion.

13 Wagbachniederung bei Waghäusel*

Das Naturschutzgebiet Wagbachniederung liegt zwischen Mannheim und Karlsruhe am rechten Rheinufer in der Wagbachniederung. Es ist ein wichtiger Rastplatz für Limikolen und andere Zugvögel. 96 Vogelarten brüten hier regelmäßig und rund 250 Arten wurden bisher festgestellt. Im „Waghäusel", wie das Gebiet unter Vogelbeobachtern genannt wird, brüten Purpurreiher, Zwergdommel, Bartmeise und Blaukehlchen. Arten, die sonst in Deutschland nur schwer zu sehen sind. Es lässt sich im Laufe eines halben oder ganzen Tages erkunden.

Interessante Arten

Das Waghäusel ist deutschlandweit der beste Ort, um **Purpurreiher** zu beobachten. Die Reiher können zwischen Ende April und Ende September vor allem an den Becken 5 und 5a beobachtet werden. Sie brüten dort mit bis zu 10 Paaren. Auch **Silberreiher** werden regelmäßig, hauptsächlich vom Spätsommer bis zum Spätherbst beobachtet. **Schwarzhalstaucher** brüten mit 15, **Zwergdommeln** in wenigen Paaren. Eine kleine **Kormoran**kolonie existiert im Becken Nr. 5. **Schwarzkopfmöwen** ziehen zwischen März und Mai und **Zwergmöwen** auch im August/September durch. **Trauerseeschwalben** jagen vor allem im Mai und August über den Teichen. Unter ihnen befinden sich alljährlich einzelne **Weißbart-Seeschwalben**. Unter den artenreich vertretenen Entenvögeln können gelegentlich **Brandgänse** beobachtet werden. Die **Wasserralle** ist mit 20–30 Revieren vertreten, während das **Tüp-**

Blick auf das Becken Nr. 5, einem der wichtigsten Bereiche für den Purpurreiher.

felsumpfhuhn vor allem zur Zugzeit im Spätsommer/Frühherbst entlang der Schilfränder beobachtet werden kann.

Die Rheinebene hat eine Leitfunktion für den Vogelzug und so können regelmäßig durchziehende **Weiß-** und **Schwarzstörche**, **Fischadler**, **Rotmilane**, **Wespenbussarde**, **Wendehälse** und **Steinschmätzer** sowie viele weitere Arten beobachtet werden. Auch **Rotfußfalken** rasten selten im Mai. Der **Wanderfalke** ist regelmäßiger Nahrungsgast. Die **Rohrweihe** hält zwischen ein und acht Reviere. **Baumfalke**, **Schwarzmilan**, **Schleiereule** und **Mittelmeermöwe**, **Kuckuck**, **Turteltaube**, **Rohrschwirl** und ein bis zwei Paare des **Eisvogels** brüten im Gebiet. Das **Blaukehlchen** hat einen schwankenden Bestand von 2–85 Revieren. Damit gehört die Wagbachniederung zu den wichtigsten Gebieten für diese Art in Baden-Württemberg. **Drosselrohrsänger** brüten mit über 10 Paaren. Während die **Nachtigall** ein häufiger Brutvogel ist, brüten **Schwarzkehlchen** und **Beutelmeise** nur in geringer Zahl. Auch die **Bartmeise** kommt mit 15–30 Paaren vor. Im Winter steigt ihr Bestand an, so dass im Oktober/November bis über 150 Vögel im Schilf beobachtet werden können.

Ab Juli bieten die Schlickflächen abgelassener Becken zahlreichen **Limikolen** Rastmöglichkeiten. Ein großartiges Spektakel zeigen im Oktober bis zu zwei Millionen **Stare** bei ihrem abendlichen Einflug ins Schilf.

Im Winter tauchen **Merline** und **Kornweihen** in geringer Zahl auf. Zu dieser Jahreszeit wird der nahe gelegene Erlichsee interessanter. Mit Glück können dort **Ohrentaucher**, **Mittelsäger**, **Zwergsäger** und **Samtenten** beobachtet werden. **Gänsesäger** sind regelmäßiger. Auch der **Rothalstaucher** findet sich zwischen August und Mai am Erlichsee ein. Ebenfalls im Winterhalbjahr, meistens in der späten Abenddämmerung, können in den Schilfflächen **Rohrdommeln** auf dem Ab- beziehungsweise Durchzug beobachtet werden. Immer wieder werden auch **Seltenheiten** in der Wagbachniederung entdeckt.

Anfahrt

Mit öffentlichen Verkehrsmitteln Der Bahnhof Waghäusel liegt ca. 1 km südlich der Wallfahrtskirche. Er hat eine gute Anbindung.
Mit dem Auto Von der A 5 Abfahrt „Kronau" fährt man Richtung „Philippsburg". Der Straße immer geradeaus folgend durchquert man den Ortsteil Kirrlach und biegt am Nordrand von Waghäusel, kurz nachdem man eine Bahnlinie überquert hat, nach links in Richtung „Wallfahrtskirche" ab. Gleich wieder rechts abbiegend, gelangt man auf den großen Parkplatz vor der Kirche.

Beobachtungsmöglichkeiten

Vom Parkplatz an der Wallfahrtskirche aus muss man die Hauptstraße nach Norden überqueren, an dieser nach links gehen und kurz darauf in einen Schotterweg nach rechts abbiegen. Einen Bauernhof linkerhand passierend führt der Schotterweg in das Gebiet. Es gibt dort keine Beobachtungstürme, dafür kann man sich frei auf den orange eingezeichneten Wegen zwischen den Becken bewegen. Besonders interessant ist die Umrundung von Becken 4a und 5.

Direkt westlich des NSG Wagbachniederung befinden sich der Erlichsee und einige Baggerseen, die sich vor allem im Winter lohnen. Vom Parkplatz an der Wallfahrtskirche folgt man den Schildern „Oberhausen" beziehungsweise „Oberhausen-Rheinhausen" und zweigt kurz nach dem Ortsschild „Oberhausen" nach rechts in eine entsprechend beschilderte Nebenstraße zum Erlichsee ab.

Wagbachniederung bei Waghäusel

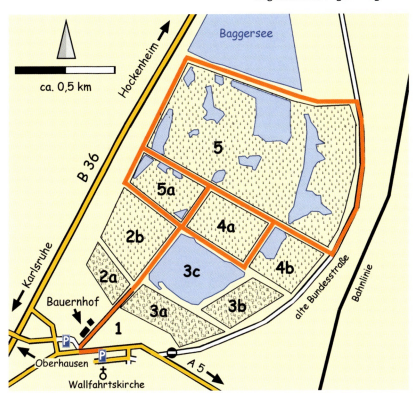

Vom Parkplatz an der Wallfahrtskirche bis zu dieser Abzweigung ist ein knapper Kilometer zu fahren.

Blick in die Umgebung

Nur 6 km Luftlinie westlich vom NSG Waghäusel liegen die Mechtersheimer Tongruben. Nach der 1953 eingestellten Tongewinnung haben sich diese zu einem der wichtigsten Schutzgebiete für Wasservögel in Rheinland-Pfalz entwickelt. Bekannt ist das Gebiet vor allem wegen der seit 1967 brütenden **Purpurreiher**. Die Größe der kleinen Population schwankte von 1999–2003 zwischen 5 und 13 Brutpaaren. Außerdem kommen in den Tongruben **Zwergtaucher**, Kormoran, **Kanadagans, Wasserralle, Eisvogel, Beutelmeise, Blaukehlchen** und **Drosselrohrsänger** vor. Regelmäßig rastende und überwinternde Arten sind **Silberreiher, Saatgans** (2003: >2000 Individuen), **Blässgans, Limikolen** und viele **Entenarten** darunter regelmäßig die **Bergente**.

Die Anfahrt vom Waghäusel erfolgt entweder über die Rheinbrücke bei Germersheim im Süden oder bei Speyer im Norden. In Mechtersheim verlässt man die Hauptstraße zwischen den beiden Kirchen nach Süden (kurz darauf Bushaltestelle „Lindenplatz"), folgt der verwinkelten Straße 300 m und fährt dann rechts Richtung „Kläranlage", an den Sportstätten vorbei und aus dem Ort.

Baden-Württemberg

Die Mechtersheimer Tongruben sind ganzjährig einen Abstecher wert.

1,1 km nach der Hauptstraße biegt man nach links auf den Damm ab, wo man nach weiteren 800 m in einer Rechtskurve am Straßenrand parkt (**1**).

Der Wald rechts des Dammes ist gut für **Mittelspecht** und **Kernbeißer**. Nach links führt ein Asphaltsträßchen in knapp 100 m zu einer Sitzgruppe und den Tongruben. Diesem Sträßchen folgend erschließt sich der interessantere östliche Teil des NSG. Bei (**2**) ist eine neu gebauter Beobachtungs- und Informationsstand. Den westlichen Teil der Tongruben erreicht man über einen beschrankten Forstweg (**3**), der 300 m vor (**1**) links vom Damm abzweigt.

Der Dudenhofener Wald westlich von Speyer ist Lebensraum von **Ziegenmelker** und **Waldschnepfe** (siehe Kapitel 12).

Informationen

Literatur: HÖLLGÄRTNER (2004)

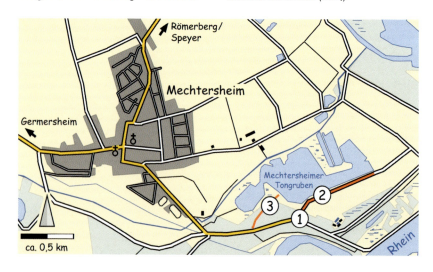

14 Hochlagen des Nordschwarzwaldes

Die als Grindenschwarzwald bezeichneten Hochlagen des Nordschwarzwaldes südlich von Baden-Baden stellen ein Refugium für subalpin verbreitete Arten dar. Hier können beispielsweise Auerhuhn, Sperlingskauz, Tannenhäher, Ringdrossel und Zitronenzeisig beobachtet werden. Die wichtigsten Gebiete liegen entlang der Schwarzwaldhochstraße (B 500) und können im Rahmen eines Eintagesausfluges besucht werden. Wer alle Beobachtungspunkte ausführlich kennen lernen möchte, benötigt zwei bis drei Tage.

Interessante Arten

Das **Auerhuhn** hat mit rund 100 Brutpaaren in den lichten Wäldern der Hochlagen des Gebietes einen Verbreitungsschwerpunkt im Schwarzwald. **Kolkrabe** und **Wanderfalke** brüten lokal in felsigen Bereichen. **Waldschnepfe**, **Schwarzspecht**, **Tannenhäher** und **Rauhfußkauz** kommen verbreitet in den hoch gelegenen Fichtenwäldern vor. Ebenso der **Sperlingskauz**, der gerne Reviere in eiszeitlichen Karen und an Mooren und feuchten Stellen besetzt. Wenn man die B 500 zwischen der Hornisgrinde im Norden und Alexanderschanze im Süden in der Dämmerung beziehungsweise in der Dunkelheit im frühen Frühjahr beziehungsweise im Spätherbst abfährt und immer wieder einmal in den Wald lauscht, hat man recht gute Chancen, beide Arten zu hören. Der **Dreizehenspecht** war bislang nur im Bereich Wildsee anzutreffen. Eine Ausbreitung der Art ist aufgrund der Borkenkäferschäden wahrschein-

Blick von der Schwarzwaldhochstraße in die Rheinebene.

Typisches Grindenhabitat. Hier auf der Hornisgrinde, auf der auch der Bergpieper spärlich vertreten ist.

lich. **Fichtenkreuzschnabel**, **Waldbaumläufer**, **Hauben-** und **Tannenmeise** sind Charaktervögel der fichtendominierten Wälder. Der **Bergpieper** tritt vor allem im Durchzug auf und brütet nur vereinzelt auf der Hochfläche der Hornisgrinde. **Wiesenpieper** und **Zitronenzeisig** sind Charaktervögel der Grinden, jenen waldfreien, von Rasenbinsen dominierten Feuchtheiden und Hochmooren, die typisch sind für die Hochflächen im Nordschwarzwald.

Der **Zitronenzeisig** ist von Februar/März bis Oktober beispielsweise im Bereich Schliffkopf, Hornisgrinde und Seekopf recht häufig. Gleiches gilt für die **Ringdrossel** (subsp. *alpestris*), die oft dieselben Bereiche wie der Zitronenzeisig besiedelt, aber auch an den Rändern von Skipisten vorkommt. Am felsenreichen Karlsruher Grat ist die **Zippammer** ein spärlicher Brutvogel. Die **Wasseramsel** kann an vielen Fließgewässern der Region angetroffen werden. **Braunkehlchen**, **Steinschmätzer** und **Gartenrotschwanz** nutzen die Hochlagen zur Rast, während man den **Bergfink** als regelmäßigen Wintergast im gesamten Bereich antreffen kann.

Anfahrt

Mit öffentlichen Verkehrsmitteln Über die Schwarzwaldhochstraße sind die Exkursionsziele am Wochenende zum Beispiel von Baden-Baden aus sehr gut mit dem öffentlichen Busverkehr erreichbar. Unter der Woche ist die Anbindung allerdings schlecht. In der Touristensaison bietet sich der Freizeitbus als Transportmittel an. Der nächstgelegene Bahnhof ist Ottenhöfen.

Mit dem Auto Von Norden über die A 5 Ausfahrt „Baden-Baden" durch die gleichnamige Stadt auf die B 500 (Schwarzwaldhochstraße). Von Westen über die A 5, Ausfahrt „Achern" und weiter über Kappelrodeck auf

Hochlagen des Nordschwarzwaldes

die Schwarzwaldhochstraße. Von Osten über die A 81, Ausfahrt Horb über Freudenstadt auf die Schwarzwaldhochstraße.

Allgemeine Hinweise

Grundsätzlich führt ein frühest möglicher Start zu den besten Beobachtungsresultaten. Die Wege im Gebiet dürfen nicht verlassen werden. Dies gilt insbesondere im Hinblick auf das **Auerhuhn**. Die Art reagiert besonders im Winter und an den Balzplätzen hoch sensibel auf etwaige Störungen. Besonders an Wochenenden und Feiertagen ist der Besucherdruck sehr hoch. **Eulen** und **Auerhähne** balzen oft, wenn weite Teile der Hochlagen noch schneebedeckt sind.

Beobachtungsmöglichkeiten

Die Schwarzwaldhochstraße verbindet die Beobachtungspunkte zwischen der Hornis-

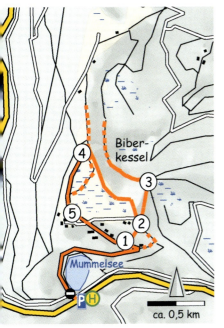

grinde im Norden (**A**) und dem Schliffkopf im Süden (**D**).

Hornisgrinde und Biberkessel (A)

Start Parkplatz/Haltestelle „Mummelsee".
Kurzbeschreibung Rundweg vom Mummelsee über den Bismarckturm (1163 m) und zurück. Abstecher zum Biberkessel möglich.
Charakter 140 Hm (ohne Biberkessel), leichte Halbtageswanderung.

Den Mummelsee aufwärts steigend und dabei halb umrundend biegt man nach der großen Kehre der Teerstraße nach rechts ab. Ein Schild „Dreifürstenstein/Biberkesselblick" und der Beginn des „Grindenpfades"(ein neuer Naturlehrpfad) markieren den Abzweig (**1**). Nahe dem Dreifürstenstein und kurz nach einer 90°-Linkskurve, kann man nach rechts in den Biberkessel absteigen (**2**). Dabei läuft man an einer Wegkreuzung am Hangfuß (**3**) an einem NSG-Schild nach links Richtung „Ochsenstall". Der steile Pfad ist ab hier bei Schnee nicht begehbar. Im Biberkessel leben **Tannenhäher**, **Rauhfuß**- und **Sperlingskauz** sowie das **Auerhuhn**. An der Karwand zwischen Hornisgrinde und Biberkessel brüten **Wanderfalke** und **Kolkrabe**.

Zurück am Grindenpfad (**2**) hält man sich rechts und steigt begleitet von Informationstafeln auf das von einem Hochmoor bedeckte Bundsandsteinplateau der Hornisgrinde. Entlang des Bohlenweges, der das Moor auf der Hochfläche erschließt, findet man **Wiesenpieper**, **Ringdrossel** und **Zitronenzeisig**. Zu den Zugzeiten trifft man auf **Bergpieper**, **Steinschmätzer** und **Braunkehlchen**. Vom Bismarckturm (**4**) kann man den Rundweg über den Hornisgrindenturm (**5**) fortsetzen. Beide Türme bieten bei klarer Sicht grandiose Ausblicke.

Karlsruher Grat (B)

Start Der Karlsruher Grat wird über die K 5730 Ruhestein – Allerheiligen erreicht. 2,4 km westlich von Ruhestein liegt in einer starken Linkskurve auf der linken Seite der Parkplatz/Bushaltestelle „Abzweig Bosenstein/Kernhof" (**6**). Die Busverbindung beginnt am Bahnhof Oppenau.

Kurzbeschreibung Stichweg über den Karlsruher Grad. Anschließender Rundweg durch **Zippammer**habitat möglich.

Charakter Gehzeit zum Karlsruher Grat: 1 Std. hin und zurück; 150 Hm; auf dem Grat

Die schütter bewachsenen Hänge am Karlsruher Grat bieten der Zippammer Lebensraum.

Hochlagen des Nordschwarzwaldes 67

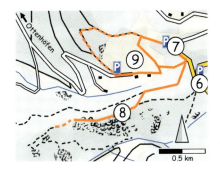

sind Trittsicherheit und Schwindelfreiheit erforderlich.

Von dem Parkplatz bei (**6**) führt ein Sträßchen nach rechts bergab zu dem ausgeschilderten, rund 300 m entfernt liegenden Gasthaus „Bosenstein", an dem ebenfalls geparkt werden kann (**7**). Zwischen (**6**) und (**7**) zweigt der ausgeschilderte Weg zum Karlsruher Grat nach links ab. An dem aus Granitporphyrgestein bestehenden Grat (**8**) können mit etwas Glück **Wanderfalke**, **Kolkrabe**, **Waldlaubsänger** und **Zippammer** beobachtet werden. Man kann nach der Gratwanderung noch eine Schleife durch **Zippammer**lebensraum anfügen. Hierzu geht man am Beginn des Wanderweges (zwischen **6** und **7**) nach links den Hang hinab. Dabei überquert man eine mit Steinhaufen und Felsstücken versetzte und kurz gehaltene Wiese, in der gelegentlich die **Zippammer** beobachtet werden kann (**9**). Mögliche Wege durch günstiges Habitat sind in der Karte orange markiert. Beobachtungstipps zur **Zippammer** sind auf S. 49 zusammengestellt.

Wanderung zum Wildsee (C)
Start Parkplatz/Haltestelle „Ruhestein"
Kurzbeschreibung Wanderung von Ruhestein (**10**) über den Seekopf und den Wildsee

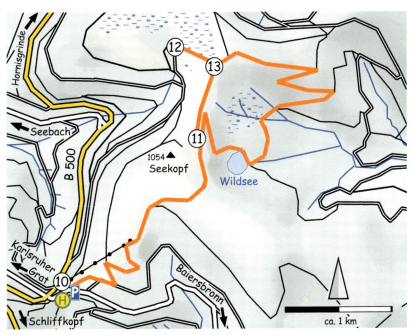

zur Darmstädter Hütte (**12**) und zurück nach Ruhestein. Für den steilen Pfad zwischen Eutinggrab (**11**) und Wildsee ist Trittsicherheit erforderlich.

Charakter 300 Hm; rund 4 Std.

Vom Naturschutzzentrum Ruhestein (**10**) geht es in Serpentinen am rechten Rand der Skipiste, auf der die **Ringdrossel** häufig ist, aufwärts. Nach wenigen Kilometern wird das Eutinggrab erreicht (**11**). Unmittelbar dahinter folgt man nicht dem Hauptweg nach links, sondern nimmt den Weg geradeaus entlang der Hangkante, bis der Pfad zum Wildsee rechts steil bergab abzweigt. Am Wildsee angelangt, sollte man an den Hängen ober- und unterhalb des Sees auf den **Sperlingskauz** und den seit 1997 hier brütenden **Dreizehenspecht** achten. Wer wenig Zeit hat, nimmt von hier den gleichen Weg zurück.

Für eine zeitintensivere Rundtour folgt man dem Weg bis zur Darmstädter Hütte (**12**) (Einkehrmöglichkeit, 07842/2247) oder geht bei (**13**) direkt die 3 km zum Naturschutzzentrum Ruhestein (**10**) zurück. Wer einen einfacheren Abstieg zum Wildsee nehmen möchte macht die Runde im Uhrzeigersinn und hat so den steilen Teil im Aufstieg. Dazu folgt man an der Kreuzung bei (**13**) dem Wegweiser Richtung „Langenbach".

Neben weit verbreiteten aber dennoch raren Arten wie **Kolkrabe**, **Rauhfußkauz** und **Tannenhäher** sollte man in den offenen Bereichen auf den **Zitronenzeisig** und besonders bei dieser Wanderung im Wald auf das **Auerhuhn** achten.

Schliffkopf (D)

Start Parkplatz/Haltestelle „Schliffkopf" am Schliffkopfhotel.

Kurzbeschreibung Spaziergang um den Schliffkopfgipfel.

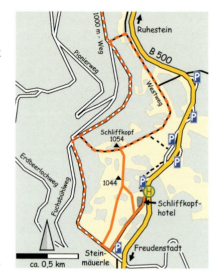

Charakter 40 Hm; 0,5 Std. oder länger, je nach Beobachtungszeit.

Die Grinde des Schliffkopfs ist im Nordschwarzwald die beste Stelle für den **Zitronenzeisig**, der entlang der Wege um den Gipfel relativ zuverlässig beobachtet werden kann. Daneben lassen sich hier auch **Baum-** und **Wiesenpieper**, **Ringdrossel**, **Tannenhäher** sowie durchziehende **Braunkehlchen** und **Steinschmätzer** beobachten.

Vom Parkplatz am Schliffkopfhotel (Haltestelle „Schliffkopf") ermöglicht der Weg auf den Schliffkopf die Beobachtung oben genannter Arten. Auch der in der Karte gestrichelte Schliffkopfrundweg führt durch gutes Grindehabitat.

Bei einer Wanderung vom Schliffkopf nach Ruhestein (**C**) beispielsweise entlang des 1000-m-Weges erhöhen sich die Chancen auf die Beobachtung schwieriger Waldarten wie dem **Auerhuhn** deutlich. Mögliche Wanderungen sind in der Übersichtskarte gestrichelt dargestellt.

Informationen

Wanderkarte Renchtal Ortenau, Naturpark Schwarzwald Mitte/Nord (1:35.000): Landesvermessungsamt Baden-Württemberg. Naturschutzzentrum Ruhestein (NAZ), Schwarzwaldhochstraße 2, 77889 Seebach, 07449–910–20, NAZ.Ruhestein@naturschutzzentren-bw.de, www.naturschutzzentren-bw.de. Im NAZ sind auch viele Faltblätter mit ausgezeichneten Karten erhältlich. Öffnungszeiten der Ausstellung: Von 01. Oktober bis 30. April täglich 10–17 Uhr außer Mo und Fr; vom 1. Mai bis 30. September täglich 10–18 Uhr außer Mo und Fr.

Freizeitbussystem: Verkehrs-Gemeinschaft Landkreis Freudenstadt GmbH, Heiligenbronner Str. 2, 72178 Waldachtal, 07443247/340, mail@vgf-info.de, www.vgf-info.de/page/vgf_index.html.

Literatur: Bezirksstelle für Naturschutz und Landschaftspflege Freiburg (BNL) (2004), FÖRSCHLER & DIETZ (seit 1995).

Wir danken JÖRG HÖNLE und HEINZ JANUS für die umfassende Hilfe bei der Erarbeitung dieses Kapitels. FRANK WICHMANN gilt Dank für die für die inhaltliche Durchsicht des Textes.

15 Mittleres Albvorland bei Göppingen und Schorndorf und Umgebung

Der Halsbandschnäpper hat in den ausgedehnten Streuobstbeständen des mittleren Albvorlands ein Zentrum seiner baden-württembergischen Verbreitung. Auch Wendehals, Mittelspecht und Grauspecht kommen hier und in den benachbarten Hangwäldern vor. Während der besten Jahreszeit im Frühjahr, besonders im Mai, bietet die Region Exkursionsziele für ein bis zwei Tage.

Streuobstwiesen bei Gingen.

Interessante Arten

Für Vogelbeobachter interessant sind vor allem die mit einer Vielzahl wertvoller Kleinstrukturen ausgestatteten Streuobstbestände. Neben oben genannten Arten ist dort der **Gartenrotschwanz** weit verbreitet und häufig. Der **Kleinspecht** ist typisch für ungepflegte Streuobstwiesen mit einem hohen Totholzanteil, besiedelt aber ebenso Auwaldrelikte und Ufergehölze entlang der Bäche und Flüsse. Der **Neuntöter** kommt in geeigneten Strukturen fast flächendeckend vor.

Der **Rotmilan** ist mit 15–20 Brutpaaren im Landkreis Göppingen gut vertreten. Auf der Albhochfläche hat er eine doppelt so hohe Brutdichte wie im Albvorland. Zwischen März und September (Oktober) hat man im gesamten Gebiet gute Chancen auf diese Art. Der **Wespenbussard** brütet mit 15–20 Brutpaaren schwerpunktmäßig in den Hangwäldern des Albtraufs. Er lebt dort aber ausgesprochen heimlich.

Die **Wasseramsel** lebt im Göppinger Raum vor allem an Fils, Lauter und einigen größeren Zuflüssen und kleineren Nebenbächen. Hohe Siedlungsdichten werden an der Rohrach (Geislingen), im oberen Filstal und im Schorndorfer Bereich an den Nebenflüssen der Rems erreicht. Sehr gerne werden von dieser Art Brückenbauwerke als Neststandorte ausgewählt. Gute Chancen, die Art zu sehen, hat man, wenn man in den Orten von den zahlreichen Brücken aus die Wasserläufe absucht.

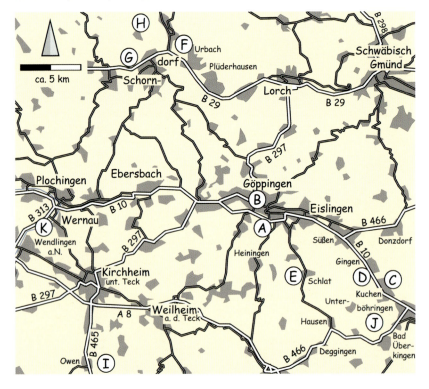

Anfahrt

Göppingen liegt ca. 30 km östlich von Stuttgart im Filstal und ist über die B 10 und die Bahnlinie München – Stuttgart leicht erreichbar. Die Anfahrt zu den einzelnen Exkursionspunkten ist mit öffentlichen Verkehrsmitteln leider nicht immer einfach zu bewerkstelligen. Gute Busverbindungen gibt es zum Eichert (**A**) beziehungsweise zum Krankenhaus und zum Stadtfriedhof (**B**).

Schorndorf, knapp 20 km östlich von Stuttgart gelegen, erreicht man über die B 29 oder alternativ mit der Bahn. Zu einigen der beschriebenen, Orte wie zum Beispiel Buhlbronn (**H**), bestehen regelmäßige Busverbindungen.

Schorndorf und Göppingen liegen 20 km auseinander.

Allgemeine Hinweise

Das mittlere Albvorland bei Göppingen war einer der wenigen mitteleuropäischen Brutplätze des **Rotkopfwürgers**. Die letzte Brut dieser in Deutschland ausgestorbenen Art fand 1998 statt. Nicht zuletzt wegen dieses historischen Vorkommens erhielt das „Mittlere Albvorland der Schwäbischen Alb" als europaweit einziges Streuobstgebiet den Status eines Important Bird Area. Es ist ebenso Teil des Natura 2000 Gebiets „Albtrauf zwischen Pfullingen und Gruibingen".

In den Obstwiesen des Mittleren Remstals hat der NABU Schorndorf im Rahmen des Höhlenbrüterprogramms der Vogelwarte Radolfzell seit ca. 1950 über 1700 Nistkästen aufgehängt (Stand 1993) und über 5700 **Halsbandschnäpper** (Stand 1997) beringt. Vieles, was man von der Art über Siedlungsdichte, Ernährung oder Brutverhalten weiß, hat in Schorndorf seinen Ursprung. Es versteht sich von selbst, auf das Stören von Halsbandschnäppern an den Nistkästen zu verzichten.

Beobachtungsmöglichkeiten
Göppinger Stadtgebiet (A, B)
Wald „Eichert" (A)

Dieser Sternmieren-Eichen-Hainbuchenwald bei Göppingen ist typisches Bruthabitat für **Mittelspecht** und **Kernbeißer**. Der Eichert liegt nahe dem Kreiskrankenhaus im Süden von Göppingen und kann von der B 10 Abfahrt „Göppingen/Heiningen/Klinik am Eichert" erreicht werden (**1**). Richtung „Heiningen" und „Klinikum" fahrend, biegt man rund 1,1 km nach der Abfahrt rechts zum „Klinikum" ab. Nach einem weiteren Kilometer bergauf, dort wo auf beiden Seiten der Straße der Wald beginnt, fährt man links auf einen Waldparkplatz (**2**). Am besten geht man von dort den mittleren, zunächst asphaltierten, Weg in den Wald hinein. Ebenso empfehlenswert ist der Weg, der auf der gegenüberliegenden Straßenseite beginnt und entlang des Waldrandes zwischen Laubwald und Streuobstwiesen nach Osten führt.

Göppinger Stadtfriedhof (**B**)

Seit 1986 brütet der **Halsbandschnäpper** mit 3–4 Paaren auf dem Göppinger Stadtfriedhof in Nistkästen. Der Friedhof liegt an der L 1075,

die von Göppingen auf den Hohenstaufen führt. Man verlässt die B 10 – aus Stuttgart kommend nach dem Tunnel – an der Ausfahrt „Göppingen/Heiningen" in Richtung Zentrum und durchquert die Stadt den Hinweisschildern „Hohenstaufen" folgend nach Norden. Nach ca. 2,3 km taucht auf der rechten Seite der Friedhofsparkplatz auf (**3**). Der Friedhof ist von Mai bis August zwischen 7 und 20 Uhr und im März, April und September bis 19 Uhr geöffnet (Stand Sommer 2004).

Unteres Filstal bei Gingen und Kuchen (C, D)
Gingen und Kuchen liegen südöstlich von Göppingen und sind von dort über die B 10 erreichbar.

Beobachtungsmöglichkeiten bestehen für **Klein-** und **Grünspecht** sowie für **Neuntöter**, **Halsbandschnäpper**, **Gartenrotschwanz** und **Wendehals**, der in den höhlenreichen Streuobstwiesen und Obstgärten mit insgesamt 5–8 Brutpaaren vertreten ist. Der **Mittelspecht** bewohnt die Stieleichen-Hangwälder und die angrenzenden Streuobstwiesen. Man findet ihn oft im Übergang zwischen Streuobstwiesen und Wald.

Tälchen nordöstlich von Kuchen (**C**)
Ausgangspunkt ist der Parkplatz am Friedhof Kuchen (**4**), der von der B 10 aus beschildert ist. Vom Bahnhof erreicht man den Friedhof, indem man den Gleisen ca. 1 km nach Nordwesten folgt. Am Friedhof geht man unter der

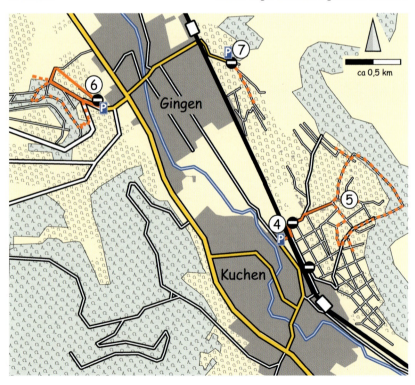

Bahnlinie hindurch und folgt links und gleich darauf rechts der Straße in das seichte Tal hinein. Wenige 100 m weiter geht es rechts zu einem Hof und einer Kleingartenanlage (**5**). **Wendehals** und **Halsbandschnäpper** sind in diesem Bereich Brutvögel und sollten mit etwas Glück beobachtet werden können. Ein möglicher Rundweg und kleine Abstecher durch das Gebiet sind in der Karte orange gestrichelt.

Streuobstwiesen südwestlich von Gingen (**D**)
In Gingen verlässt man die B 10 in Richtung „Hausen/Unterböhringen/Grünenberg". Direkt hinter dem Ortsausgangsschild geht ein Sträßchen nach rechts zu einigen Pferdekoppeln ab. Dort parkt man (**6**) und geht den sich im Laufe der Strecke verlierenden Weg (**Halsbandschnäpper**) hinein. Zum Schluss weglos gehend trifft man auf gleicher Höhe bleibend auf einen Schotterweg, dem man nach links bergauf folgt. Kurz vor dem Waldrand befindet sich auf der rechten Seite eine etwas verloren dastehende Eisenkette. Wenn man dort 100 m nach rechts geht, erreicht man eine seichte Geländemulde. In der Mulde brütete 2004 ebenfalls ein **Halsbandschnäpper**paar. Am Waldrand nach links führt der Schotterweg durch Laubwald zu einem Fahrweg und zurück zum Auto. Der kurze Spaziergang kann entlang von Waldwegen durch den Schnait genannten Wald verlängert werden. Dazu geht man am Waldrand rechts (Infotafel) und folgt dem Waldlehrpfad. Dieser führt nach einer Kehre etwas höher in den Wald und abschließend über einen Zickzackweg (blaue Raute) nach links abwärts zur Straße und zum Auto zurück (orange gestrichelter Weg). Im Wald kommen **Grauspecht** und **Pirol** vor.

Direkt östlich von Gingen befinden sich Streuobstwiesen mit **Gartenrotschwanz** und **Mittelspecht**. Zum Ausgangspunkt für einen Spaziergang gelangt man, indem man von der B 10 in die „Bahnhofstraße" Richtung „Ortsmitte" und am Bahnhof unter den Bahngleisen hindurch rechts Richtung „Sängerheim" fährt. Bald darauf wird die Straße zu einem Schotterweg, von dem man nach links auf einen Teerweg abbiegt, der zum „Waldheim Liederkranz Gingen" führt. Dort ist ein Parkplatz (**7**), von dem man leicht in die südlich liegenden Streuobstflächen gelangt.

Schlat (**E**)
Auch im Bereich um Schlat gibt es noch schöne Streuobstbestände mit **Halsbandschnäpper**, **Wendehals** und **Mittelspecht**. Den Ort erreicht man entweder von Göppingen Richtung Südosten über Holzheim, Manden und Ursenwang (L 1218) oder von Nordosten über Süßen (B 10) und rechts abbiegend über die K 1426. In Schlat hält man sich in Richtung „Reichenbach i. T." und biegt am „Gasthof Lamm" in die „Eschenbacher Straße" ab. Dem kleinen Sträßchen aus dem Ort folgend, parkt man 800 m nach dem „Gasthof Lamm" an einer ebenen Geländestelle. Hier zweigt auch nach links ein gut ausgebauter Schotterweg ab (**8**). An Sonn- und Feiertagen ist die

Anfahrt zu (**8**) nur bis zur Eschenbacher Wiese frei, so dass der Rest gegangen werden muss. Man kann nun entweder der Teerstraße einige hundert Meter weit folgen und nach dem **Mittelspecht** suchen (gestrichelt) oder den Schotterweg nach links durch die Streuobstwiesen nehmen. Hier kann man mit **Mittelspecht**, **Gartenrotschwanz** und **Neuntöter** rechnen. Im Wald (**Schwarzspecht**) hält man sich immer links und kommt so auf einem Geländerücken bergab gehend in ein Tal mit Obstwiesenbereichen, dem man talabwärts bis ca. 50 m vor eine große braune Scheune auf der rechten Seite folgt (**9**). Dort biegt man nach links ab, überquert einen Bach und geht den Berg hoch zurück zum Auto. Der Rundweg dauert ca. 45 min.

Beobachtungsmöglichkeiten im Raum Schorndorf (F, G, H)

Urbach (**F**)
Urbach liegt rund 3 km östlich von Schorndorf. Ausgangspunkt ist das Freibad in Urbach am Nordrand des Ortes. Die B 29-Ausfahrt „Urbach" verlassend, hält man sich auf der K 1881 in Richtung Ortsmitte Urbach und biegt dann im Ort links in die K 1880 Richtung "Haubersbronn" ab. Kurz vor dem Ortsende Urbach fährt man rechts in den „Kreuzweg" Richtung „Freibad". Von diesem links in die „Untere Seehalde" abbiegend, erreicht man den Parkplatz am Freibad nach ca. 5 min von der Bundesstraße. Von hier folgt man zu Fuß dem Fahrweg westlich des Baches und geht kurz darauf den Bach überquerend in das obstwiesenreiche Tälchen. Verschiedene Wege erschließen die Obstwiesen.

Gartenrotschwanz, **Grün-** und **Kleinspecht** sind weit verbreitet. Der **Halsbandschnäpper** brütet mit 1–2 Paaren 2 km bachaufwärts im Bereich des Talgrunds. **Mittelspecht** und **Grauspecht** halten sich in den Hangwäldern und im Übergangsbereich zu den Obstwiesen zum Beispiel im Bereich Zwerenberg nördlich von Urbach auf. Der **Rotmilan** jagt regelmäßig in den Nachmittagsstunden über dem Remstal.

Holzberg (**G**)
Im Bereich des Holzbergs, rund 1,5 km nordwestlich von Schorndorf, unterhält der Naturschutzbund (NABU) Schorndorf speziell zur Förderung des **Halsbandschnäppers** ein rund 100 Nistkästen umfassendes Kontrollgebiet. Man erreicht den Holzberg, indem man die B 29 über die Abfahrt „Schorndorf/Rudersberg/Welzheim" Richtung Schorndorf Innenstadt verlässt (**10**). 1,5 km nach der Abfahrt an einem Kreisverkehr folgt man dem Schild „Schornbach/Buhlbronn" nach rechts (**11**). Nach weiteren 600 m und noch vor dem Ortsausgangsschild biegt man nach links in den „Holzbergweg" ein (**12**). 500 m weiter, nach einer Kuppe, folgt man zweimal rechts abbiegend dem „Holzbergweg" durch einen Hohlweg und durch Wald auf eine Anhöhe, wo man auf eine X-Kreuzung stößt, in deren

Mittleres Albvorland bei Göppingen und Schorndorf und Umgebung

Die Streuobstwiesen bei Buhlbronn sind Habitat des Halsbandschnäppers.

Umgebung einige Nistkästen von **Halsbandschnäppern** belegt sind. An der Kreuzung rechts abbiegend erreicht man nach 100 m einen Waldparkplatz (**13**). An der X-Kreuzung in ursprünglicher Fahrtrichtung weiter geradeaus nach Westen gehend, passiert man rechterhand das Nistkastengebiet (**14**). Auf der linken Seite kommt bald ein kleines zum Naturdenkmal erklärtes Eichenwäldchen, das nicht betreten werden darf. Hier kommen **Grauspecht** und **Trauerschnäpper** vor.

Das Sträßchen führt dann fast hangparallel durch kleine, im Schwäbischen „Gütle" genannte, Obstgärten mit altem Obstbestand, in dem der **Kleinspecht** vorkommt. Am Ende des Weges führt ein Trampelpfad hangabwärts am Waldrand zur nächsten Querstraße, die man nach Osten zurückgehen kann (**15**). **Gartenrotschwanz** und **Grünspecht** sind im gesamten Bereich verbreitet.

Buhlbronn (H)

Die 270 ha großen Buhlbronner Obstwiesen, rund 4 km nördlich von Schorndorf, beherbergen eine stabile Population von ca. 20 **Halsbandschnäpper**paaren und sind im Mai ein äußerst sicherer Tipp für diese Art. In Schorndorf biegt man, wie bei (**G**), am Kreisverkehr rechts nach „Schornbach/Buhlbronn" ab (**11**), folgt der Straße 2,3 km weit bis Schornbach und hält sich dort dem Wegweiser „Buhlbronn" folgend rechts. In Buhlbronn, gut 50 m nach einer 90°-Rechtskurve, biegt man rechts in die „Tannenwaldstraße" ab und fährt auf dieser bis zum Ortsausgang und noch 150 m weiter geradeaus nach Süden, bis eine Parkmöglichkeit an einer Scheune erreicht ist (**16**).

Von hier durchquert der Weg nach links (**17**) ein schönes Streuobstgebiet mit Nistkästen (**Halsband-** und **Trauerschnäpper**). Alternativ kann man von der Scheune auf der Asphaltstraße weiter nach Süden gehen und

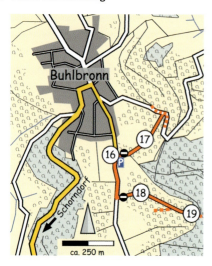

nach 150 m einem anfangs geteerten Weg nach links folgen (**18**). Bald darauf gelangt man hier in Obstwiesen (Nistkästen) mit **Grün-** und **Kleinspecht**, **Halsbandschnäpper** (sehr guter Platz!) und **Gartenrotschwanz**. Wenn man dem Weg einige 100 m weiter in den Wald folgt, kann man **Pirol**, **Mittel-** und **Grauspecht** finden (**19**). Für den **Wendehals** benötigt man etwas Glück, aber auch dieser brütet im Nistkastenkontrollgebiet von Buhlbronn. Die Ergebnisse der Brutvogelkartierungen für die beiden oben beschriebenen Nistkastenkontrollgebiete finden sich auf der Homepage des NABU Schorndorf (siehe Informationen).

Blick in die Umgebung

Im Folgenden werden einige weitere, verstreut liegende Exkursionsziele vorgestellt, die sich bei einem längeren Aufenthalt im Albvorland als Exkursionsziele anbieten.

Das Albuch, ein großes und zusammenhängendes Waldgebiet nordwestlich von Heidenheim, beherbergt eine kleine nistkastengestützte Population des **Rauhfußkauzes**. Die Dichte dieser nomadischen Art schwankt, in Abhängigkeit des Nagerbestandes, zwischen 0 und 25 Paaren. Auch **Waldschnepfe** und **Tannenhäher** kommen hier vor. Gute Beobachtungsbedingungen ergeben sich auf dem Weg im Wental zwischen dem Parkplatz „Wental" 2 km westlich von Steinheim und der talaufwärts gelegenen Gaststätte Wental (einfach 6,5 km). Das Gebiet soll 2005 als Naturschutzgebiet ausgewiesen werden. Deswegen dürfen die Wege nicht verlassen werden.

Ein gutes Gebiet für **Mittelspecht**, **Wendehals** und **Halsbandschnäpper** sind die Streuobstwiesen am Westhang der Teck (I) bei Owen, 7 km südlich von Kirchheim. Owen liegt gut 25 km westlich von Göppingen. Den Ort erreicht man von Kirchheim über die B 465 oder mit der Bahn. Die Obstwiesen sind über die Zufahrtsstraße K 1248, die zur Burg Teck führt, erschlossen. Der Talwald zwischen Owen und Nürtingen, der entlang des Tiefenbaches von der K 1243 begleitet wird, bietet weitere gute Möglichkeiten zur **Mittelspecht**beobachtung.

Eine auch landschaftlich lohnende Wanderung führt entlang der Hangkante zwischen Jungfraufelsen und Hausener Wänden (J). Startpunkt ist das Dorf Oberböhringen (**20**) wenige Kilometer westlich von Geislingen. Zwischen der Jungfrau (**21**) und den Hausener Felsen (**22**) kann man von Aussichtspunkten nach dem **Berglaubsänger** horchen und nach dem **Wanderfalken** Ausschau halten. Mit etwas Glück sieht man auch den **Rotmilan**. Die kleine Wanderung hat eine Länge von 6 km. Eine längere Variante führt am Ende der Hausener Wände Richtung Tal und auf halber Höhe auf dem „Oberen Weg" unter den Felsen durch schönen Hangwald zurück (**23**). Der **Waldlaubsänger** singt dort ab Ende April. Zur genauen Orien-

tierung ist eine Wanderkarte sinnvoll. Einen guten Blick auf die Felsen hat man auch vom nordöstlichen Ortsausgang von Hausen an der Fils (**24**).

Das beste Feuchtgebiet der Region findet man im NSG „Wernauer Baggerseen" (**K**) westlich von Wernau und gut 20 km westlich von Göppingen. Die Seen liegen genau zwischen Wendlingen und Plochingen direkt an der B 313.

Informationen
www.nabu-schorndorf.de.
Schwäbisch Gmünd und Umgebung (1:50.000), Landesvermessungsamt Baden-Württemberg und Schwäbischer Albverein (ohne Hausener Wände)
Topographische Karte (1:50.000):
L7324 Geislingen
Literatur: Lissak (2003).
Wir danken Dr. Wulf Gatter für hilfreiche Informationen.

16 Donauaue und Donaumoos bei Günzburg

Der Bereich der Donauaue und des Donaumooses bei Günzburg ist ein besonders strukturreicher und somit artenreicher Ausschnitt einer süddeutschen Flusslandschaft. An einem Frühsommertag können leicht 80 Arten beobachtet werden, wenn alle empfohlenen Stellen besucht werden. Das Gebiet ist für sein großes Halsbandschnäpper-Vorkommen bekannt. Aber auch andere gesuchte Arten wie der Mittelspecht kommen hier vor.

Interessante Arten
Silberreiher sind fast ganzjährig im Gebiet anzutreffen. Sie überwintern mit zeitweise über 100 Tieren. Der **Mittelspecht** ist mit mehr als 30 Paaren die zweithäufigste Spechtart in den Auwäldern. Der **Halsbandschnäpper** kommt Schätzungen zufolge mit gut 400 Brutpaaren im gesamten Gebiet vor. Der **Wanderfalke** ist Brutvogel in Langenau und auch der **Baumfalke** brütet im Gebiet. Weitere interessante Brutvogelarten sind **Kolbenente**, **Tüpfelsumpfhuhn**, **Mittelmeermöwe**, **Blau-**, **Schwarz-** und **Braunkehlchen** sowie **Pirol**, **Beutelmeise** und **Grauammer**.

In den Gebüschen der Feuchtwiesen singen vielerorts **Nachtigallen** und auch **Flussseeschwalben** brüten mittlerweile im Gebiet. Während der Zugzeiten nutzt eine für das Binnenland erstaunliche Anzahl von **Limikolen** die Gewässerränder zur Rast. Vor allem am Schurrsee und am See bei Emmausheim werden immer wieder auch **Seltenheiten** entdeckt.

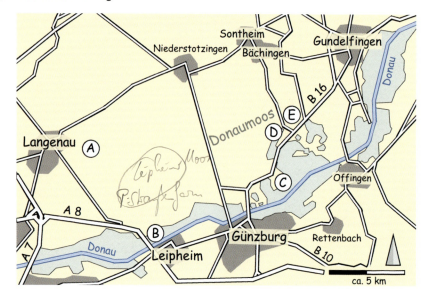

Anfahrt

Mit öffentlichen Verkehrsmitteln Die nächsten Bahnhöfe sind Gundelfingen und Günzburg. Von dort aus braucht man ein Fahrrad.
Mit dem Auto Die A 7 (Würzburg-Memmingen) führt von Nord nach Süd und die A 8 (Stuttgart-München) von West nach Ost am Gebiet vorbei.

Beobachtungsmöglichkeiten

Ostermühle (A)

Nach ergiebigen Frühjahrsniederschlägen bildet sich südöstlich von Langenau eine bis zu 20 ha große Wasserfläche. In vier von fünf Jahren bleibt die Fläche jedoch trocken. Bei Überschwemmung, rasten hier zwischen April und Juni viele **Limikolen** und **Enten**. Auch **Rotkehlpieper** rasten regelmäßig in diesem Gebiet. Dabei sollte man auch auf den **Wanderfalken** achten, der im Kirchturm von Langenau brütet.

Die Zufahrt erfolgt über die A 7, Abfahrt „Langenau" (**1**). Von dort hält man sich in Richtung „Langenau" und im Ort immer geradeaus. Man passiert die Hauptkirche rechterhand und überquert eine Hauptstraße geradeaus Richtung „Rammingen" (**2**). Kurz darauf knickt die Vorfahrtsstraße links ab (**3**). Hier fährt man weiter geradeaus Richtung „Landeswasserversorgung", um nach weiteren 300 m und insgesamt 4,5 km nach der Autobahnabfahrt rechts Richtung „Kläranlage/Kompostierungsanlage" abzubiegen (**4**). Nach weiteren 600 m überquert man Bahngleise, und parkt kurz dahinter (**5**). Zu Fuß geht es auf dem links abgehenden für Kraftfahrzeuge gesperrten und asphaltierten Weg, entlang der Bahngleise ins Gebiet. Auf der linken Seite tauchen nach wenigen hundert Metern die ersten überschwemmten Wiesen auf. Nach 1 km wird eine einsam stehende Pappel erreicht, an deren Stamm sich eine kleine Holzplattform befindet (**6**). Von hier aus kann man die Wasserflächen gut einsehen.

Donauaue und Donaumoos bei Günzburg 79

Volksfestplatz Leipheim (B)

Der Volksfestplatz in Leipheim ist in der Region erfahrungsgemäß eine der besten Stellen, um den **Halsbandschnäpper** zu beobachten. Im Bereich der locker stehenden und spät austreibenden Kastanien, Eichen und Linden brüten 4–6 Paare. Der Mai ist aufgrund des späten Blattaustriebs der vorherrschenden Baumarten der beste Monat. Der Platz liegt nördlich von Leipheim auf der gegenüberliegenden Donauseite (**7**) und nur 500 m von dem Bahnhof in Leipheim entfernt. Mit dem Auto erreicht man Leipheim über die A 8 Abfahrt „Leipheim" (**8**) und weiter auf der B 10 nach „Leipheim". Nach rund 1 km biegt man dort, wo ein Schild Richtung „Riedheim" und ein weiteres unauffälliges Schild Richtung „Festplatz" weist, nach links ab. Direkt nachdem die Donau überquert ist, biegt man rechts ab und findet kurz darauf einen Parkplatz auf der rechten Seite. Der Festplatz liegt nördlich dieses Parkplatzes.

Erdbeersee (C)

Der Auwald am Erdbeersee bietet gute Beobachtungsmöglichkeiten für **Halsbandschnäpper** (Mai-Juni) sowie für **Mittel-**, **Grün-**, **Grau-** und **Kleinspecht** (April). Des Weiteren können hier reichlich Frühjahrsblüher und Biberspuren betrachtet werden. Der Zugang erfolg von Günzburg aus über die B 16 nach Norden in Richtung „Donauwörth/Dillingen". 3 km, nachdem man die Donau bei Günzburg überquert hat, biegt man in einer lang gezogenen Linkskurve nach rechts ab. Bald taucht ein größerer See links der Straße auf und 600 m, nachdem man die B 16 verlassen hat, stellt man seinen Wagen auf dem rechts der Straße befindlichen Parkplatz ab. Ab hier ist die Durchfahrt

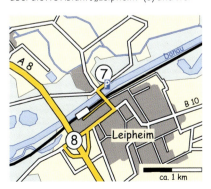

gesperrt (**9**). Nachdem man der Straße 500 m weiter geradeaus gefolgt ist, erreicht man in einer Rechtskurve am Waldrand eine große Auwald-Informationstafel (**10**). Hier folgt man dem hinter einer Schranke beginnenden Schotterweg geradeaus. Kurz darauf beginnt man rechts abbiegend den Rundweg. Der Weg sollte in der vorgeschlagenen Richtung begangen werden, da die Strecke um den westlichen See aus Trampelpfaden besteht und der Einstieg vom Donaudamm in den Auwald schwer zu finden ist (bei Schild „Flusskilometer 2559,0").

Schurrsee und Gundelfinger Moos (D)

Der Schurrsee (**13**) ist insbesondere während des Herbst- und Frühjahrszuges ein guter Beobachtungsplatz für **Enten** und **Limikolen**. Im Gundelfinger Moos (**14**) lassen sich Niedermoorbrutvögel wie **Bekassine**, **Kiebitz**, **Großer Brachvogel**, **Wachtel**, **Rebhuhn**, **Feldschwirl** oder **Grauammer** beobachten. Daneben kommen hier auch **Blau-** und **Braunkehlchen** sowie **Schwarzkehlchen** im Durchzug vor. Im Winter gehören **Raubwürger**, **Merlin** und **Kornweihe** zu den regelmäßigen Gästen.

Man erreicht den Schurrsee über die B 16 bei Birkenried. Von Günzburg kommend, befindet sich der Abzweig nach links rund 4,4 km hinter der Donaubrücke bei Günzburg und ist durch die Schilder „Birkenried" und „Blumen Eber" gekennzeichnet (**11**). Geradeaus in den Wald fahrend, erreicht man nach

Der Schurrsee bietet verlässliches Rasthabitat für durchziehende Watvögel wie den Dunklen Wasserläufer.

Donauaue und Donaumoos bei Günzburg

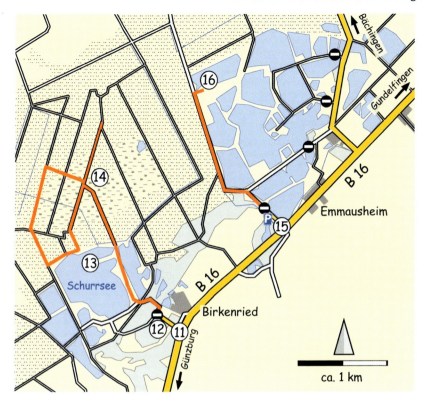

300 m ein „Durchfahrt verboten" Schild (**12**). Hier stellt man den Wagen ab und folgt der Teerstraße nach rechts und entlang von zwei 90°-Kurven auf ein Kiesabbaugelände, wo man den ersten Schotterweg nach rechts nimmt. Zwischen zwei Seen laufend, erreicht man 400 m, nachdem man sein Auto abgestellt hat, die interessanten nördlichen Bereiche des Schurrsees auf der linken Seite (**13**). Dem Weg weiter geradeaus folgend, gelangt man in das Gundelfinger Moos (**14**). Die orange markierten Wege bieten hier gute Beobachtungsmöglichkeiten.

Emmausheim (E)

Auch dies ist ein sehr guter Platz zur Beobachtung von **Wasservögeln** und besonders im Herbst von **Limikolen**. An den Baggerseen brüten **Schwarzhalstaucher** (selten), **Kolbenenten** und **Beutelmeisen**.

Man gelangt nahe Emmausheim über die B 16 in das Gebiet. Aus Richtung Günzburg kommend, 5,9 km hinter der Donaubrücke beziehungsweise 1,5 km hinter dem Abzweig bei Birkenried (**11**), biegt man kurz vor Emmausheim links ab (**15**). Nach 200 m parkt man an einem „Durchfahrt verboten" Schild und läuft den Hauptweg weiter. Dabei passiert man das Fetzersee-Areal mit zwei Seen rechterhand, an denen **Beutelmeisen** brüten und **Schwarzhalstaucher** regelmäßig rasten. Auf den Wiesen linkerhand halten sich

Trauerschnäpper. Foto: M. Göggelmann

oft **Silberreiher** auf. Nach rund 1,5 km erreicht man den letzten See auf der rechten Seite; ein Flachwasserbiotop, an dem ein Beobachtungsstand errichtet werden soll (**16**). Dies ist die beste Beobachtungsstelle des gesamten Seenkomplexes. So brüten hier **Flussseeschwalben** und **Flussregenpfeifer**, **Limikolen**trupps rasten, im Sommer können **Baumfalken** und regelmäßig im Mai **Rotfußfalken** bei der Jagd beobachtet werden. Im Winter halten sich hier viele **Entenarten** und darunter gelegentlich auch **Saat-** und **Blässgänse**. Von (**16**) aus nach Osten ist der Zutritt zum Seengebiet nicht mehr erlaubt.

Blick in die Umgebung

Der Faiminger Stausee liegt rund 20 km nordöstlich von Günzburg an der B 16 (Günzburg-Donauwörth). Man verlässt die B 16 vor Lauingen dem Hinweisschild „Umweltzentrum" folgend, lässt den Ort Faimingen rechts liegen und biegt bei den letzten Häusern nach rechts in die „Römerstraße" Richtung „Kraftwerk Faimingen" ab. Das Sträßchen führt die Hangleite hinunter und durch die Aue zum Parkplatz am Kraftwerk. Ein Besuch lohnt, wegen der Wintergäste wie zum Beispiel **Stern-** und **Rothalstaucher**, **Singschwan**, **Berg-** und **Samtente** sowie **Seeadler** vor allem zwischen September und März. In den umliegenden Auwäldern brüten unter anderem **Halsband-** und **Trauerschnäpper**, so dass ein Besuch Ende Mai ebenfalls lohnend sein kann.

Erbacher und Öpfinger Stausee liegen zwischen Erbach und Öpfingen 15–20 km südwestlich von Ulm an der B 311 und warten mit einer guten Auswahl an **Wasservögeln** auf. Der Öpfinger Stausee ist am schnellsten von Oberdischingen aus, der Erbacher Stausee am einfachsten von Donaurieden aus erreichbar. Eine gute Straßenkarte erleichtert die Orientierung.

Das Blautal östlich von Ulm beherbergt einen guten Bestand von **Wanderfalke** und **Uhu**.

Göppingen (Kapitel 15) liegt über die A 8 85 km nordwestlich und somit gut eine Stunde Fahrzeit von Günzburg entfernt. Die Ziele im Göppinger Raum können leicht an einem Tag mit dem Günzburger Raum verbunden werden.

Informationen

Literatur: BEISSMANN (1984).
Wir danken NORBERT RÖDER für umfassende Informationen zum Gebiet sowie MARKUS SCHMID für die Durchsicht des Kapitels.

17 Federsee und Umgebung

Nordöstlich von Bad Buchau, zwischen Biberach und Riedlingen, liegt das größte Moorgebiet Baden-Württembergs, das Federseegebiet. Es ist „Europareservat" und „Europäisches Vogelschutzgebiet". Bedeutung hat das Federseebecken vor allem für Schilfbewohner wie Bartmeise und Rohrschwirl sowie für viele Offenland-Arten. Bisher wurden etwa 265 Vogelarten nachgewiesen, darunter 107 Brutvogelarten.

Interessante Arten

Die günstigste Zeit für die Vogelbeobachtung ist zwischen April und Juni, wenn **Wachtel**, **Wachtelkönig**, **Bekassine**, **Großer Brachvogel**, **Wiesenpieper**, **Wiesenschafstelze** und **Braunkehlchen** (>220 BP) in den Wiesen und **Wasserralle**, **Blaukehlchen** (1–5 BP), **Schilfrohrsänger** und **Rohrschwirl** im Schilf brüten. Die **Bartmeise** hat mit 42–88 Brutpaaren einen baden-württembergischen Verbreitungsschwerpunkt am Federsee. Die **Rohrweihe** brütet mit 18 Paaren, was zwei Drittel des landesweiten Brutbestands entspricht. Der **Weißstorch** ist regelmäßiger Nahrungsgast. **Baumfalke**, **Rot-** und **Schwarzmilan** brüten in wenigen Paaren. Die **Kornweihe** hat mit bis zu 50 Vögeln im Federseegebiet einen der größten Winterschlafplätze Süddeutschlands. Auch **Merlin** und **Raubwürger** sind regelmäßig anzutreffende Wintergäste.

Weitere interessante Arten sind **Flussseeschwalbe**, **Klein-**, **Grau-**, **Grün-** und **Schwarzspecht** sowie **Baumpieper**, **Schwarzkehlchen**, **Waldlaubsänger**, **Feldschwirl** und **Neuntöter**.

Anfahrt

Mit öffentlichen Verkehrsmitteln Die Anfahrt erfolgt über Aulendorf oder Bad Schussenried. Von dort aus geht es jeweils mit dem Bahnbus nach Bad Buchau weiter. Der Bäderbus fährt zwei bis drei Mal täglich direkt von Stuttgart nach Bad Buchau (Bahnbüro Buchau: 07528/93360, Mo-Fr 9—12 Uhr).
Mit dem Auto Man verlässt die A 8 in „Ulm West" und folgt der B 30 Richtung „Friedrichshafen" bis zur Ausfahrt „Biberach". Ab hier weist die Ausschilderung nach „Bad Buchau". Das Federseemuseum ist im Ort unauffällig ausgeschildert.

Allgemeine Hinweise

Der noch in der Eiszeit 3000 ha große Federsee ist aufgrund von Meliorationsmaßnahmen und Verlandungsprozessen heute nur noch 130 ha groß und durchschnittlich 1 m tief. Der beste Zugang zu dem aus diesen Umständen resultierenden breiten Verlandungsgürtel mit extensiven Schilfflächen erfolgt über den Federseesteg (**1**, **2**). Auch der Aussichtsturm bei Tiefenbach (**6**) bietet eine gute Übersicht über den Schilfgürtel. Der Federsee hat kaum Schlickflächen und ist daher für den **Limikolen**zug wenig interessant. Urwüchsige Moorwälder und weitläufige Feuchtwiesen erschließen sich am besten per Fahrrad entlang des Federseerundweges und im südlichen Federseeried (**9**).

Beobachtungsmöglichkeiten

Federseesteg (1, 2)

Dieser 1,5 km lange und kostenpflichtige Weg ist der einzige Zugang zum See. Er beginnt am Ende des Parkplatzes am Federseemuseum und führt in umgekehrter Reihenfolge

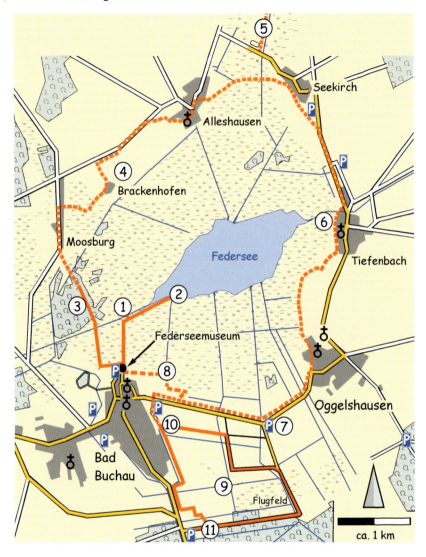

durch die typische Verlandungsabfolge von Feucht- und Streuwiese, Niedermoor in die ausgeprägte Schilfzone des Übergangsmoores bis hin zur Plattform am Rand des Offenwassers (**2**). Entlang des Holzsteges können fast alle der oben genannten **Wiesenbrüter** beobachtet werden. So hört man hier nachts den **Wachtelkönig** aus den nassen Wiesen. Vor allem für die Schilfbewohner ist der Steg der beste Beobachtungsort. Auf halbem Weg nahe dem Kassenhäuschen befindet sich eine Aussichtsplattform, von der man weite

Bartmeisen können regelmäßig im Schilf am Federseesteg beobachtet werden.

Teile des Schilfgürtels an der angrenzenden Kanzach überblicken kann (**1**). Am Ende des Weges hat man einen guten Blick auf den See und eine **Flussseeschwalben**kolonie. Man sollte den Weg aufgrund der Besuchermassen so früh wie möglich gehen.

Federseerundweg

Auf dieser 16 km langen aber lohnenden Rundtour bekommt man einen guten Überblick über die Vogelwelt des Federseebeckens. Man macht die Runde am besten mit dem Fahrrad. Zu Fuß sind es vier bis fünf Stunden Gehzeit.

Der Weg beginnt am linken hinteren Ende des Parkplatzes am Federseemuseum und ist in Richtung „Moosburger Rundweg" und „Banngebiet" ausgeschildert. Nach 300 m geht es rechts auf den „Oberförster-Staudacher-Weg". Bald darauf überquert man die Kanzach und fährt auf einem Holzsteg durch das Banngebiet Staudacher, einem urwüchsigen Bruchwald mit Birken, Kiefern und Fichten (**3**). Im Banngebiet lohnt es sich, auf **Spechte** und den **Baumpieper** zu achten. In Moosburg geht es an einem großen Baum mit Wegzeichen nach rechts zum Gehöft Brackenhofen. Dort fährt man links den Berg hinauf zu einem Aussichtspunkt über die weite Federseesenke (**4**). Weiter geht es nach Norden zu einer Straße, der man ein Stückchen folgt, bis man rechts einen Weg durch Kulturland nach Alleshausen nimmt. Auf dem Kirchweg durch weite Riedwiesen nach Seekirch und Tiefenbach fahrend, kann man einen Abstecher zu einer Aussichtsplattform am Schilfrand machen (**6**). Diese kann mit dem Auto folgendermaßen direkt angefahren werden: Die Hauptstraße nach Tiefenbach hinein fahrend, biegt man gegenüber dem Abzweig nach „Biberach" in den „Seeweg" ein. Nach rund 250 m folgt man an einer T-Kreuzung dem Teerweg nach rechts und biegt gleich wieder links in einen unbefestigten Weg entlang einer Pappelreihe ab. An dessen Ende findet man, 400 m nachdem man von der Hauptstraße abgebogen ist, die Aussichtsplattform vor. Nahe dem Schilfgürtel führt der Rundweg weiter über Oggenhausen zurück nach Bad Buchau. Dabei bietet der Parkplatz bei (**7**) einen guten Überblick über das südliche Federseeried. Vor Bad Buchau hat man auf einer Aussichtsplattform bei (**8**) einen guten Blick auf artenreiche Feuchtwiesen. Diese Plattform ist auch vom Federseemuseum aus schnell erreicht, indem man den Fußweg rechts vor dem Museum nimmt.

Nördliches Federseeried (5)

Das nördlich der Gemeinden Alleshausen und Seekirch gelegene Naturschutzgebiet „Nördliches Federseeried" ist mit seinen moortypischen Feucht- und Nasswiesen Brutplatz für **Braunkehlchen, Wachtel, Wiesenschafstelze** und **Feldlerche** sowie Nahrungsbiotop für den **Weißstorch** und die **Rohrweihe**. An der Verbindungsstraße zwischen Alleshausen und Seekirch liegt ein Sportplatz, auf dessen Ostseite ein Feldweg nach Norden beginnt. Dieser führt direkt durch das Gebiet.

Südliches Federseeried (9)

Das südliche Federseeried ist ein interessantes Gebiet für **Wiesenbrüter**, und man hat gute Chancen **Rot-** und **Schwarzmilan** zu sehen. Zudem ist es eine bedeutende stein-, bronze- und eisenzeitliche Fundstätte. Ein archäologischer Moorlehrpfad verbindet ornithologische und geschichtliche Aspekte. Ausgangspunkt ist der Parkplatz am Freibad (**10**) oder der Parkplatz an der Umgehungsstraße südlich von Bad Buchau (**11**). Der Zugang zu Letzterem ist durch die Schilder „Flugplatz" und „Archäologischer Moorlehrpfad" gekennzeichnet. Von den Parkplätzen folgt man jeweils der Ausschilderung des archäologischen Moorlehrpfades. Die Gesamtstrecke umfasst ca. 6 km, so dass sich das Fahrrad als Transportmittel anbietet. Auf dem Rundweg durch die Riedwiesen passiert man mehrere archäologisch orientierte Aussichtsplattformen mit guter Rundsicht.

Blick in die Umgebung

Das Federseemuseum erlaubt didaktisch hervorragend aufbereitete Einblicke in Siedlungs- und Naturgeschichte des Federsees.

Wurzacher Ried und Rohrsee
Eingebettet in die hügelige Moränenlandschaft des Voralpenlandes erstreckt sich im Norden von Bad Wurzach rund 27 km Luftlinie südöstlich des Federsees die größte intakte Hochmoorfläche in Mitteleuropa, das Wurzacher Ried (1813 ha). **Grau-** und **Mittelspecht** sowie **Wachtelkönig** und **Berglaubsänger** sind Brutvögel des Gebietes. Rund 20 km gekennzeichnete Wanderwege erschließen das Wurzacher Ried. Weitere Informationen sind am Naturschutzzentrum erhältlich: Rosengarten 1, 88410 Bad Wurzach, 07564–93120, naturschutzzentrum@bad-wurzach.de, www.naturschutzzentren-bw.de/.

Der Rohrsee liegt ca. 6 km südöstlich von Bad Wurzach. Er ist zusammen mit dem Wollmatinger Ried und dem Federsee eines der bedeutendsten Vogelschutzgebiete Süddeutschlands. Bis 2002 wurden 239 Vogelarten nachgewiesen; davon 84 Arten regelmäßig und 11 Arten unregelmäßig brütend. Daneben ist der Rohrsee für die **Schnatterente** ein Rastgebiet von internationaler Bedeutung. Bekannt ist das Gebiet vor allem wegen der großen **Schwarzhalstaucherpopulation**, die zwischen 8 und 70 Paaren schwankt.

Zum Rohrsee gelangt man von Bad Wurzach der L 317A Richtung Wolfegg bis Rohrbach folgend, von wo man auf einem rechts abbiegenden Sträßchen zu dem Örtchen Rohr gelangt (im Mai hier oft **Rotfußfalken**). Fast direkt am See befindet sich ein Parkplatz.

Informationen

NABU Naturschutzzentrum Federsee, Federseeweg 6, 88422 Bad Buchau, 07582/1566, NABU_Federsee@t-online.de, www.nabu-federsee.de/index.html. Das Naturschutzzentrum bietet umfangreiche Öffentlichkeitsarbeit inklusive regelmäßig angebotener Führungen.

Rad- und Wanderkarte Bad Buchau am Federsee (1:25.000): Galli-Verlag. Erhältlich z. B. im Naturschutzzentrum.
Topographische Karte (1:50.000): L7922 Saulgau.

Die Vögel des Federseemoors – Artenliste; Broschüre erhältlich z. B. im Naturschutzzentrum.
Literatur: BRANDT et al. (2005a), GÜNZL (1983), HEINE et al. (2001).

18 Taubergießen

Das Naturschutzgebiet „Taubergießen" ist mit knapp 1700 ha eines der größten Naturschutzgebiete Baden-Württembergs. Den Besucher erwartet eine weitläufige Wiesen- und (Au)Waldlandschaft, die von einem dichten Gewässernetz durchzogen ist. Es handelt sich um eine der letzten, großen, naturnahen Auelandschaften Deutschlands. Ornithologisch ist das Gebiet unter anderem durch sein großes Mittelspecht-Vorkommen interessant.

Interessante Arten

An den Wasserflächen, vornehmlich an der Mündung des Inneren Rheins, können **Silberreiher** und von Juli bis September selten auch **Purpurreiher** beobachtet werden. **Trauerseeschwalben** und **Fischadler** ziehen im April/Mai und August/September durch. **Flussseeschwalben** brüten auf Brutflößen mit rund 20–25 Paaren. **Wasserralle**, **Eisvogel**, **Drosselrohrsänger** und bisweilen auch die **Beutelmeise** gehören zu den Brutvögeln an den Gewässern. Unter einer Vielzahl von **Enten** können im Winter gelegentlich **Zwergsäger**, **Bläss-** und **Saatgänse** sowie regelmäßig **Gänsesäger** und **Schellenten** beobachtet werden. **Rohrdommeln** und **Seeadler** sind seltene Wintergäste.

Der weitgehend natürliche Auwald beherbergt 6 **Spechtarten**. Die 180 Paare des **Mittelspechtes** machen dieses Gebiet zu

Die Nachtigall ist im Taubergießen ein häufiger Bewohner der Auwälder.

einer der besten Stellen für diese Art in Deutschland. Weitere Arten sind **Grünspecht**, **Schwarzspecht** und **Wendehals**. Letzteren findet man eher östlich des Dammes. **Nachtigall** und **Pirol** sind im Auwaldbereich ausgesprochen häufig. **Schwarzmilane** brüten mit rund 15 Paaren im gesamten Gebiet. Auch der **Wespenbussard** mit rund 10 Paaren und der **Baumfalke** sind Brutvögel.

Östlich des Dammes befinden sich extensive Wiesen mit Feldgehölzen und Altarmen. In diesem Landschaftsmosaik kann man **Neuntöter**, **Raubwürger**, **Turteltaube**, **Waldohreule** und **Grauammer** beobachten. **Bienenfresser** vom nahe gelegenen Kaiserstuhl sind Nahrungsgäste. Bis vor wenigen Jahren hat auch der in Deutschland extrem seltene **Rotkopfwürger** in diesem Bereich gebrütet.

Anfahrt

Mit öffentlichen Verkehrsmitteln Eine direkte öffentliche Verkehrsverbindung in das Schutzgebiet existiert nicht. Die Gemeinden Rheinhausen, Rust und Kappel-Grafenhausen sind jedoch über Buslinien erreichbar. Von den Bahnhöfen Herbolzheim, Ringsheim und Orschweier aus liegt das Schutzgebiet in Fahrradreichweite.

Mit dem Auto erreicht man den Taubergießen über die A 5 Freiburg-Offenburg, Ausfahrt „Ettenheim". Von dort weiter Richtung Kappel-Grafenhausen und im Ortsteil Kappel zur Rheinfähre (**1**). Kurz vor der Rheinfähre liegt auch die Informationsstelle „Zollhaus Taubergießen". Die Zufahrt zum südlichen Bereich erfolgt über die A 5, Ausfahrt „Herbolzheim" und weiter in Richtung „Rheinhausen". Im Ortsteil Niederhausen biegt man in Richtung „Rust" fahrend, gegenüber dem

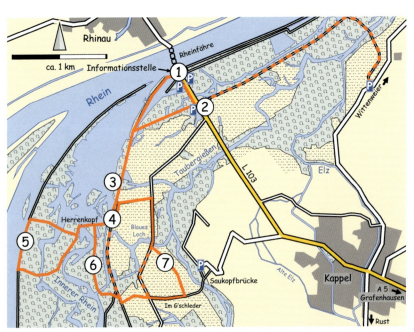

Landgasthaus „Hirschen" in einen unauffälligen Abzweig nach links in die „Rheinstrasse" in Richtung „Zum Rhein" ab. Nach ca. 1 km wird der Parkplatz Schützenhaus auf der rechten Seite erreicht (**8**).

Allgemeine Hinweise

Besonders im Frühjahr muss im Auwaldbereich mit überschwemmten Wegabschnitten gerechnet werden.

Neben den unten beschriebenen Rundwegen steht dem Besucher auch die Benutzung einer 15 km langen Bootsfahrstrecke offen. Man benötigt einschließlich des Umsetzens der Boote und dem Rückweg an Land mindestens 5 Stunden. Auch Teilabschnitte können befahren werden. Eine Karte und auch anderes Infomaterial sind im „Zollhaus Taubergießen" erhältlich (**1**). Zulässig sind nur Wasserfahrzeuge ohne Motor. Die zwischen 8 und 20 Uhr frei gegebene Strecke ist ausgeschildert. Man darf die markierten Ein- und Ausstiegsstellen auch auf nichtöffentlichen Wegen anfahren. Geparkt werden darf jedoch nur auf Parkplätzen am Rand des Schutzgebietes. Örtliche Besitzer von Fischerkähnen bieten naturkundliche Nachenfahrten an. Nähere Informationen sind bei der Gemeindeverwaltung von Rust, Rheinhausen und Kappel-Grafenhausen erhältlich.

Beobachtungsmöglichkeiten im Norden

Gute Beobachtungsmöglichkeiten für die oben genannten Arten ergeben sich entlang des 6 km langen Kormoranrundweges. Man beginnt entweder am Parkplatz an der Informationsstelle „Zollhaus Taubergießen" (**1**) oder an einem rund 500 m weiter südlich gelegenen Parkplatz (**2**). Den Rheindamm entlang nach Süden gehend, passiert man rechterhand den rund 60 ha großen Mündungsbereich des Inneren Rheins, an dem nicht nur an einem Aussichtsturm (**3**) gute Beobachtungen gemacht werden können. Nach knapp 1,5 km zweigt der Kormoranweg nach rechts vom Damm in den Auwald ab (**4**). Man geht den Rundweg (**5**) über die Herrenkopfbrücke weiter und gelangt so zum Deich zurück, vor dem man sich rechts haltend den Kormoranweg verlässt und einen besonders attraktiven und **Mittelspecht**-reichen Teil des Bannwaldes durchwandert (**6**). Auf dem Weg zurück zum Parkplatz lohnt es sich, den Teilabschnitt des Orchideenweges entlang des Blauen Lochs zu gehen (**7**). Hier findet man mit etwas Glück die oben genannten Offen- und Kulturlandarten.

Beobachtungsmöglichkeiten im Süden

Vom Parkplatz Schützenhaus (**8**) bietet es sich an, den in der Karte orange eingezeichneten „Giessenweg" zu gehen. Der nordöstliche Teilrundweg (**9**) hat eine Länge von

3,5 km. Zusammen mit dem südwestlichen Abschnitt (**10**) sind es 7 km. Auch wenn nur der zentrale Zugangsweg genutzt wird (**11**) sollte man hier unter Beachtung des arttypischen Rufs (S. 104) relativ einfach zu **Mittelspecht**beobachtungen kommen.

Blick in die Umgebung

Im Rahmen einer mehrtägigen Exkursion lässt sich der Taubergießen sehr schön mit Freiburg (S. 103; **Alpensegler**), dem Kaiserstuhl (Kapitel 19), Müllheim (S. 104; **Mittelspecht**), Fischingen (S. 101; **Steinkauz**) oder dem Feldberg (Kapitel 20) kombinieren.

Informationen

Literatur: Bezirksstelle für Naturschutz und Landschaftspflege in Freiburg (1998). Die informative Broschüre enthält auch eine gute Karte.

19 Kaiserstuhl*

Als Rest eines tertiären Vulkanes ragt der Gebirgsstock des Kaiserstuhls rund 350 m aus der südlichen Oberrheinebene heraus. Er liegt in der wärmsten Region Deutschlands und dazu im Regenschatten der Vogesen. Dies hat dazu geführt, dass sich dort ein Schwerpunktvorkommen des Bienenfressers etablieren und ein national bedeutsames Restvorkommen des Wiedehopfs halten konnte. Das kleine Mittelgebirge bietet genügend Beobachtungsmöglichkeiten für zwei Tage und lässt sich schön mit benachbarten Gebieten kombinieren. Der Kaiserstuhl ist vor allem zur Brutzeit lohnend und zieht dann auch hunderte von botanisch und entomologisch interessierten Besuchern an.

Interessante Arten

Bienenfresser sind am Kaiserstuhl mittlerweile recht einfach zu finden. Sie brüten mit mehr als 70 Brutpaaren, über das ganze Gebiet verteilt, einzeln oder in kleinen Gruppen an den allgegenwärtigen Lösswänden. Obwohl der **Wiedehopf** mit ca. 30 Brutpaaren am Kaiserstuhl vorkommt, bedarf er oft etwas mehr Geduld. Wenn die Gesangsaktivität in der zweiten Maihälfte stark abebbt, sind die Vögel sehr unauffällig. Ein gutes Vorgehen ist es dann, sich in unten beschriebenen Tälern an einen Punkt mit guter Übersicht zu postieren, und geduldig nach fliegenden Vögeln Ausschau zu halten. Während der Nestlingszeit der Jungen sieht man Altvögel mit großer Regelmäßigkeit zwischen den Nist- und Nahrungsplätzen wechseln.

Weitere Beobachtungshilfen finden sich in dem informativen Artikel von STANGE und HAVELKA (2003).

Neben **Bienenfresser** und **Wiedehopf** sind **Neuntöter, Baumpieper, Dorngrasmücke, Bluthänfling, Saatkrähe** und das **Schwarzkehlchen**, das am Kaiserstuhl einen baden-württembergischen Verbreitungsschwerpunkt hat, typische Arten der Weinterrassen. Der **Wendehals** ist im April und Anfang Mai regelmäßig in vielen Gehölzstrukturen und Obstgärten zu hören. In Obstwiesen abseits der Wälder findet man auch den **Steinkauz** (2002: 34 BP).

Die nur noch extensiv genutzten Wälder beherbergen neben **Hohltaube, Wespenbussard** und **Heidelerche** sieben Spechtarten; darunter **Schwarz-, Grau-** und **Mittel-**

Kaiserstuhl 91

Die Weinberge bei Ihringen sind ein guter Platz für den Wiedehopf.

specht. Der **Grünspecht** hat im Kaiserstuhl mit über 100 Paaren eines der dichtesten Vorkommen in Mitteleuropa. Auch der **Baumfalke** und die **Turteltaube** gehören zu den Brutvögeln. **Uhu** und **Wanderfalke** brüten in Einzelpaaren an Felswänden und in Steinbrüchen. Der **Wanderfalke** zum Beispiel 2004 in dem großen Steinbruch westlich von Bötzingen. Auf den randlich vorgelagerten Wiesen sucht der **Weißstorch** regelmäßig nach Nahrung.

Anfahrt

Mit öffentlichen Verkehrsmitteln Nahezu jeder Ort am Rand des Kaiserstuhls hat Bahnanschluss. Das bergige Innere muss dann

Lösswände wie diese sind Koloniestandorte des Bienenfressers.

jedoch mit Bus und zu Fuß oder mit dem Fahrrad „erarbeitet" werden.

Mit dem Auto Die A 5 führt östlich am Kaiserstuhl vorbei. Sinnvolle Ausfahrten von Nord nach Süd sind die Anschlussstellen 59 „Riegel" und 64a „Bad Krozingen". Im Kaiserstuhl sind nahezu alle Straßen abseits der Haupt-Verbindungsstraßen für den öffentlichen Verkehr gesperrt. Daher bedeutet Vogelbeobachtung im Kaiserstuhl auch Vogelbeobachtung zu Fuß.

Beobachtungsmöglichkeiten

Der Steinkauz in den Obstwiesen bei Sasbach (A)

Auf der Verbindungsstraße L 104 von Sasbach nach Wyhl nimmt man rund 400 m nach dem Ortsausgang von Sasbach die erste Möglichkeit nach rechts. In Richtung Königschaffhausen durchquert das Sträßchen optimales **Steinkauz**habitat. Im Herbst oder im frühen Frühjahr kann man mit Glück in der Abenddämmerung aus den Obstbäumen die kleine Eule rufen hören.

Westlicher Kaiserstuhl (B)

Von Westen auf der L 115 Niederrotweil erreichend, biegt man die zweite Möglichkeit nach rechts Richtung „Ihringen" und „Achkarren" ab. Nach rund 700 m, kurz nach einer Bahnunterführung, erreicht man eine nach links abzweigende, für den öffentlichen Verkehr gesperrte Einfahrt. Hier stellt man sein Auto am Wegrand ab (**1**) und folgt dem Tal, das sich südlich des Kirchberges nach Osten schlängelt. Bald gelangt man an einen in das Tal hineinragenden Lösshügel – den Mittelberg (**2**). An seiner Westflanke sollte man auf **Bienenfresser** achten. Der Hügel kann in einem Spaziergang umrundet werden. Dabei folgt man zunächst dem Teerweg auf der Südseite des Mittelberges nach Osten, hält sich an der nächsten T-Kreuzung nach links und am oberen Talende auf Schotterpfaden abermals nach links (bergab). In der Karte gestrichelt ist eine etwas längere Alternativroute. Entlang der Strecke sind **Neuntöter**, **Turteltaube**, **Schwarzkehlchen** und mit Glück der **Wiedehopf** zu erwarten. Auch der **Wanderfalke** wird hier regelmäßig beobachtet.

Weitere Beobachtungsoptionen ergeben sich entlang der Kreisstraße K 4927 von Ach-

Kaiserstuhl

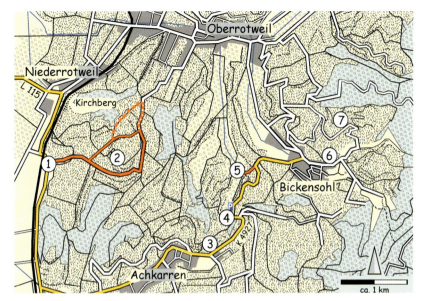

karren nach Bickensohl. Den Ort Achkarren von Westen Richtung „Bickensohl" durchfahrend, passiert man am Ortsausgang linkerhand eine Lösswand (**3**), an der **Bienenfresser** ohne zu stören von der Straße aus beobachtet werden können. Weiter bergauf in Richtung Bickensohl passiert man nach einer großen Links-Rechts-Kehre auf der linken Straßenseite einen Parkplatz mit Blick auf ein Tälchen (**4**). Von hier lohnt es sich, das Tal nach dem **Wiedehopf** abzusuchen und vor allem im April nach seinem Gesang zu horchen. Weiter auf der Straße, kann man kurz vor einem tief eingeschnittenen Pass durch einen Lösshügel und 300 m vor dem Ortseingang nach Bickensohl, links in einen Seitenweg abbiegen, der in das Tälchen hineinführt (**5**). In dem mit Obstbäumen bestandenen Talgrund kommt der **Wendehals** vor. Die Stromleitung, die etwas nördlich das Tälchen quert, wird von **Bienenfressern** gerne als Ansitz genutzt.

Am östlichen Ortsausgang von Bickensohl passiert man linkerhand eine hinter einem Haus liegende **Bienenfresser**wand (**6**). Auch in den für den öffentlichen Verkehr gesperrten Weinbergen nördlich des Ortes können immer wieder **Bienenfresser** beobachtet werden (**7**).

Umgebung von Oberbergen (C)

Die in der Karte gelb markierte Verbindungsstraße K 4922 zwischen Oberbergen und Kiechlinsbergen führt von Oberbergen kommend am oberen Talende an zwei Parkplätzen vorbei. Am unteren Parkplatz (**8**) hat man gute Chancen, **Bienenfresser** in der direkten Umgebung sowie den **Wiedehopf** durch das darunter liegende Tal fliegend beobachten zu können.

Wer die Weinberge oberhalb von Oberbergen erwandern will, der findet an einer Lösswand bei (**9**) eine weitere Möglichkeit, **Bienenfresser** zu beobachten.

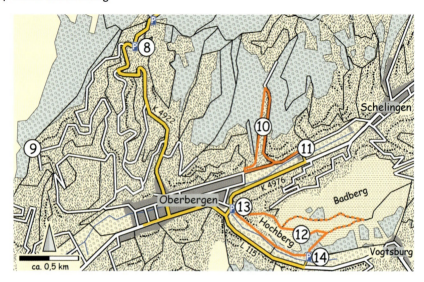

Auch im Hessental (**10**) hat man gute Chancen, auf **Bienenfresser** und gelegentlich auch auf den **Wiedehopf** zu treffen. Ausgangspunkt des einfachen Rundwegs ist das „Weingut Schätzle" (**11**). Es liegt an der Verbindungsstraße K 4976 zwischen Oberbergen und Schelingen, wo ein Schild auf die Einfahrt hinweist. Rund 100 m, nachdem man von der Verbindungsstrasse abgebogen ist, ist die Weiterfahrt für den öffentlichen Verkehr durch ein Schild gesperrt, so dass man hier sein Auto am Wegrand abstellen muss. Auf dem Rundweg in das Hessental folgt man einem Teersträßchen, dass man am oberen Talende, wo auf beiden Seiten Wald beginnt, auf einem Pfad links bergab verlässt. Über einen Weg entlang der westlichen Talflanke erreicht man wieder das Haupttal.

Das unter Insektenkundlern und Botanikern bekannte NSG „Badberg und Haselschacher Buck" im Bereich Badberg und Hochberg bietet vor allem ausgeprägte Trockenrasen (**12**). Die Hügelkette kann von zwei Parkplätzen aus erwandert werden (**13** und **14**). Am Parkplatz Badloch (**14**) ist im April/Anfang Mai oft der **Wendehals** zu hören. Wenn man dort den Aufstieg Richtung Badberg beginnt, passiert man linkerhand zwischen dem Parkplatz und einem Kneip-Fußbad einen zugewachsenen Karbonatit-Steinbruch, in dessen Umgebung oft Smaragdeidechsen beobachtet werden können. Der Steinbruch selbst sollte aus Naturschutzgründen nicht betreten werden. Smaragdeidechsen kommen ebenfalls in allen Gebüschrändern am Hoch- und Badberg vor. Ein möglicher Rundweg über die Hügelkette ist in der Karte orange eingezeichnet. Eine längere Variante ist gestrichelt dargestellt. In den Trockenrasen auf dem Badberg kommen Gottesanbeterin, Schmetterlingshafte und viele sonst seltene Orchideenarten vor. Unterwegs sollte man auch auf den **Wiedehopf** achten, der hier unregelmäßig gesehen wird.

Eichstetten (D)
Südlich von Eichstetten hat der **Wiedehopf** einen weiteren Verbreitungsschwerpunkt am

Kaiserstuhl. Ausgangspunkt einer Rundwanderung durch die lohnendsten Bereiche ist der Parkplatz am Friedhof in Eichstetten (**15**). Die Zufahrt ist in der Karte gelb eingezeichnet. Vom Friedhofsparkplatz geht man die Auffahrt zurück und biegt links in einen Hohlweg ein, der mit einem „Zone 30 aufgehoben"-Schild gekennzeichnet ist und links neben einer Bank mit einem Abfalleimer beginnt. Der Weg folgt in weiten Teilen einem Naturlehrpfad (erste Station ist Nr. 3 des Lehrpfades). Ein Abstecher bei (**16**) bietet Aussicht auf die Rheinebene und Freiburg mit dem Schwarzwald im Hintergrund. Wieder zurück auf dem Hauptweg (**17**) sollte man immer wieder Zeit auf das Absuchen von Seitentälern verwenden. So erhöht man die Chance, fliegende **Wiedehopfe** zu entdecken, deutlich. Dabei sollte man sich auf den in der Karte als durchgezogene orange Linie markierten Wegabschnitt konzentrieren. Auf dem Rückweg kann man entweder dem Lehrpfad zurück zum Parkplatz folgen (**18**) oder man nimmt abkürzende Varianten entlang ausgeprägter Hohlwege (**19** oder **20**).

Lenzenberg und Betzental nördlich von Ihringen (E)

Einen Überblick über das Betzental und die Ostflanke des Lenzenberges erlangt man von folgendem Standort (Anfahrt in der Karte gelb markiert): Von Westen (Breisach) auf der L 114 Ihringen erreichend, nimmt man im Ort nicht die Haupt- und Vorfahrtsstraße nach rechts, sondern fährt vor der Kirche geradeaus in die „Kirchstrasse" (**21**). Dieser folgt man immer geradeaus, bis man nach einem Kilometer eine Sackgasse erreicht (**23**) (Schild: „Ortsteil Martinshöfe"). Hier biegt man rechts in den „Eckweg" und gleich wieder links Richtung „Lilienhof" ab. Das Ortsausgangsschild und ein Schotterweg werden kurz darauf erreicht (1,1 km von (**21**)). Diesem folgt man rund 200 m bis der Hauptweg rechts in einen Hohlweg führt (**24**). Hier hält man sich links und erreicht so an einer weiteren Weggabelung rund 400 m nach dem Ortsausgangsschild eine erhöht stehende Bank in einer Weggabelung (**25**). An der exponierten Bank sollte man einige Zeit für den **Wiedehopf** investieren. Ein Spektiv leistet gute Dienste

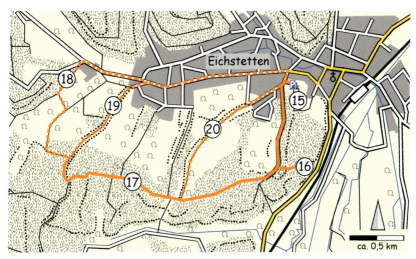

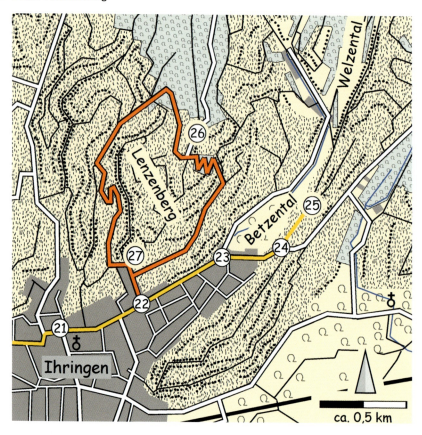

beim Absuchen der östlichen Lenzenbergflanke und des Betzentales.

Ein mit dem privaten Fahrzeug frei befahrbarer Rundweg zu einer Gaststätte (**26**) über den Lenzenberg (in der Karte orange eingezeichnet) führt durch optimales **Wiedehopf**- und **Bienenfresser**habitat. Der Zugang erfolgt, wie oben, über die „Kirchstraße" (**21**). 500 m nach (**21**) biegt man links Richtung „Parkplatz Friedhof" ab (**22**) (Schild: „Für Busse über 4 m gesperrt"). Die Einfahrt zum Friedhof linkerhand passierend, biegt man 200 m nach (**22**) rechts ab und hält sich immer Richtung Lenzenberg. Unterwegs sollte man in den Lösswänden auf **Bienenfresser**höhlen achten. Der **Wiedehopf** kann überall entlang der Strecke auftauchen. Generell ist es sinnvoll, einige Zeit mit dem Absuchen der Bergflanken und Seitentäler (zum Beispiel (**27**)) zu verbringen. Auch **Turteltaube** und **Wespenbussard** kommen entlang des Rundweges vor.

Blick in die Umgebung

Wer länger im Gebiet verweilen möchte, kann Tagesausflüge in das NSG Taubergießen (Kapitel 18; **Wasservögel** und **Mittelspecht**), nach Freiburg (S. 103; **Alpensegler**), Müllheim (S. 104; **Mittelspecht**), Fischingen (S. 101; **Steinkauz**) oder den Feldberg (Kapitel 20; **Zitronenzeisig** u. a.) unternehmen. Der **Orpheusspötter** brütet in wenigen Paaren im südlichen Rheintal, ist aber sehr unstet, so dass sich keine guten Tipps geben lassen.

Blick über die Grenze
Direkt südwestlich von Freiburg über die Grenze ins Elsass zwischen den Grenzübergängen Breisach am Rhein im Norden und Neuenburg im Süden befindet sich auf den weitläufigen Maisäckern zwischen Hirtzfelden und Rustenhart sowie zwischen Banzenheim und Fessenheim und nordwestlich von Heiteren ein isoliertes Vorkommen des **Triels**. Wer diese sich tagsüber verborgen haltenden Vögel ausfindig machen will, sollte es in der Dämmerung probieren, wenn die Tiere rufen. Man hat nur Chancen, wenn der Mais noch ganz niedrig oder schon abgeerntet ist. Ein Spektiv leistet beim Absuchen der Äcker gute Dienste

Informationen
Freiburg im Breisgau, Kaiserstuhl, Naturpark Südschwarzwald, Freizeitkarte 505 (1:50.000): Landesvermessungsamt Baden-Württemberg.
Literatur: HÖLZINGER (1997, 1999), HÖLZINGER & BOSCHERT (2002), HÖLZINGER & MAHLER (2002), RUPP & SAUMER (1996), STANGE & HAVELKA (2003). Wir danken RAINER STOLL für seine Gastfreundschaft.

20 Feldberg

Der Bereich des Feldbergs bietet eine umfangreiche Auswahl sonst für den Alpenraum typischer Vogelarten. Zu diesen zählen Auerhuhn, Dreizehenspecht, Ringdrossel (subsp. *alpestris*), Bergpieper, Tannenhäher und Zitronenzeisig. Daneben kommen auch Wanderfalke, Sperlings- und Rauhfußkauz sowie Kolkrabe vor. Das Gebiet lässt sich im Rahmen eines Tagesausfluges hervorragend erwandern.

Interessante Arten
Die heiß begehrten **Rauhfußhuhn**arten wird man nur mit viel Glück zu Gesicht bekommen. Das **Haselhuhn** ist hier mittlerweile außerordentlich selten. Immerhin hat die rund 600 Tiere umfassende Schwarzwaldpopulation des **Auerhuhns** einen Verbreitungsschwerpunkt im Bereich des Feldbergmassivs. 2001 wurden im Regierungsbezirk Freiburg 163 Hähne gezählt. Größer sind die Chancen, den **Dreizehenspecht** zu beobachten. Die Art kommt seit 1982 wieder im Schwarzwald vor und kann in den struktur- und totholzreichen Fichtenwäldern des Feldberges beobachtet werden. **Waldschnepfe**, **Sperlings-** (Stand 1999: 5–7 Reviere im engeren Feldberggebiet) und **Rauhfußkauz** sind lokal vorkommende und heimliche Vertreter der Feldberg-Vogelwelt. Der **Wanderfalke** hat einige Felsen im Bereich des Feldbergmassivs wiederbesiedelt und brütet beispielsweise am Feldsee östlich des Feldbergs. **Ringdrossel**, **Wiesen-** (durchschnittlich 60 Reviere) und **Bergpieper** (rund 20–30 Revie-

Strukturreicher Fichten-Bergahorn-Bergmischwald am Felsenweg.

re) sowie **Zitronenzeisig** lassen sich relativ leicht in der waldfreien Gipfelregion des Feldbergs sowie in den Waldrandbereichen beobachten. Der **Bergpieper** besiedelt alljährlich die nördlichen und östlichen Steilabfälle sowie die nach Norden und Osten geneigten Flächen vom Mittelbuck bis zum Seebuck. **Tannenhäher** und **Kolkrabe** verraten sich am ehesten durch ihre weit tragenden Rufe.

Anfahrt

Mit öffentlichen Verkehrsmitteln Aus Richtung Freiburg bzw. Donaueschingen mit der Höllental- und Dreiseenbahn über Titisee bis Bahnhof Bärental. Weiter mit dem Bus (Linie 7300 Titisee-Schopfheim) bis Haltestelle „Feldberger Hof".
Mit dem Auto Feldberg-Ort liegt an der B 317 rund 18 km Luftlinie südöstlich von Freiburg zwischen Todtnau und Titisee.

Allgemeine Hinweise

Niedrige Temperaturen, hohe Niederschläge und böiger Wind zeichnen das Wetter am Feldberg aus. Besonders bei Schnee und klarem Himmel kann die Strahlungsintensität sehr hoch sein. An sonnigen Tagen sowie an Wochenenden und Feiertagen ist der Andrang auf den Feldberg recht groß. Das vorgestellte Gebiet liegt innerhalb des Naturschutzgebietes Feldberg, daher bitte das geltende Wegegebot unbedingt beachten!

Beobachtungsmöglichkeiten

Ein vielfältiges Angebot an Wanderwegen erschließt den Feldberg. Welchen Weg man wählt, hängt von den Arten ab, die man sehen möchte. Die alpin verbreiteten **Offenlandarten** können überall entlang der Waldränder und auf den hochmontanen Wiesen des Feldberges beobachtet werden. **Auer-**

hühner wurden mehrfach im Bereich um die Zastler Hütte beobachtet. Der **Rauhfußkauz** kommt im Bereich der St. Wilhelmer Hütte und zwischen Seebuck und Feldsee vor. Der **Dreizehenspecht** hält traditionell auf der Westseite in den Bereichen Feldberghalde und im weiter westlich gelegenen Bannwald „Napf" sowie auf der Nordseite im Bereich Baldenweger Buck Reviere besetzt. Der erste Nachweis dieser Art für den Schwarzwald im 20. Jahrhundert erfolgte im Bannwald „Seewald" zwischen Seebuck und Feldsee, wo er auch heute noch zu finden ist. Der Felsenweg (**2**) führt vom Feldberger Hof in Richtung Rinken durch diesen Bereich.

Folgende rund 250 Höhenmeter umfassende und rund 2,5 Stunden lange Wanderung bietet sich an: Hinter dem Haus der Natur geht man links auf einem geteerten Weg bergauf und wechselt bei (**1**) über die Skipiste zum gegenüberliegenden Waldrand. Unterwegs können **Wiesenpieper** und **Feldlerche**, mit etwas Glück auch der **Zitronenzeisig** beobachtet werden. Man geht nun den Waldrand ein Stück bergab und wechselt bei einer alten Bank nach links auf den so genannten Felsenweg, dem man durch strukturreichen Fichten-Bergahorn-Bergmischwald folgt (**2**) (**Spechte** und **Rauhfußkauz**). Unterwegs besteht auch die Möglichkeit zum Einblick in die Brutnische des **Wanderfalken** in der Feldseekarwand nördlich des Feldsees. Am Ende des Felsenwegs führt der Weg rechts durch buchenreichen Bergmischwald (**Waldlaubsänger**) zum Raimartihof (**3**), von dem aus man zum Feldsee wandert (**4**). Am Feldsee kann man abermals auf die Feldseekarwand blicken und nach den **Wanderfalken** Ausschau halten. Von hier geht es zurück zum Feldberger Hof.

Die in der Karte orange gestrichelten Wege sollten ebenfalls die Beobachtung der

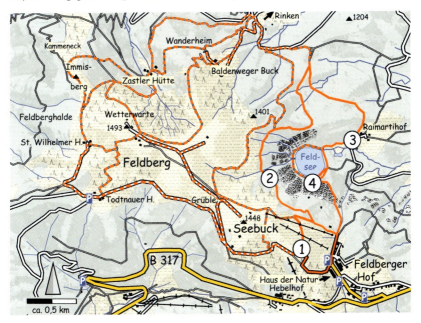

Typische Schwarzwaldlandschaft am Belchen.

meisten der oben beschriebenen Arten ermöglichen.

Blick in die Umgebung

29 Straßenkilometer nordöstlich des Feldberges beziehungsweise 20 Straßenkilometer nordöstlich des Titisees liegt der Ort Bubenbach. Die 6 km lange Verbindungsstraße zwischen Bubenbach und Mistelbrunn im Osten ist ein guter Ort, um in der Dämmerung nach dem **Sperlingskauz** und in der Dunkelheit nach dem **Rauhfußkauz** zu horchen.

Rund 14 km südwestlich des Feldbergs und rund 6 km nordwestlich von Schönau liegt der Belchen (1414 m). Auf einer Wanderung zwischen Belchen und dem nördlich liegenden Heidstein (1274 m) bestehen Chancen auf **Dreizehenspecht** im Bereich Rübgartenwald und **Rauhfußkauz** am Heidstein.

Informationen

Haus der Natur, Dr.-Pilet-Spur 4, 79868 Feldberg.
Naturschutzzentrum Südschwarzwald, 07676/9336–30, naturschutzzentrum@naz-suedschwarzwald.bwl.de, www.naturschutzzentren-bw.de
Naturpark Südschwarzwald, 07676/9336–10, naturpark@naturpark-suedschwarzwald.bwl.de, www.naturpark-suedschwarzwald.de
Feldberg, Belchen, Schluchsee, Blatt 25 (1:35.000) Landesvermessungsamt Baden-Württemberg (gute Karte).
Literatur: Hölzinger (1997), Hölzinger & Mahler (2002).
Wir danken Dr. Stefan Büchner für die Durchsicht des Kapitels.

Artenspezial Baden-Württemberg

Steinkauz

Der **Steinkauz** ist in Deutschland schwerpunktmäßig in Baden-Württemberg und Westfalen verbreitet. Er bewohnt vor allem Hochstamm-Obstwiesen mit einem reichhaltigen Angebot an Bruthöhlen, Tagesverstecken und Sitzwarten. Die extensiv genutzten Mähwiesen weisen gleichzeitig ein vielseitiges Nahrungsangebot auf. Die kleine Eule sonnt sich im Vorfrühling gerne nahe ihrer Bruthöhle im Freien und ist zur Brutzeit teilweise tagaktiv. Jedoch ist die Dämmerung normalerweise die Hauptaktivitätszeit. Der durchdringende Reviergesang, der im Herbst und besonders während der Hauptbalzzeit im Februar und März zu hören ist, verrät am ehesten ihre Anwesenheit.

In Baden-Württemberg ist der **Steinkauz** nach einem drastischen Populationsrückgang seit den 1960er Jahren vor allem in der mittleren Oberrheinebene, im mittleren Neckarraum mit Vorland der Schwäbischen Alb und im Schussenbecken (Bodensee) verbreitet. Um den attraktiven, kleinen und bei uns bedrohten Kauz auch in Zukunft noch erleben zu können, ist es absolut tabu, Stimmattrappen zum Anlocken der Vögel abzuspielen. Andächtiges Horchen führt ebenfalls zu erfolgreichen und vor allem störungsfreien Beobachtungen.

Folgende Bereiche seien für die **Steinkauz**beobachtung empfohlen:

Das von Obstwiesen umgebene Örtchen Fischingen liegt rund 10 km nördlich von Basel östlich der B 3 zwischen Freiburg i. Br. und Basel. Im Dorf hält man sich Richtung „Binzen" (Süden), bis an einem Brunnen eine

Steinkauz. Foto: G. Moosrainer

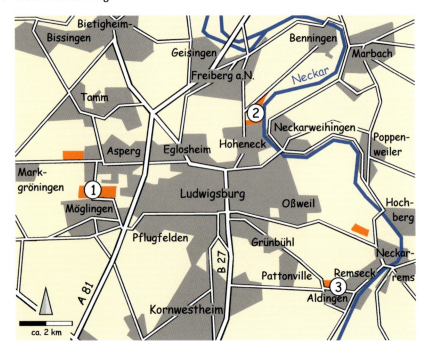

Weggabelung erreicht wird, an der man links (nach Südosten) in die „Dorfstraße" und diese bis zum Ortsende fährt („Tempo 30 – Ende"-Schild). Nachdem das Auto hier an geeigneter Stelle abgestellt wurde, läuft man die Straße am rechten Rand eines mit ausgedehnten Obstwiesen bestandenen Tals weiter bergauf. Hier befindet man sich in optimalem **Steinkauz**habitat, wo auch **Grünspecht** und **Gartenrotschwanz** gut vertreten sind. Sollte die Stelle keinen Erfolg bringen, fährt man zurück zum Brunnen und dort an der Weggabelung weiter nach Süden in Richtung Binzen. 0,8 km nach dem Ortsausgangsschild von Fischingen biegt man gegenüber dem Abzweig nach „Eimeldingen" links in einen kleinen Weg ab. Ein Schild „Binzen" markiert die Einfahrt. Ab hier darf der Weg nur am Wochenende frei befahren werden. Nach dem Abzweig zwei Mal links abbiegend (1. Mal Teersträßchen, danach Schotterweg) erreicht man ein mit Obstwiesen bestandenes Tal mit **Steinkauz**revieren.

Im Kapitel Kaiserstuhl ist mit Sasbach ein weiterer Platz im oberen Rheintal beschrieben (Kapitel 19).

Bei Ludwigsburg nördlich von Stuttgart liegt ein bedeutendes **Steinkauz**vorkommen. In der Karte oben sind Beispiele für gute **Steinkauz**habitate in der Umgebung der Stadt orange eingezeichnet. Zwischen Möglingen und Asperg (**1**) findet man in Feldwegen rechts und links der Kreisstraße (K 1693) sehr gutes **Steinkauz**habitat. Ebenso zwischen Hoheneck und Freiberg a. N. (L 1129) (**2**), wo man den Abzweig Richtung „Benningen" (K 1672) nimmt und 100 m danach rechts in einen Feldweg abbiegt. Bei

Aldingen gibt es weitere Beobachtungsmöglichkeiten (**3**). In Aldingen nimmt man die Ortsumgehung nach Westen Richtung „Kornwestheim". Man biegt dann aber nicht nach „Kornwestheim" ab, sondern fährt geradeaus Richtung „Ludwigsburg" (K 1692). Kurz danach nimmt man den Abzweig nach rechts in die „Kornwestheimer Straße". 100 m nach diesem letzten Abzweig biegt man nach links Richtung „Gärtnerei Bürkle" und „Erdenwerk Hauke" ab, wo man direkt am Abzweig außerhalb des Halterverbotes parkt. Ab hier läuft man parallel zur Straße auf einem Radweg in Richtung Aldingen (talabwärts) und horcht links in den mit Obstbäumen bestandenen Hang, den man auch über Feldwege betreten kann.

Das beste **Steinkauz**gebiet in Rheinland-Pfalz ist die Ahrmündung (Kapitel 1). Ebenfalls am Rhein, auf der hessischen Seite etwas nördlich des Kühkopfs (Kapitel 6) sind die Streuobstbestände südwestlich von Nauheim ein verlässliches Gebiet. Eine der höchsten Dichten wird in Hessen im westlichen Main-Kinzig-Landkreis etwas nordöstlich von Frankfurt am Main erreicht. Die größten Streuobstwiesenbestände findet man hier in der Umgebung von Hochstadt (Kapitel 4).

Informationen
Literatur: ANTHES & RANDLER (1996).

Alpensegler
Der **Alpensegler** brütete 1955 erstmals an der Kirche St. Martin in Freiburg i. Br. Danach stieg der Bestand, auch dank intensiver Schutzbemühungen, kontinuierlich an. 2003 brüteten 102 Paare erfolgreich an und in 56 Gebäuden und zogen mindestens 151 Junge groß. Im Jahr 2003 wurde der **Alpensegler** zum ersten Mal am 22. März gesichtet. Letztbeobachtung war der 10. Oktober.

Zur Beobachtung des **Alpenseglers** in Freiburg seien folgende Stellen empfohlen:
- Kirche St. Martin in der Stadtmitte am Rathausplatz (Einflugöffnungen an den vier Ecken des Turmhelms),
- Hebelschule im Stadtteil Stühlinger westlich des Hauptbahnhofes (Engelbergerstr. 2),
- Personalhaus XII des Uniklinikums Lehener Straße 84 im nordwestlichen Stühlinger (Nistkästen im obersten Bereich der Fassade) und
- Landespolizeidirektion Bissierstraße/Ecke Berliner Allee im Stadtteil Betzenhausen-Bischofslinde im Westen der Stadt. Dort war 2003 mit über 10 Brutpaaren die größte Kolonie.

Seit 1990 hat die Art weitere Kolonien in Waldshut, Emmendingen, Lörrach, Tuttlingen und zuletzt in Achern etabliert.

Informationen
Literatur: SCHMIDT & SCHMIDT (1996).
Wir danken MATTHIAS SCHMIDT für umfassende Informationen.

Alpensegler. Foto: A. Limbrunner

Mittelspecht

Ca. 20% der Weltpopulation des **Mittelspechts** lebt in Deutschland, und davon gut die Hälfte in Baden-Württemberg. Der **Mittelspecht** ist ein „Urwaldspecht", mit Verbreitungsschwerpunkt in 180–240 Jahre alten Waldbeständen. Er ist an grobrindige Bäume gebunden. Vor allem an Eichen sucht er seine Nahrung. Der Reviergesang, das arttypische Quäken, wird nur zur Balzzeit im März und April geäußert. Ganzjährig kann der **Mittelspecht** relativ leicht anhand einer keckernden Rufreihe aufgefunden werden. Sie ist charakteristisch weicher und gleichmäßiger als der Buntspechtruf und wird rasch trabend vorgetragen. Dabei ist die erste Silbe immer höher („KICK kück-kück-kück-kück-kück…").

Mittelspecht-Männchen. Foto: M. Delpho

Gute Stellen für die Art sind die Wälder auf dem Kühkopf (Kapitel 6), am Lampertheimer Altrhein (Kapitel 8), und am Haardrand (Kapitel 12). Auch im Mittleren Albvorland bei Göppingen (z. B. Waldgebiet „Eichert"; Kapitel 15) in den Donauauen bei Ulm (Kapitel 16), und im Taubergießen (Kapitel 18) ist der **Mittelspecht** häufig. Besonders hohe Dichten werden im Eichwald am Südostrand von Müllheim erreicht. Die kleine Stadt liegt rund 30 km südlich von Freiburg i. Br. In Müllheim hält man sich in Richtung „Stadion/Schwimmbad" (nicht Sporthalle). Dort angekommen folgt man den Schildern Richtung „Waldparkplatz". Dieser ist durch ein „Wanderparkplatz Eichwald"-Schild gekennzeichnet. Der **Mittelspecht** ist in dem Wald nahe dem Parkplatz häufig. Daneben kommen **Hohltaube**, **Schwarz-** und **Grauspecht** vor (z. B. entlang des gelb markierten Rundwegs M2).

Halsbandschnäpper

Der **Halsbandschnäpper** ist in seiner gesamtdeutschen Verbreitung auf Süddeutschland beschränkt. Schwerpunktvorkommen mit 10 000–12 000 Brutpaaren sind dabei zum einen die extensiv bewirtschafteten Streuobstgebiete im mittleren Neckarraum vom Neckarbecken über den Schurwald und den Welzheimer Wald, die Fildern, den Schönbuch und den Glemswald, die östlichen Gäulandschaften bis in das Vorland der mittleren Schwäbischen Alb und zum anderen die naturnahen Auwälder entlang der großen süddeutschen Flüsse.

Der **Halsbandschnäpper** erreicht seine mitteleuropäischen Brutplätze als einer der letzten Langstreckenzieher erst Ende April/Anfang Mai. Viele Bruthöhlen sind zu dieser Zeit schon fest besetzt, weshalb die Art in vielen Streuobstwiesen des Albvorlan-

Halsbandschnäpper-Weibchen.

des mit einem intensiven Angebot an künstlichen Nisthilfen gestützt wird. Der typische Gesang ist nur gut 6 Wochen lang zu hören. Schon Ende Juli/Anfang August, direkt nach dem Ausfliegen der Jungen, verlässt der Halsbandschnäpper sein Brutgebiet wieder und beginnt mit der Wanderung in die Überwinterungsgebiete. Da die Art nur in der Nacht zieht, verläuft der Wegzug sehr unauffällig. Für die Beobachtung des **Halsbandschnäppers** hat man somit nur ein sehr enges Zeitfenster von maximal 3 Monaten.

Wir haben einige Stellen im Mittleren Albvorland (weltweit höchste Brutdichte, Kapitel 15), im Bereich der Donauauen bei Ulm (Kapitel 16) und an der Isarmündung bei Deggendorf (Kapitel 32) beschrieben. Eine weitere gute Stelle in Baden Württemberg liegt bei Reutlingen. Dort brüten im Wildgehege im Park „Markwasen" (Nähe Fußballstadion) in einem Alteichenbestand einige **Halsbandschnäpper**paare in Nistkästen. Vom Parkplatz bei dem Wildgehege (Picknicktische) braucht man sich nur umzusehen/-hören.

Typischer Mittelspecht- und Halsbandschnäpper-Lebensraum an der Donau.

Bodensee

Mit rund 570 km² Fläche ist der Bodensee der größte Binnensee in Deutschland. Er hat eine maximale Länge von 63 km und misst an der breitesten Stelle 14 km. 150 Brutvogelarten und über 410 nachgewiesene Vogelarten machen die Region zu einer der artenreichsten und ergiebigsten Vogelbeobachtungsgebiete in ganz Mitteleuropa. Besonders Schilfarten sind artenreich vertreten. Die nahen Alpen und das reiche Vogelzuggeschehen tragen zusätzlich zur Attraktivität der Region bei.

Top-Arten

Sing- und Zwergschwan, Rostgans, Kolben- und Moorente, Schwarzhalstaucher, Seetaucher, Zwergdommel, alle in Mitteleuropa vorkommenden Limikolenarten, Schwarzkopfmöwe, Sumpfseeschwalben, Bartmeise, Rohrschwirl, Drosselrohrsänger, Seltenheiten.

Am Bodensee treffen zwei wichtige Zuglinien zusammen: Der Alpennordrand und das weite Rheintal, das von vielen Arten zur Alpenüberquerung genutzt wird. Wenn die Bedingungen für eine Alpenüberquerung zu schlecht sind, konzentriert sich das Zuggeschehen kleinräumig und es finden sich große Mengen rastender Zugvögel ein. Diese Konstellation trifft besonders auf das Rheindelta zu, wo aus diesem Grund alljährlich viele **Seltenheiten** beobachtet werden können.

Der Bodensee ist für viele **Wasservogel**arten der wichtigste mitteleuropäischen Rast-, Mauser- und Überwinterungsort. Besonders der nährstoffreiche Untersee verfügt über ein großes Nahrungsangebot und somit enorme **Wasservogel**ansammlungen. Die Zusammensetzung der Wasservogelbestände ändert sich dabei je nach Jahreszeit. Während der September noch durch spät brütende Arten wie **Hauben-** und **Schwarzhalstaucher**, **Reiherente** und **Höckerschwan** sowie durch Mauserbestände brütender oder zugewanderter Arten wie die **Kolbenente** geprägt ist, können im November große Mengen von Tauchenten wie **Reiher-**, **Tafel-** und **Schellenten** sowie **Krick-** und **Schnatterenten**, **Singschwäne** und **Kormorane** beobachtet werden. Zu dieser Zeit halten sich 200 000 **Wasservögel** am Bodensee auf, von denen sich viele hauptsächlich von der Dreikantmuschel ernähren.

Ab dem Januar dominieren zwar immer noch Muschelfresser, jedoch erreichen dann auch die Bestände überwinternder **Meeresenten, Gänsesäger** und **Seetaucher** ihren saisonalen Höhepunkt.

Wenn der Wasserstand am Bodensee unter die Pegelmarke von 300 cm fällt, gibt es an allen Orten rund um den See Schlickflächen und somit gute Bedingungen für rastende **Limikolen**. Steigt der Pegel über 340 cm, ist das Rheindelta das einzige Gebiet mit größeren Schlickflächen. Aktuelle Informationen zum Pegel Konstanz findet man unter 07531/29580 sowie www.general-anzeiger-bonn.de/wetter/pegel/konstanz.html.

Routen am Bodensee

Das Vorarlberger Rheindelta ist zu jeder Jahreszeit das Topgebiet am Bodensee. Auch das Wollmatinger Ried sollte nicht ausgelassen werden. Im Winter ist die **Seetaucher**strecke sehr interessant. Mettnau, Eriskircher Ried, Radolfzeller und Stockacher Aachmündung können von Herbst bis Frühjahr ins Programm genommen werden. Im Frühjahr und Sommer ist der Vulkanberg Hohentwiel einen Besuch wert. Der Mindelsee ist vor allem im Herbst mit seinen **Moorenten** ein lohnenswerter Abstecher. Fünf Tage Bodensee sind ausreichend, um einen umfassenden Einblick in die Vogelwelt des Gebietes zu bekommen. Für Fahrten in und durch die Schweiz und durch Österreich muss ein Personalausweis mitgeführt werden. Alle beschriebenen Ziele sind über Bundesstraßen erreichbar. Die Autobahnbenutzung ist in beiden Ländern gebührenpflichtig.

Blick über die Grenze

Wer seine Reise an den Bodensee mit einigen Alpenarten bereichern will, dem sei die Kanisfluh im Bregenzerwald empfohlen. Hier können unter anderem **Alpenschneehuhn**, **Steinadler**, **Ringdrossel**, **Alpenbraunelle**, **Bergpieper**, **Alpendohle**, **Zitronenzeisig**

Blick auf die Kanisfluh. Vom Alpengasthof und entlang des orange markierten Weges nach oben blickend hat man die besten Chancen auf den Steinrötel.

und **Schneesperling** beobachtet werden. Auch der **Steinrötel** kommt hier vor, bedarf aber aufgrund der Weitläufigkeit des Geländes Geduld und Glück. Von Bregenz am Bodensee erfolgt die Zufahrt über die B 190, von der man nördlich von Dornbirn auf die B 200 wechselt. Dieser folgt man nach Südosten bis Au. In Au biegt man rechts auf die B 193 Richtung „Damüls" ab. Rund 3,9 km nach der Kirche in Au führt ein zunächst geteerter und später geschotterter Weg im spitzen Winkel nach rechts in Richtung „Alpengasthof Edelweiß" (unauffälliges Schild). Der Weg ist normalerweise ab Pfingsten befahrbar. Kurz vor dem Alpengasthof (+43-664/4381365) besteht eine Parkmöglichkeit.

Die meisten Alpenarten kann man entlang einer Wanderung vom Alpengasthof Edelweiß (1492 m) auf die Holenke (2044 m) oberhalb der Kanisfluh beobachten.

Informationen
Wanderkarte ÖK 50 Nr. 112 Bezau (Bundesamt für Eich- und Vermessungswesen). HEINE et. al. (1999) - das Standardwerk.

21 Hohentwiel im Hegau

Der landschaftlich sehr reizvolle und weithin sichtbare Vulkanberg Hohentwiel, der sich mit seiner Burgruine über Singen erhebt, ergänzt eine Bodenseetour mit Arten der Kulturlandschaft und unregelmäßig mit einigen Besonderheiten.

Blick in die Obstwiesen (4) nahe der Domäne, Lebensraum des Gartenrotschwanzes.

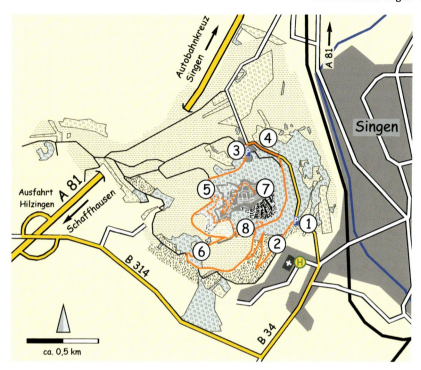

Interessante Arten

In der reichhaltigen und strukturreichen Kulturlandschaft mit Gebüschen, Obstwiesen, Mähwiesen und Schafweiden finden **Hohltaube**, **Baumpieper**, **Gartenrotschwanz**, **Feldschwirl** und **Neuntöter** Lebensraum. Der **Berglaubsänger** brütet leider nur noch unregelmäßig und in wenigen Paaren im Bannwald.

Besondere, wenn auch nicht alljährlich auftretende Arten sind die **Zaunammer** im Rebberg nordwestlich des Krankenhauses, sowie **Zippammer**, **Wanderfalke** und **Kolkrabe** in der Felsregion südlich unterhalb der Ruine. Dort überwinterte zum Beispiel 2003 und 2004 auch der **Mauerläufer**. Er ist aber in dieser Felswand nur sehr schwer zu beobachten.

Anfahrt

Mit öffentlichen Verkehrsmitteln Wer vom Bahnhof Singen startet, muss auf direktem Weg bis zur Domäne (**3**, nördlich der Burgruine) ca. 3 km Fußmarsch einplanen. Bequemer geht es mit dem Bus (Linie 7353), der regelmäßig bis zum Hegau-Klinikum am Fuß der Hohentwiels fährt. Von dort aus in den Rebberg (**2**, südlich der Burgruine) ist es nur ein kurzer Spaziergang.

Mit dem Auto Man verlässt die A 81 Stuttgart – Singen bei der Ausfahrt „Hilzingen", die südlich des Tunnels liegt, der nördlich unter dem Hohentwiel hindurchführt, und folgt dann der B 314 nach Singen-Weststadt. Nach ca. 2 km biegt man links in die B 34/„Schaffhauser Straße" in Richtung „Krankenhaus" ab und nach weiteren 0,8 km folgt man dem

Wegweiser „Hohentwiel" wieder nach links. Wo das Sträßchen in einer scharfen Rechtskurve in den Wald führt, parkt man (**1**). Auf der rechten Straßenseite befindet sich eine Informationstafel. Die Rebflächen linkerhand über dem Krankenhaus sind potenzieller Lebensraum der **Zaunammer** (**2**). Wenn man die Straße durch den Wald weiterfährt, kommt man zur Domäne (**3**).

Allgemeine Hinweise

Von der Mauer der größten Burgruine Deutschlands hat man wunderbare Blicke über den Hegau bis zum Bodensee. Eintrittskarten für den Besuch gibt es sinnigerweise nicht am Burgeingang, sondern in der Domäne Hohentwiel 25 Fußminuten unterhalb der Ruine. Der Eintritt kostet für Erwachsene 2,50 €, die Öffnungszeiten für die Burgruine sind: 10–18 Uhr (16. 3.–31. 3.), 9–19.30 Uhr (1. 4.–15. 9.), 10–18 Uhr (16. 9.–31. 10.) und 11–16 Uhr (1. 11.–15. 3.). Letzter Einlass ist eine Stunde vor Ende der jeweiligen Öffnungszeit. Weitere Informationen sind beim Verkehrsamt Singen unter 07731–85262 beziehungsweise info@festungsruine-hohentwiel.de erhältlich.

Beobachtungsmöglichkeiten

Eine mögliche Rundwanderung durch die wichtigsten Lebensräume des NSG Hohentwiel startet an der Parkmöglichkeit Rebberg (**1**).

Von dort nach links (Südwest) dem Schotterweg am Fachwerkhaus vorbei folgend (**2**, **Zaunammer**), nimmt man den ersten Weg nach rechts. Nach einer Kehre erreicht man den Vulkanpfad, der durch Informationstafeln kenntlich ist und der in diesem Bereich den Weinberg von den extensiv genutzten Weiden trennt. Der Vulkanpfad führt einmal um den Hohentwiel herum. Er ist über weite Bereiche mit der vorgeschlagenen Strecke identisch. Dem Vulkanpfad nach rechts folgend geht man mehr oder weniger auf gleicher Höhe bis zu einer Schranke durch den felsdurchsetzten Bannwald. Man hat hier Chancen auf **Berglaubsänger** im und **Wanderfalke** über dem Wald. Wenn man nach der Schranke nicht auf dem Fußweg weitergeht, sondern der Fahrstraße links aufwärts zur Domäne (**3**) folgt, hat man einen guten Einblick in die hangabwärts gelegene Obstwiese, die dem **Kleinspecht** und dem **Gartenrotschwanz** Lebensraum bietet (**4**). Weiter folgt man dem Vulkanpfad/Asphaltsträßchen in steilen Serpentinen Richtung Ruine bis zu einer Schranke (**5**). Von hier aus spaziert man entweder auf dem beschilderten Vulkanpfad durch Schafweiden und Gebüschlandschaft um den Berg herum (**6**) zurück zu (**1**) oder man steigt auf die Ruine Hohentwiel (**7**), die man in 25 min von der Domäne aus erreichen kann. In der Felswand rechts des Eingangstores (Kiosk) brütete in den letzten Jahren der **Wanderfalke**. Vom Gipfel geht es entweder den selben Weg zur Schranke zurück, oder man biegt aus der Ruine kommend außerhalb der Burgmauer nach links in einen Wanderweg ab, der abwärts durch den Bannwald entlang von Phonolitfelsen auf den Vulkanpfad abkürzt (**8**). Die Abzweigung ist nicht einfach zu finden, da sie leicht übersehen werden kann.

Der Vulkanpfad ist 3 km lang. Die gesamte Wanderung ohne Abstecher zur Burg umfasst ca. 5 km und 250 Höhenmeter.

Informationen

Singen-Schaffhausen-Hegau, Freizeitkarte 510 (1:50.000): Karte des SWV und LAV BW.

22 Radolfzeller Aachried

Die Flachwasserbereiche vor der Radolfzeller Aachmündung sind leicht einsehbar und bieten eine ähnlich reichhaltige Wasservogelwelt, wie man sie vom Wollmatinger Ried kennt. Das Mündungsgebiet der Radolfzeller Aach selbst ist relativ unzugänglich, weshalb viele der interessanten Brutvögel nicht leicht beobachtet werden können. Das Gebiet ist Teil des 'Important Bird Area Radolfzeller Aachmündung und Mettnau mit Markelfinger Winkel'.

Interessante Arten

Im Spätherbst und im Winter halten sich **Bekassinen**, **Krick-**, **Löffel-** und **Pfeifenten** sowie **Haubentaucher** in großer Zahl an der Radolfzeller Aachmündung auf. Auch seltenere Entenarten wie **Eis-** und **Samtenten** oder **Zwergsäger** können hier gelegentlich beobachtet werden. An der Aachmündung befindet sich auch ein traditioneller **Bergpieper**schlafplatz mit mehreren hundert überwinternden Individuen (2003 max. 300 Ind.; 2002 max. 370 Ind.). Zur Brutzeit kommen **Knäkente**, **Rohrweihe**, **Baumfalke**, **Tüpfelsumpfhuhn**, **Eisvogel**, **Nachtigall**, **Schwarzkehlchen**, **Feld-** und **Rohrschwirl**, **Teich-** und **Drosselrohrsänger**, **Beutelmeise** und **Neuntöter** im Gebiet vor. Ganzjährig findet man **Schwarzhalstaucher**, **Rostgans**, **Schnatter-**, **Tafel-** und **Kolbenente**, **Wasserralle** und **Bartmeise**.

Anfahrt

Mit öffentlichen Verkehrsmitteln Der nächste Bahnhof ist Radolfzell. Von dort sind es mit dem Fahrrad 3,5 km bis Moos.
Mit dem Auto Moos liegt südwestlich von Radolfzell an der L 192. In Radolfzell hält man sich Richtung „Stein am Rhein" und erreicht so den Ort. Dort biegt man an der ersten Ampel nach links Richtung „Hafenanlage" ab. Parkmöglichkeiten bestehen am Hafen (**2**).

Beobachtungsmöglichkeiten

Entlang der Landstraße L 192 zwischen Radolfzell und Moos, an der man allerdings

Blick in den Mündungsbereich der Radolfzeller Aach vom neuen Beobachtungsturm (3) aus gesehen.

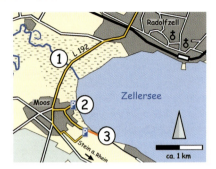

nicht halten kann, befindet sich eine kleine **Kormorankolonie (1)**.

Vom Parkplatz am Hafen erreicht man in wenigen Schritten entlang einer Pappelallee den See **(2)**. Vom Steg am Hafen hat man einen guten Überblick über die Radolfzeller Aachmündung.

Ein neuer Beobachtungsturm **(3)** ist aus zwei Richtungen erreichbar: Vom Parkplatz am Hafen in Moos geht oder fährt man wieder Richtung Hauptstrasse zurück, biegt aber sofort nach links in den „Strandweg" ein. Diesem Weg folgt man bis zum Fahrverbotsschild, wo sich Parkmöglichkeiten befinden. Von dort führt ein Fahrradweg weiter geradeaus, bis der Turm nach kurzer Zeit linkerhand erreicht wird. Die zweite Möglichkeit ist, der Hauptstraße in Moos aus Richtung Radolfzell kommend weiter geradeaus Richtung Stein am Rhein zu folgen, und am Ortsausgang hinter dem letzten Haus auf der linken Seite links in eine unscheinbare Einfahrt Richtung „Strandbad" abzubiegen. Ein Schotterweg führt zu einem Parkplatz, von dem aus man dem Radweg nach rechts entlang des Ufers folgend den Turm nach kurzer Zeit erreicht.

23 Halbinsel Mettnau

Die Halbinsel Mettnau hat sich durch den um 1960 zufällig bei Aufschüttungsarbeiten entstandenen und vom Bodenseewasserstand unabhängigen „Ententeich" zum regional bedeutendsten Brutgebiet für Enten entwickelt. Das 140 Hektar große Naturschutzgebiet ist Teil des „Important Bird Area Radolfzeller Aachmündung und Mettnau mit Markelfinger Winkel".

Interessante Arten

Am Ententeich und im Uferröhricht brüten **Schnatter-** (ca. 20 BP), **Kolben-** (ca. 30–50 BP), **Tafel-** (ca. 20 BP) und **Reiherente** (bis zu 100 BP). Auch die **Kanadagans** brütet in kleiner Zahl. Weitere Brutvogelarten sind **Wasserralle**, **Rohrschwirl** und **Teichrohrsänger**. Unregelmäßige Brutgäste sind **Zwergdommel**, **Knäk-** und **Moorente** (1995) sowie die **Rohrweihe**. Die **Bartmeise** wird außerhalb der Brutzeit regelmäßig gesehen. Im Au- und Bruchwald nistet der **Baumfalke** mit zwei Brutpaaren. Weitere interessante Lebensräume sind Streuwiesen, extensive Rinderweiden und Halbtrockenrasen. In den Flachwasserbereichen vor der Halbinsel überwintern unter anderem **Schwarzhalstaucher**, **Pfeif-**, **Löffel-**, **Schnatter-**, **Kolben-**, und **Schellenten** sowie **Gänsesäger**.

Anfahrt

Mit öffentlichen Verkehrsmitteln Der Bahnhof Radolfzell ist rund 1,5 km Luftlinie vom Naturschutzgebiet entfernt. Der Stadtli-

nienbus 5 „Mettnau" fährt bis zur nahe gelegenen Endhaltestelle „Strandbad", verkehrt jedoch nur zwei- bis dreimal pro Tag. Flexibler ist man bei Mitnahme eines Fahrrads.
Mit dem Auto Man fährt nach Radolfzell und folgt in dem Städtchen den Schildern „Medizinische Reha-Kliniken" und „Mettnau". Dabei überquert man eine auffällig gewundene Brücke über eine Eisenbahnlinie, die an beiden Seiten mit einem Kreisverkehr abschließt. Ab dem zweiten Kreisverkehr ist auch das Naturschutzzentrum ausgeschildert („NABU"). 200 Meter nach dem zweiten Kreisverkehr liegt auf der linken Seite beim „Stadion" der letzte gebührenfreie Parkplatz. 1,1 km hinter dem zweiten Kreisverkehr liegt auf der linken Seite der Beobachtungsturm „Entenreich". Der zugehörige Parkplatz befindet sich 100 m weiter auf der linken Straßenseite nahe am Strandbad. Hier sollte man auch für die Exkursion ins Naturschutzgebiet parken. Zwei Stunden kosten 1,- € (Stand Mai 2004). Das Naturschutzzentrum erreicht man wie folgt: Am Strandbad hält man sich – vom Parkplatz und der Stadt kommend – links, lässt den Tennisplatz links liegen und überquert den beschrankten Parkplatz „Mettnaukur". Wenn man sich an dessen Ende halb rechts hält, erreicht man nach kurzer Zeit das Naturschutzzentrum. Ins Naturschutzgebiet folgt man dem Schotterweg geradeaus.

Allgemeine Hinweise
Auf der Halbinsel Mettnau betreibt die Vogelwarte Radolfzell eine Beringungsstation, die leider nicht öffentlich zugänglich ist. Man kann allerdings auf der Station mitarbeiten. Anmeldung bei der Vogelwarte Radolfzell (Schloss Möggingen, Schlossallee 2, 78315 Radolfzell; 07732/1501-0).

Beobachtungsmöglichkeiten
Im Frühling lohnt sich vor allem der Besuch der Plattform beim Entenreich. Besonders im Mai lassen sich dort oft mehr als 100 **Entenpaare** in bis zu 8 Arten bei der Balz beobachten. Dann ist auch die beste Zeit für die Brutvögel. Einen guten, ganzjährig lohnenden Überblick über die Ried-, Schilf- und Flachwasserzonen der Halbinsel Mettnau hat man vom sehr hohen Beobachtungsturm. Dieser ist in 15 min vom Naturschutzzentrum aus über den oben beschriebenen Schotterweg erreichbar. Der weitere Weg vom Turm zur Spitze der Halbinsel ist zwischen dem 15. April und dem 30. August aus Vogelschutzgründen gesperrt.

Beobachtungsturm und Blick von diesem über die Halbinsel Mettnau.

Informationen

NABU-Naturschutzzentrum Mettnau, Floerickeweg 2a, 78315 Radolfzell, 07732/12339, NABU.mettnau@t-online.de.

24 Mindelsee

Der Mindelsee beglückt den Vogelbeobachter im Herbst zu fast einhundert Prozent mit Moorenten. Daneben weist das Gebiet mit 98 Arten die höchste Brutvogel-Artendichte im gesamten Bodenseeraum auf.

Interessante Arten

Seit 1993 erscheinen ab Ende August regelmäßig **Moorenten** zur Mauser am Mindelsee. 2004 wurden im September/Oktober über 100 Individuen gezählt. Die Tiere bleiben, in abnehmender Zahl, oft bis der See zugefroren ist.

Weiterhin kommen **Kolbenente, Schwarzmilan, Habicht, Wasserralle, Flussseeschwalbe, Grau-, Grün-** und **Mittelspecht** vor. Letzterer brütete 1999 mit 2 Paaren im Wäldchen beim Dürrenhof (**3**). **Baumpieper** brüten im Ostteil, während der **Rohrschwirl** manchmal im Westteil zu hören ist. **Teichrohrsänger, Dorngrasmücke** und **Neuntöter** gehören ebenfalls zu den Brutvögeln. Der **Pirol** brütete 1999 mit 5 Paaren. Im Winter besuchen **Rohrdommel** und **Gänsesäger** das Gebiet.

Moorente.

Anfahrt

Mit öffentlichen Verkehrsmitteln Vom Bahnhof Radolfzell fährt die Buslinie 6 „Liggeringen" wochentags stündlich nach Möggingen. Eine weitere Möglichkeit ist es, vom Bahnhof Markelfingen zu Fuß oder mit dem Fahrrad den Mindelsee zu erreichen (siehe Karte und unten).

Mit dem Auto Der schönste Zugang zum Mindelsee und zu den Moorenten erfolgt vom Wanderparkplatz (**1**) an der Kreisstraße K 6167 südlich von Möggingen. In Möggingen selbst befindet sich an der Hauptstraße das BUND-Naturschutzzentrum.

Allgemeine Hinweise

Der Mindelsee hat die höchste Brutvogel-Artendichte im gesamten Bodenseeraum, so dass sich die Mindelseeumrundung zur Brutzeit in jedem Fall lohnt.

Beobachtungsmöglichkeiten

Vom Wanderparkplatz südlich von Möggingen (**1**) geht man nach Osten und hält sich nach wenigen hundert Metern an einer Kreuzung links. Wenn der Weg wieder bergauf führt, weist ein Schild nach rechts zur „Badestelle" (**2**). **Moorenten** schwimmen nur selten auf dem offenen Wasser, sondern halten sich lieber etwas in der Ufervegetation versteckt. So findet man sie vom Steg der Bade-

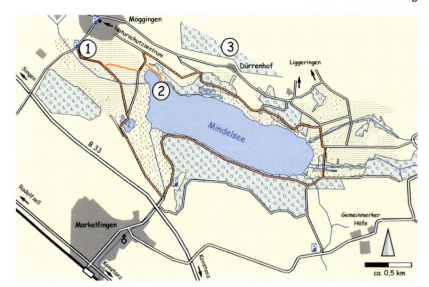

stelle (**2**) aus gesehen überwiegend rechterhand. Zur Badestelle und zurück sind es knapp 3 km.

Um den Mindelsee vom Bahnhof Markelfingen aus zu erreichen, hält man sich Richtung Nordosten, überquert die Hauptstrasse, lässt die Kirche rechts liegen und unterquert auf dem „Mühlenbach" die B 33. Hinter der Bundesstraße beginnt der Rundwanderweg um den See, der in der Karte orange gestrichelt ist. Der gesamte Rundweg ist 12 km lang und dauert ohne Beobachtungspausen rund 3 Stunden.

Informationen
BUND Naturschutzzentrum Möggingen, Mühlbachstraße 2, 78315 Möggingen, 07732/15070, bund.moeggingen@bund.net.

25 Stockacher Aachmündung

Das Gebiet um die Stockacher Aachmündung ist besonders im Winter und bei niedrigen Wasserständen zur Limikolenzugzeit interessant. Regelmäßig überwintern Samtenten und Ohrentaucher. Insgesamt konnten mehr als 200 Vogelarten im Gebiet nachgewiesen werden. Davon sind über 50 Arten Brutvögel. Ein halber Tag genügt für die Beobachtung im Gebiet.

Interessante Arten
Neben bis zu 100 **Haubentaucher**paaren brüten hier **Zwergtaucher**, **Kolbenente**, **Wasserralle**, **Eisvogel**, **Drosselrohrsänger** und **Pirol**. Im Frühjahr singen **Nachtigall** und **Feldschwirl**. Wenn der Bodenseepegel unter

340 cm sinkt, sind zur Zugzeit rastende **Limikolen** zu erwarten. Bisher konnten rund 30 **Limikolenarten** nachgewiesen werden. Im September und Oktober nutzen bis zu 750 **Kormorane** die ufernahen Bäume als Schlafplatz, bevor sie im November an die Radolfzeller Aachmündung wechseln. Im Winter lassen sich **Schwarzhalstaucher**, **Schnatter-** und **Schellenten** beobachten. Mit ein wenig Glück bekommt man dann auch **Ohrentaucher** oder **Samtenten** zu Gesicht, die hier seit einigen Jahren regelmäßig überwintern. Gelegentlich werden im Winter weitere **Meeresentenarten** angetroffen.

Anfahrt

Mit öffentlichen Verkehrsmitteln Der Bahnhof Ludwigshafen liegt rund 1 km östlich des Gebietes. Von dort erreicht man die Stockacher Aachmündung zu Fuß oder mit dem Fahrrad (siehe Karte).

Mit dem Auto Von Ludwigshafen kommend auf der B 34 Richtung Singen (Westen) fahrend, biegt man 1 km nach dem Ortsausgangsschild von Ludwigshafen, 200 m nach einem linkerhand sichtbaren Campingplatz, links Richtung „Campingplatz" ab. Der Weg führt dann über die Bahngleise und macht einen Knick nach links. Kurz darauf parkt man in Parkbuchten neben dem Weg (**1**). Kurz vor dem Campingplatz führt ein Schotterweg nach rechts entlang des Campingplatzzaunes in das Gebiet. Von Westen liegt der Abzweig von der B 34 Richtung Ludwigshafen 700 m nach dem Abzweig Richtung „Bodman". Der Hafen in Bodman ist ausgeschildert.

Beobachtungsmöglichkeiten

Entlang des oben beschriebenen ufernahen Schotterweges erreicht man von Norden her eine Beobachtungsplattform im Bereich der Stockacher Aachmündung (**2**). Von hier aus und von den Stegen am Hafen in Bodman (**3**) hat man einen guten Blick in die Bucht. Die beiden Beobachtungspunkte ergänzen sich. Es lohnt sich daher, beide Punkte anzufahren. Das Licht ist abends am besten.

Krickente

26 NSG Wollmatinger Ried-Untersee-Gnadensee*

Das Natur- und Landschaftsschutzgebiet „Wollmatinger Ried-Untersee-Gnadensee" ist bezüglich der Schilfbewohner das beste Beobachtungsgebiet am Bodensee. Es ist Europareservat, Feuchtgebiet von internationaler Bedeutung und Important Bird Area. Die Flachwasserbereiche vor dem Schilfgürtel sind weiträumig geschützt und bilden eine ruhige Mauserzone für Zehntausende von Wasservögeln. Die Liste der beobachteten Vögel umfasst rund 300 Arten. Das Wollmatinger Ried ist weitgehend für die Öffentlichkeit gesperrt. Eine intensive Erkundung ist nur im Rahmen der regelmäßig stattfindenden naturkundlichen Führungen möglich.

Interessante Arten

Schwarzhalstaucher brüten mit über 60 Paaren und sind im Winter ebenfalls recht zahlreich (max. 389 Vögel 11/1997). **Rohrdommeln** sind Durchzügler und Wintergäste von September bis März, während die **Zwergdommel** Brutvogel mit 1 (2003) bis 5–6 (2001/2002) Brutpaaren ist. **Brandgänse** sind fast das ganze Jahr über zu sehen. Die **Kolbenente** hat im Wollmatinger Ried einen Verbreitungsschwerpunkt innerhalb Deutschlands. Die Brutpaarzahlen schwanken recht stark und liegen zwischen 6 (1987) und 80 (1992) erfolgreichen Paaren. Weitere brütende Entenarten sind **Knäk-, Löffel-, Tafel-** und **Reiherente**. Der **Schwarzmilan** ist seit einiger Zeit häufiger Brutvogel im Gebiet. **Baumfalken** brüten ebenfalls, während **Merline** ab Mitte September durchziehen. Einige überwintern bis in den April. **Wasserralle** und **Tüpfelsumpfhuhn** sind mit maximal 35 beziehungsweise 12 Paaren vertreten. Seit vielen Jahren brütet die **Flussseeschwalbe** mit durchschnittlich 35 Brutpaaren auf künstlich angelegten Inseln. Der **Rohrschwirl** bewohnt mit 16–36 Paaren die Schilfflächen, in denen seit 1975 auch 20–50 Paare der **Bartmeise** nisten. Daneben kommen auch **Teichrohrsänger** mit über 1000 Paaren und **Drosselrohrsänger** in den Schilfflächen vor. Die **Beutelmeise** brütet in wenigen Paaren in den Pappeln und Weiden. Im Herbst liegen regelmäßig Schlickflächen frei, auf denen sich zahlreiche **Watvögel** einfinden. Nach dem Rheindelta ist das Wollmatinger Ried der beste **Limikolen**rastplatz am Bodensee. **Rostgänse**, die seit 1978 am Bodensee brüten, bilden im Herbst größere Ansammlungen im Ermatinger Becken.

Im Winterhalbjahr halten sich **Singschwäne** in den vorgelagerten Flachwasserbereichen auf. Für die **Spießente** mit bis zu 1000 Individuen und die **Kolbenente** mit knapp 3000 Individuen ist das Wollmatinger Ried ein wichtiger Überwinterungsplatz. Der **Große Brachvogel** überwintert mit durchschnittlich 100 Individuen. Alljährlich rasten im Ermatinger Becken über 40 000 **Wasservögel** zugleich. Immer wieder verirren sich auch **Seltenheiten** in das Gebiet.

Anfahrt

Mit öffentlichen Verkehrsmitteln Die Bahnhöfe Hegne und Wollmatingen liegen direkt am Gebiet. Die Weiterfahrt kann dann entweder mit dem Bus oder mit dem Fahrrad erfolgen.

Mit dem Auto Die B 33 führt zwischen Kon-

Ein als Entenbrutplatz angelegter Flachwasserteich im Wollmatinger Ried.

stanz und Radolfzell am Gebiet vorbei und ermöglicht Zugang zu allen beschriebenen Beobachtungsstellen.

Beobachtungsmöglichkeiten

Führung durch das Wollmatinger Ried (1)

Wer es sich einrichten kann, sollte an einer der regelmäßig stattfindenden Führungen durch die gesperrten zentralen Bereiche des Wollmatinger Rieds teilnehmen. Die Anmeldung erfolgt im NABU-Naturschutzzentrum (2). Treffpunkt ist das „Vogelhäusle" (3) direkt südlich der Konstanzer Kläranlage. Man erreicht es vom 800 m entfernten Bahnhof Wollmatingen zu Fuß oder mit einem Stadtbus. Mit dem Auto erreicht man den Ausgangspunkt von Singen, also von Westen kommend, über die B 33. Nach dem kleinen Flugplatz linkerhand und kurz nach dem Konstanzer Ortsschild biegt man rechts in die „Fritz-Arnold-Straße" ab, folgt dem Schild „Kläranlage", biegt abermals nach rechts ab und fährt sofort wieder nach links. Hier findet man auch den Wegweiser „NABU". Der Weg endet am Beginn eines Klärkanals (4) und an einem unauffälligen Hinweisschild zur „Führung". Entlang der Kläranlage führt ein kleiner Fußweg zum „Vogelhäusle" (3). Die Führungen erschließen die ausgedehnten Schilfzonen des Naturschutzgebietes und bieten gute Beobachtungschancen für **Drosselrohrsänger**, **Rohrschwirl** und **Bartmeise**. Neben einem Beobachtungsturm auf die Schlick- und Flachwasserzone des Wollmatinger Riedes mit **Enten**, **Limikolen**, einer **Flussseeschwalben**kolonie und vielen weiteren Arten (5), führt die Exkursion auch an einem als Entenbrutplatz angelegten Flachwasserteich vorbei, auf dem aus geringer Entfernung beispielsweise **Kolbenenten** beobachtet werden können (5).

Gottlieber Weg (6)

Entlang des Klärkanals führt der frei begehbare Gottlieber Weg ca. 1,3 km nach Süden. Entlang des Weges hat man gute Einblicke in extensiv genutzte Wiesen, Rinderweiden und eine angelegte Flachwassermulde. Auf dem Weg kann man unter anderem verschiedene **Entenarten**, **Baumfalke** und **Schwarzmilan** beobachten. Der Weg endet am Seerhein.

Beobachtungsturm Ruine Schopflen (7)

Der Beobachtungsturm (7) auf dem Damm zur Insel Reichenau bietet oft sehr lohnende Ausblicke auf die geschützten Flachwasserbereiche des Ermatinger Beckens und der Hegnebucht. Alle binnenländischen **Enten-**

arten, **Reiher**, einschließlich der **Zwergdommel**, sowie **Singschwäne** im Winter können von der Ruine aus beobachtet werden. Ein Radweg führt parallel zur Inselverbindungsstraße direkt am Turm vorbei. Der nächste Parkplatz (**8**) befindet sich vom Festland aus gesehen 700 m hinter dem Turm auf der rechten Seite. Kurz westlich des Parkplatzes trennt ein Wassergraben Damm und Insel. Von der Brücke über diesen Graben nach Norden blickend, sieht man oft **Schwarzhalstaucher** und andere interessante Arten. Entlang des Radweges auf dem Reichenauer Damm hat man lohnende Einblicke in die Schilfzone rechts und links der Straße (gestrichelter Weg). Leider mindern der Straßenlärm und der Fahrradverkehr oftmals das Beobachtungsvergnügen.

Beobachtungsplattform Campingplatz Hegne (**9**)
Eine weitere Beobachtungsplattform befindet sich am Campingplatz Hegne. Der Bahnhof Hegne liegt knapp 400 m entfernt. Mit dem Auto ist der Campingplatz über die B 33 erreichbar. Obwohl der Campingplatz direkt am Seeufer liegt, muss man – aufgrund der Verkehrsführung – von Konstanz kommend, zuerst rechts zum Kloster Hegne abbiegen. Der Campingplatz ist ab hier ausgeschildert. Vom Campingplatz aus lassen sich Schilf- und Flachwasserbereiche der Hegnebucht überblicken. Die Artengarnitur ist ähnlich, wie bei dem Beobachtungsturm auf dem Reichenauer Damm. Das Licht ist in den Abendstunden am besten.

Informationen
NABU-Naturschutzzentrum Wollmatinger Ried (**2**) (im ehemaligen Bahnhof Reichenau), Kindlebildstraße 87, 78479 Reichenau, 07531/78870, nabu.wollried@t-online.de, Öffnungszeiten: Mo-Fr; 9–12 Uhr und 14–17 Uhr, Sa, So und Feiertage von April bis September 13–17 Uhr, Ausstellung mit freiem Eintritt.

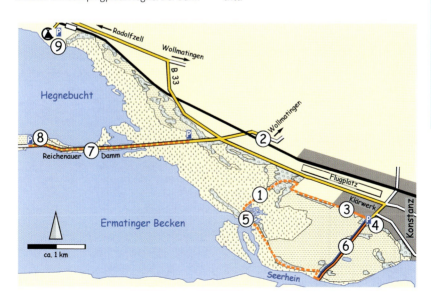

27 Seetaucherstrecke (Schweiz)

Das Oberseeufer zwischen Münsterlingen und Romanshorn ist insbesondere aufgrund der alljährlichen Präsenz überwinternder Prachttaucher bekannt und wird daher als „Seetaucherstrecke" bezeichnet. Weiterhin bietet das Schweizer Oberseeufer das vollständigste Artenspektrum von Meeresvögeln am Bodensee.

Interessante Arten

Die Seetaucherstrecke ist der bedeutendste Überwinterungsplatz für **Prachttaucher** in der Schweiz. Zwischen Oktober und Mai werden Ansammlungen von mehr als 30 Individuen gezählt. Auch der **Eistaucher** überwintert in diesem Bereich und kann zwischen November und April gelegentlich beobachtet werden. Den **Sterntaucher** findet man zwischen November/Dezember und April/Mai hingegen vor allem in den flacheren Buchten im Raum Rheindelta – Lindau (Kapitel 29) und im Eriskircher Ried (Kapitel 28). Als weitere Besonderheiten auf der Seetaucherstrecke sind **Rothalstaucher**, **Ohrentaucher**, **Berg-** und **Samtente** zu nennen. Den **Mittelsäger** findet man vor allem von Ende Oktober bis Anfang Mai. Regelmäßig lassen sich **Schwarzhalstaucher**, **Pfeif-**, **Schnatter-** und **Schellenten** sowie **Gänsesäger** beobachten.

Anfahrt

Mit öffentlichen Verkehrsmitteln Die Bahnlinie St. Gallen (beziehungsweise Romanshorn) – Kreuzlingen führt durch die Schweizer Oberseedörfer. So sind beispielsweise Güttingen, Kesswil und Uttwil sehr gut mit dem Zug erreichbar. Die Schiffsanleger sind allesamt in Gehentfernung. Fahrplaninformationen finden sich im Internet unter www.sbb.ch.
Mit dem Auto Die Straße 13 zwischen Konstanz/Kreuzlingen und Romanshorn führt entlang des Schweizer Oberseeufers. Beim Grenzübertritt in die Schweiz finden regelmäßig Passkontrollen statt!

Allgemeine Hinweise

Für Beobachtungen an der Seetaucherstrecke ist ein Spektiv unerlässlich. Die Vögel sind meist weiter als 300 m vom Ufer entfernt. Die Exkursion sollte, wenn möglich, nur bei geringem Wellengang und bei guter Sicht gemacht werden. Unruhiges Wasser und starkes Flimmern, beziehungsweise Regen oder Nebel machen das Beobachten extrem beschwerlich.

Beobachtungsmöglichkeiten

Die Seetaucherstrecke führt zwischen Kreuzlingen und Romanshorn auf der Schweizer Bodenseeseite auf 18 km Luftlinie entlang des Obersee-Südufers. Da **Seetaucher** nur selten an einem bestimmten Ort zu finden sind, ist es schwierig, bestimmte Beobachtungsstellen hervorzuheben. Trotzdem haben sich Güttingen, Kesswil und Uttwil als die besten Beobachtungsstellen erwiesen. Wenn genügend Zeit vorhanden ist, lohnt es sich auf jeden Fall auch Bottighofen, Münsterlingen, Landschlacht oder Ruederbomm anzufahren. Beste Beobachtungsstandorte sind jeweils die Fähr- beziehungsweise Schiffsanleger, die im Normalfall von der Straße 13 oder vom Ortszentrum aus angeschrieben sind. An den Hafenanlagen von Romanshorn lassen sich im Winterhalbjahr

Mittelmeer- und **Steppenmöwen** in allen Mauserstadien und Alterskleidern studieren.

Wir danken STEPHAN TRÖSCH für Informationen.

28 Eriskircher Ried

Das östlich von Friedrichshafen gelegene, 552 ha große und seit 1939 zum Naturschutzgebiet erklärte Eriskircher Ried ist nach dem Rheindelta das größte Naturschutzgebiet am Obersee des Bodensees. Es ist vor allem wegen der vorgelagerten Flachwasserzone für überwinternde Wasservogelarten von internationaler Bedeutung. Bisher wurden über 280 Vogelarten nachgewiesen. Bekannt ist das Eriskircher Ried auch wegen seiner beeindruckenden Schwertlilienblüte von Mitte Mai bis Mitte Juni.

Interessante Arten

Bei einem Wasserstand unter 340 cm wird das Eriskircher Ried für **Watvögel** interessant. Ruhige Flachwasserzonen werden von **Entenvögeln** als Mauser-, Rast- und Überwinterungsplatz genutzt. Insbesondere für **Sing-** und **Zwergschwan** sowie für den **Haubentaucher** mit maximal 100 Brutpaaren und 1500 mausernden Individuen hat das Gebiet eine hohe Bedeutung. **Reiher**, einschließlich **Nacht-**, **Purpur-**, **Seiden-** und **Silberreiher, Schwarzkopfmöwen, Zwergmöwen** und selten **Brandseeschwalben** findet man vor allem im Sommerhalbjahr. **Stern-** und **Prachttaucher, Samt-** und **Eiderente** sind hingegen im Winterhalbjahr regelmäßig anzutreffen. **Rothals-** und **Schwarzhalstaucher** sowie **Rost-** und **Brandgans** halten sich fast das ganze Jahr über im Gebiet auf.

Als Brutgebiet hat das Eriskircher Ried generell eine geringere Bedeutung. Regelmäßige Brutvögel sind **Kolbenente** mit maximal 3 Brutpaaren, **Reiherente, Schwarzmilan, Baumfalke** und **Wasserralle** mit maximal 10 Brutpaaren. Mit etwas Glück findet man **Grau-, Grün-** und **Kleinspecht** oder den **Pirol**. Auch vier **Grasmückenarten** sind in den gebüschreichen Riedwiesen vertreten. Unregelmäßig oder nur in Einzelpaaren brüten **Schnatter-, Knäk-** und **Tafelente, Flussseeschwalbe, Schwarzkehlchen, Trauerschnäpper, Gartenrotschwanz, Neuntöter** und **Drosselrohrsänger**. **Kiebitz** und **Bekassine** sind als Brutvögel der Riedwiesen ausgestorben, können aber das ganze Jahr über oder zur jeweils entsprechenden Jahreszeit beobachtet werden.

Anfahrt

Mit öffentlichen Verkehrsmitteln Der nächste Bahnhof ist in Eriskirch. Er ist auch Ausgangspunkt der unten vorgestellten Wanderung. Ein ausgeschilderter Fahrradweg führt durch das Schutzgebiet, aber nicht direkt zu den Aussichtspunkten.

Mit dem Auto Eriskirch liegt knapp 6 km südöstlich von Friedrichshafen direkt an der B 31. In Eriskirch beginnt die Wanderung am ehemaligen Bahnhof, in dem sich das Naturschutzzentrum befindet. Weitere Parkmöglichkeiten befinden sich an der Rotach- und Schussenmündung (siehe Karte).

Allgemeine Hinweise

Am Bodensee kanalisiert sich der südwärts

gerichtete herbstliche Breitfrontzug, so dass im Eriskircher Ried im Herbst eine starke Konzentration ziehender Vögel beobachtet werden kann. Resultat sind große Zahlen von häufigen Arten, aber auch der Nachweis vieler seltenerer Durchzügler. Im Eriskircher Ried werden seit 25 Jahren im Herbst planmäßig Zugvogelbeobachtungen durchgeführt.

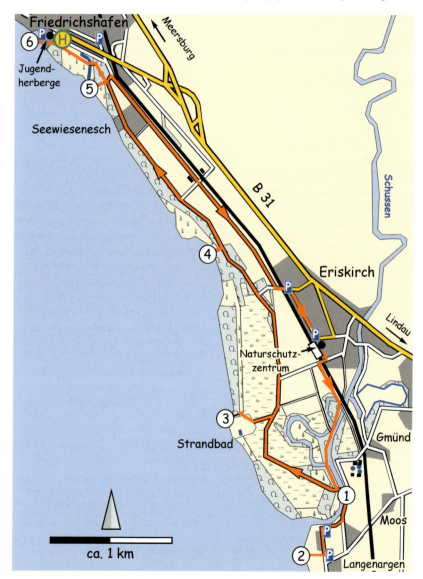

Beobachtungsmöglichkeiten

Gute Möglichkeiten zur Vogelbeobachtung bieten vor allem zwei Plattformen am Ufer des Bodensees (**4**) und (**5**), das Strandbad (**3**), die Mündungen der Flüsse Rotach (**6**) und Schussen (**2**) sowie der Unterlauf der Schussen (**1**).

Der im Folgenden vorgestellte Rundweg ist insgesamt 15 km lang und beginnt am Naturschutzzentrum Eriskirch. Er ist in der Karte orange markiert und im Uhrzeigersinn beschrieben. Parkplätze, von denen einzelne Beobachtungspunkte direkt angelaufen werden können, sind ebenfalls in der Karte gekennzeichnet.

Vom Naturschutzzentrum aus führt der Weg entlang der Bahnlinie und unter dieser hindurch nach Südosten bis zur Schussen. Vor der Schussen rechts abbiegend erreicht man entlang des Flusses durch Auwald gehend eine Brücke über die Schussen (**1**). Im Auwald singen im Sommerhalbjahr **Pirol** und **Gelbspötter**. Man überquert den Fluss und gelangt seewärts zur Schussenmündung (**2**). Hier halten sich zu den Zugzeiten und bei niedrigem Wasserstand viele nahrungssuchende **Watvögel** auf. Im Winter ist dies auch ein guter Platz für die etwas unsteten **Singschwäne**. Durchschnittlich 150 Tiere verbringen am Bodensee den Winter – mit zunehmender Tendenz. In den **Singschwangruppen** verstecken sich regelmäßig auch einzelne Individuen des kleineren **Zwergschwans**. Man sollte den Schwänen deswegen genau auf den Schnabel schauen.

Der Rundweg geht zurück zur Schussenbrücke (**1**) und folgt dann dem Seeufer (nicht rechts zurück) durch Streuwiesen mit **Feldschwirl** und **Sumpfrohrsänger** zum Strandbad (**3**). Dieses wird über einen nach links abzweigenden Stichweg erreicht. Die Streuwiesen sind Ende Mai auch Schauplatz der prächtigen Schwertlilienblüte, die die Wiesen lila überzieht. Am Strandbad lohnt sich der Blick über die Wasserfläche, was im Winter regelmäßig mit der Sichtung von **Seetauchern** belohnt wird. Zurück auf dem Hauptweg, wandert man weiter parallel zum Seeufer nach Norden und erreicht 1,5 km nach dem Strandbad über einen kurzen Stichweg die Beobachtungsplattform „Altes Strandbad" (**4**). Im Sommer halten sich hier **Seeschwalben** und im Winter viele **Wasservögel** auf. Wenige hundert Meter weiter, nach dem Gasthaus „Seedole" in Seewiesenesch, ist auf der linken Seite die zweite Beobachtungsplattform zu finden (**5**). Hier lassen sich ebenfalls ziehende, rastende und überwinternde **Wasservögel** beobachten. Nicht Richtung Bahnlinie, sondern parallel zum Seeufer nach Nordwesten gehend, überquert man ein Altwasser der Rotach mit ausdehnten Schilffeldern und gelangt so schließlich zur Rotachmündung (**6**), wo regelmäßig **Seeschwalben** und **Limikolen** beobachtet werden können. Die Rotachmündung war bisweilen auch der beste Platz für Bestimmungsübungen an **Steppen-**, **Mittelmeer-**, **Silber-**, **Herings-** und selten auch **Mantelmöwen**.

Der Rückweg zum Naturschutzzentrum kann mit dem Bus von der Haltestelle „Friedrichshafen-Jugendherberge" in der Nähe der Rotachmündung oder zu Fuß entlang der Bahnlinie durch Wiesen und Streuwiesen nach Eriskirch erfolgen (siehe Karte).

Blick in die Umgebung

Wer noch Zeit hat, kann in Friedrichshafen zum Beispiel an der Dornier Mole nach **Seetauchern** und **Möwen** Ausschau halten.

Informationen

Stiftung Naturschutzzentrum Eriskirch,

Bahnhofstr. 24, 88097 Eriskirch, info@naz-eriskirch.de, www.naz-eriskirch.de. Das Naturschutzzentrum befindet sich direkt am Bahnhof. Dort findet man auch eine ansprechende Ausstellung zum Eriskircher Ried (Eintritt frei). Es werden regelmäßig Führungen angeboten.
Literatur: WINTERHOFF (1993).

29 Vorarlberger Rheindelta (Österreich)*

Das Rheindelta ist das bedeutendste Beobachtungsgebiet am Bodensee. Zudem ist es seit 1982 Feuchtgebiet von internationaler Bedeutung und Important Bird Area. Bis heute sind mehr als 340 Vogelarten beobachtet worden. Besonders bekannt wurde das Gebiet durch alljährlich auftretende Ausnahmeerscheinungen (vor allem Limikolen).

Interessante Arten

Die Tabelle gibt einen Überblick über das Hauptauftreten einiger interessanter Arten im Vorarlberger Rheindelta. Die jahreszeitliche Verteilung lässt sich im Allgemeinen auch auf den Rest der Bodenseeregion übertragen (dunkelblau = regelmäßige Sichtungen, blau = unregelmäßige Sichtungen, hellblau = seltene Sichtungen; Angaben nach HEINE et al., 1999).

Das Rheindelta ist ein Konzentrationspunkt im mitteleuropäischen Zuggeschehen. 15 **Limikolen**arten und mehr sind an einem guten Tag im Herbst keine Seltenheit. Immer wieder verirren sich auch nordamerikanische oder asiatische Irrgäste ins Rheindelta. Der **Große Brachvogel** hat im Rheindelta mit bis zu 600 Individuen einen der größten mitteleuropäischen Winterschlafplätze. Neben den Arten in der Tabelle treten Durchzügler, wie

Blick über die Lagune im Sanddelta, die ein traditioneller Brutplatz der Schwarzkopfmöwe ist.

Vorarlberger Rheindelta (Österreich)

	Jan	Feb	Mär	Apr	Mai	Jun	Jul	Aug	Sep	Okt	Nov	Dez
Singschwan												
Zwergschwan												
Zwergsäger												
Wachtel												
Sterntaucher												
Rohrdommel												
Zwergdommel												
Silberreiher												
Seidenreiher												
Fischadler												
Wiesenweihe												
Merlin												
Rotfußfalke												
Tüpfelsumpfhuhn												
Säbelschnäbler												
Kiebitzregenpfeifer												
Seeregenpfeifer												
Uferschnepfe												
Pfuhlschnepfe												
Knutt												
Sanderling												
Sichelstrandläufer												
Temminckstrandläufer												
Steinwälzer												
Zwergmöwe												
Schwarzkopfmöwe												
Raubseeschwalbe												
Weißbartseeschwalbe												
Weißflügelseeschwalbe												
Trauerseeschwalbe												
Raubwürger												
Schwarzkehlchen												
Steinschmätzer												
Bergpieper												

Rallenreiher, Nacht- und Purpurreiher, die beide selten auch brüten, **Schmarotzerraubmöwe, Brandseeschwalbe, Zwergseeschwalbe, Wiedehopf, Kurzzehenlerche, Brachpieper, Rotkehlpieper, Ortolan, Schneeammer** und viele weitere Arten regelmäßig, aber in sehr geringen Individuenstärken auf.

Anfahrt

Mit öffentlichen Verkehrsmitteln Der nächste Bahnhof ist der Gemeinschaftsbahnhof Hard/Fussach. Von dort aus sind alle Beobachtungspunkte mit dem Fahrrad gut erreichbar. Der Schleilochdamm und der Sanddeltadamm sind fahrradtauglich. Außerdem verbindet der seeseitige Damm zwischen Fussach und dem Rheinspitz, der als Fahrradweg ausgebaut ist, die Beobachtungspunkte (**8**), (**6**), (**7**), (**11**), (**12**) und (**13**).
Mit dem Auto Die Anfahrt kann der Karte und den Beschreibungen bei den einzelnen Beobachtungspunkten entnommen werden.

Beobachtungsmöglichkeiten

Rechter Rheindamm (Schleiloch, **1**)
Das Schleiloch erreicht man von Bregenz aus auf der B 202 Richtung Fussach. Direkt vor der Brücke über den Neuen Rhein biegt man nach rechts ab und erreicht entlang des Dammes nach ca. 1,1 km den Parkplatz (**1**) bei der Gaststätte „Fischerheim".

Von dort geht es auf dem Damm 4 km auf den Bodensee hinaus (mit dem Fahrrad befahrbar) (**2**). Die Artenzusammensetzung ist ähnlich wie im Sanddelta (**5**). Besonders in den letzten Jahren sind rechts des Dammes ausgedehnte Schlickflächen entstanden, die vom Sanddelta aus schlecht einsehbar sind. Im Schleiloch selbst brütete die **Zwergdommel** 2003 mit 3 Paaren. **Drosselrohrsänger** und andere Schilfbewohner sind hier ebenfalls gut zu beobachten. Das Schleiloch kann auf einem Fußweg umrundet werden (siehe Karte). Der Besuch des Sanddeltas und des Schleilochs an einem Tag ist ohne Fahrradbenutzung anstrengend, so dass man sich bei

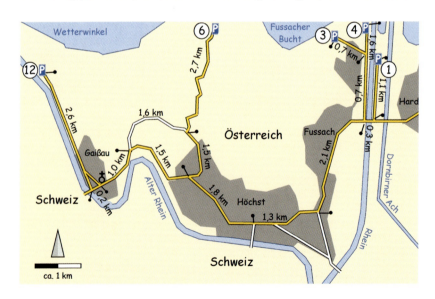

Vorarlberger Rheindelta (Österreich) 127

eingeschränktem Zeitbudget vor allem auf das Sanddelta konzentrieren sollte.

Blick in die Fussacher Bucht (**3**)
Die Anfahrt erfolgt von Bregenz auf der B 202 wie zum Schleiloch. Man biegt aber erst nach der Neuen-Rhein-Brücke rechts ab. Von Höchst und der Schweiz kommend ist der Abzweig dicht hinter dem Ortsausgangsschild von Fussach nach links.

Nach ca. 800 m zweigt 50 m vor einem Wasserarm und einem auffälligen Eisenturm nach links die „Hafenstraße" ab. Dieser folgt man bis fast zu ihrem Ende, wo man in den Haltebuchten vor den Halteverbotsschildern parkt. Die Weiterfahrt ist wenige Meter weiter verboten.

Zu Fuß geht es links entlang des Hafengeländes, bis nach wenigen hundert Metern ein Uferabschnitt mit freier Sicht auf die innere Fussacher Bucht erreicht wird (**3**). Von Mitte April bis Ende Mai hat man dort sehr gute Chancen auf durchziehende **Trauer-**, **Weißbart-** und selten auch **Weißflügel-Seeschwalben**. Bei Niedrigwasser sind die Schlickflächen für **Limikolen** interessant. Das Absuchen des Schilfrandes wird regelmäßig mit der Beobachtung von **Zwergdommel** und **Rallen** belohnt.

Linker Rheindamm (Sanddelta, **5**)
Der ornithologisch interessierte Bodenseebesucher sollte das Sanddelta keinesfalls auslassen. Man erreicht es, indem man wie in der Beschreibung von (**3**) nach der Neuen-Rhein-Brücke rechts abbiegt, dann aber nicht links in die „Hafenstraße" sondern geradeaus fährt. Man folgt der parallel zum Rheindamm verlaufenden Straße bis zum großen Parkplatz vor einer Schranke. Vom Abzweig von der B 202 bis zum Parkplatz sind es 1,6 km. Bei der Schranke sind Hinweistafeln zum Schutzgebiet aufgestellt.

Weiter geht es zu Fuß auf dem Rheindamm, wo nach einigen hundert Metern rechts des Dammes die ersten Schlickflächen in Sicht kommen. Auf diesen rasten oft **Limikolen**, sofern der Wasserstand niedrig genug ist. Bald danach wird linkerhand die Lagune mit der **Flussseeschwalben-** und **Lachmö-**

wenkolonie erreicht. Zwischen den Möwen brüten **Schwarzhalstaucher** und seit 1989 ein bis fünf Paare **Schwarzkopfmöwen**. In den Schilfflächen der Lagune kommen **Zwergdommel** und **Drosselrohrsänger** vor. Auch **Sumpfseeschwalben** suchen regelmäßig in der Lagune nach Nahrung. Auf dem Rückweg kann die Lagune gegen den Uhrzeigersinn umrundet werden. Seit einigen Jahren muss man für die besten **Limikolen-** und **Möwen**plätze den Rheindamm bis zum Ende gehen (**5**). Hin- und Rückweg umfassen auch ohne Lagunenumrundung rund 7 km. Lokale Beobachter kommen deshalb mit dem Fahrrad.

Rohrspitz (**10**)
Die kleine Straße zum Rohrspitz beginnt in Höchst, das zwischen Bregenz und der Schweizer Grenze liegt. Man verlässt in Höchst die B 202, die links in Richtung Schweiz abzweigt, und fährt geradeaus Richtung Gaißau. Ein Wegweiser markiert den Beginn des kleinen, winkeligen Sträßchens zum Seerestaurant „Glashaus" (**6**) und zum sich östlich anschließenden Campingplatz „Salzmann Rohrspitz". Die Parkplätze am Campingplatz sind gebührenpflichtig, weshalb man am besten am „Glashaus" parkt, wo auch gut gegessen werden kann.

Schon bei der Anfahrt kann man auf den Feuchtwiesen zur Zugzeit **Limikolen**, **Pieper**, **Braunkehlchen** und **Steinschmätzer** sowie in den Gebüschen ziehende **Singvögel** beobachten. Direkt hinter dem Restaurant (**7**) schwimmen im Winterhalbjahr regelmäßig **Singschwäne**. **Zwergschwäne** wechseln bei hohem Wasserstand vom Eriskircher Ried hierher. Außerdem befindet sich an diesem Uferabschnitt eine Sandinsel, auf der oft **Limikolen** rasten. Auf dem Damm nach rechts (Osten) gehend kann man am Campingplatz vorbei die Fussacher Bucht umrunden (**8**). Dabei sollte man auf **Seeschwalben** und **Enten** in der Bucht und auf Schilfbewohner wie den **Drosselrohrsänger** oder die **Zwergdommel** in den Schilfflächen vor dem Damm achten. Auch der **Rohrschwirl** ist im gesamten Bereich mit ca. 6 Paaren neben der seit 1990 hier brütenden **Bartmeise** vertreten. Auf dem Rückweg kann man auf einem Schotterweg einen Abstecher über die Wiesen südlich des Dammes machen (**9**, in der Karte orange gestrichelt). Der Schotterweg führt kurz vor dem großen Pumpwerk nach rechts in die Wiesen. Dort brüten **Baumfalken**, sowie **Braun-** und wenige **Schwarzkehlchen**. **Uferschnepfe** und **Großer Brachvogel** sind leider als Brutvögel ausgestorben. Zur Zugzeit gibt es hier immer wieder interessante Arten wie **Wiedehopf**, **Rotkehlpieper** oder **Ortolan** zu sehen. Der Weg direkt bis zum Rohrspitz (**10**) ist vor allem für die Beobachtung von Schilfbewohnern interessant, bei hohen Wasserständen aber gelegentlich überschwemmt. Zurück am „Glashaus" und dem Damm nach links bzw. Westen folgend, gelangt man nach ca. 1 km an ein Pumpwerk mit einer Stromleitung (**11**). Dies ist im Mai ein guter Platz für **Rotfußfalken**. Auch für die Beobachtung von **Singvögeln** ist der Weg interessant.

Rheinspitz und Wetterwinkel (**13**, **14**)
Von Höchst kommend fährt man nach Gaißau. Hinter der Kirche und direkt vor der Brücke über den Alten Rhein führen zwei Straßen nach rechts, die sich vor einem Sportplatz wieder vereinen. Man biegt in eine der beiden ab und folgt dem Sträßchen weiter flussabwärts bis zu einem im Wald gelegenen Parkplatz am Ende der Straße (**12**). Das NSG Rheinholz (**13**) ist das größte zusammenhängende Auwaldgebiet im Bereich des Rhein-

Blick vom Rheinspitz über den Wetterwinkel auf die Kanisfluhgipfel.

deltas und vor allem Frühjahr interessant. **Pirol**, **Kleinspecht**, **Kernbeißer** und andere Auwaldarten sind dann besonders aktiv. Der **Baumfalke** brütet im Randbereich. Im Mündungsbereich des Alten Rheins brüten regelmäßig **Flussseeschwalben** auf künstlichen Flößen. Der gesamte Weg von dem Parkplatz bis zum Rheinspitz und zurück ist 4,5 km lang.

Meist lohnt sich auch ein Blick in den Wetterwinkel (**14**). Um dorthin zu gelangen, folgt man vom Parkplatz aus dem nordöstlich abgehenden Weg aus dem Wald in Richtung Hafen Gaißau. Kurz vor dem Hafen wechselt man auf ein Wiesenwegchen, das entlang der Schilfkante nach links bis zu einer Scheune führt. Dort ermöglicht ein Damm den Zugang zum Wasser, von wo aus man einen guten Überblick über die Mauser- und Überwinterungstrupps der **Entenvögel** im Wetterwinkel hat (**14**). Bei Niedrigwasser treten hier interessante Schlickflächen zutage. Die seeseitigen Schilfflächen sind von den Brutvögeln her ähnlich interessant wie die an der Fussacher Bucht. Wenn man dem Wiesenwegchen an der Scheune weiter geradeaus folgt, kommt man ebenfalls zum Rheinspitz und kann auf diese Weise eine Rundwanderung machen.

Informationen

Rheindeltahaus, Im Boeschen 25, A-6971 Hard, +43-05578/74478, www.umg.at/rheindeltahaus.php.

Bayern

Bayern ist Deutschlands größtes Bundesland und umfasst nahezu den gesamten deutschen Alpenraum. Fast alle alpinen Arten Mitteleuropas können hier beobachtet werden. Daneben tragen vor allem die vielen, verschiedenartigen Feuchtgebiete zu einer sehr artenreichen Vogelwelt bei.

Top-Arten

Gänsesäger, Alpenschneehuhn, Auer-, Birk- und Haselhuhn, Seetaucher, Nacht-, Seiden- und Silberreiher, Wiesenweihe, Steinadler, Schwarzkopfmöwe, Uhu, Weißrücken- und Dreizehenspecht, Tannenhäher, Alpendohle, Felsenschwalbe, Berglaubsänger, Schlagschwirl, Mauerläufer, Alpenbraunelle, Blaukehlchen, Ringdrossel, Zwerg- und Halsbandschnäpper, Bergpieper, Karmingimpel, Zitronenzeisig, Schneesperling.

Routen in Bayern

Von München, der Landeshauptstadt, sind fast alle Gebiete Südbayerns im Rahmen einer Tagesexkursion erreichbar. Im Winter stellen beispielsweise Starnberger-, Chiem- oder Ammersee attraktive Ziele dar. Im Sommerhalbjahr sind Tageswanderungen im Gebirge lohnend. Beobachtungsziele, die in weniger als eine Autostunde von München aus erreicht werden können, sind der Ismaninger Speichersee, der Moosburger und Echinger Stausee sowie der Ammer- und der Starnberger See.

Wer die Vogelwelt Bayerns intensiver kennen lernen möchte, dem seien folgende Beobachtungsgebiete empfohlen:

- Eine der drei großen Alpenregionen. Da Alpenarten nicht einfach so „abgeholt" werden können, benötigt man jeweils mehrere Tage. Im Winter sind viele beschriebenen Stellen nur mit Winterausrüstung oder gar nicht erreichbar. Beste Jahreszeit für die Hochlagen ist Mai bis Juli. Aber auch bis in den Oktober sind Gebirgstouren möglich.
- Einen großen bayerischen Voralpensee. Je nach Jahreszeit zum Beispiel der Chiemsee im Sommer oder der Starnberger See im Winter.
- Das Murnauer Moos. Eine schöne Halbtages- bis Tagesexkursion im Juni, wenn **Karmingimpel** und **Wachtelkönig** eingetroffen sind.
- Eine große Flusslandschaft wie den Untere Inn, die Donau bei Aholfing oder das Donaumoos bei Günzburg. Diese Gebiete sind vor allem zur Zug- und Brutzeit interessant.

In Oberbayern, wie hier am Chiemsee, lässt sich die Vogelbeobachtung an Feuchtgebieten leicht mit ornithologischen Bergwanderungen verbinden.

30 Mohrhof-Weihergebiet

Das Mohrhof-Weihergebiet ist Teil einer ausgedehnten Fischteich-Landschaft. Die Teiche sind nährstoffreich und bieten daher im Herbst, wenn sie abgelassen werden, gute Nahrungsgründe für durchziehende Vögel. Zudem brüten einige interessante Arten wie der Schwarzhalstaucher, die Zwergdommel oder das Blaukehlchen. Bisher wurden über 250 Arten nachgewiesen. Das Mohrhof-Weihergebiet lässt sich gut während eines Tagesausfluges erkunden.

Interessante Arten

Der **Schwarzhalstaucher** hat im Mohrhof-Weihergebiet eines der größten Brutvorkommen im südlichen Deutschland. **Silberreiher** sind fast ganzjährig anwesend. Die **Zwergdommel** brütet mit 5–8 Paaren (2001). **Weißstörche** brüten in der Ortschaft Dannberg auf Strommasten. Weitere Vorkommen in der näheren Umgebung liegen in Weisendorf und Röttenbach. Im Teichgebiet sind weiterhin zahlreiche **Entenarten** anzutreffen. Kolbenente, **Graugans**, **Rohrweihe** und **Baumfalke** sind Brutvögel. **Schilf-** und **Drosselrohrsänger** lassen sich im Frühjahr und Sommer von den Wegen aus beobachten. Das **Blaukehlchen** und die **Beutelmeise** können zur Brutzeit fast überall erwartet werden. Das **Tüpfelsumpfhuhn** kann vor allem auf dem Durchzug im Spätsommer beobachtet werden. Zur Limikolenzugzeit wird man eine gute Auswahl an **Limikolen** sowie **Sumpfseeschwalben**arten beobach-

132 Bayern

Weißstörche brüten in der Umgebung des Mohrhof-Weihergebietes.

ten können. Zusätzlich hat man immer die Chance auf **Seltenheiten**.

Anfahrt
Mit öffentlichen Verkehrsmitteln Der nächste Bahnhof ist Höchstadt an der Aisch. Von dort sind es mit dem Fahrrad über Großneuses und Boxbrunn noch 5 km bis Biengarten. Alternativ kann man auch direkt durch den südlich von Höchstadt gelegenen Bürgerwald fahren. „Biengarten, Höchstadt an der Aisch" und „Poppenwind, Gremsdorf" werden regelmäßig von Bussen aus Höchstadt an der Aisch beziehungsweise aus Gremsdorf angefahren.
Mit dem Auto Die A 3 führt östlich am Gebiet vorbei. Von Norden erreicht man Poppenwind von der Abfahrt „Höchstadt-Ost" über Gremsdorf und Krausenbechhofen. Von Süden nimmt man die Abfahrt „Erlangen-West" und fährt über Hessdorf, Hannberg und Niederlindach nach Hesselberg.

Allgemeine Hinweise
Zwischen 1. März und 31. August dürfen die Dämme zwischen den Weihern nicht betreten werden. Dies schränkt zwar die Beobachtungsmöglichkeiten ein, ist aus Naturschutz-

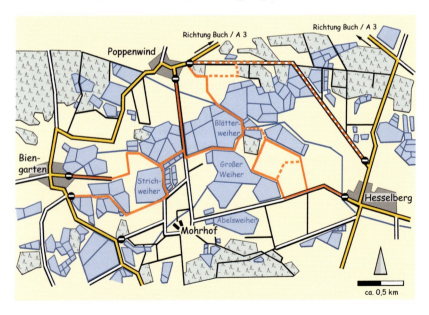

gründen aber unerlässlich. Außerhalb der Sperrzeiten sind die Dämme im Gebiet offen.

Die Fahrwege im Mohrhof-Weihergebiet sind nur für Anlieger frei, so dass man sein Auto an den in der Karte eingezeichneten Schildern „Durchfahrt verboten" etwas außerhalb des Gebietes parken muss.

Beobachtungsmöglichkeiten

Für die Beobachtungsstrategie im Mohrhof-Weihergebiet gibt es kein Patentrezept. Besonders im Herbst, wenn die Weiher abgelassen werden, gestaltet sich die Situation sehr variabel. Die frisch abgelassenen Teiche ziehen die meisten Vögel an. Wenn man einen solchen Teich besucht, wird man zahlreiche **Limikolen** und entlang der Schilfränder auch **Wasserralle** und **Tüpfelsumpfhuhn** beobachten können. Die **Limikolen** wechseln dabei gerne zwischen den Weihern, so dass man etwas abwarten muss, bis man einen Überblick über die Rastbestände hat. Weniger punktuell und variabel sind die Beobachtungsmöglichkeiten für **Schwarzhalstaucher**, **Enten** und **Schilfbewohner**. Sie wird man überall auf den offenen Wasserflächen und an den schilfbestandenen Dämmen beobachten können. Für die **Rohrsänger** sind beispielsweise der Betonplattenweg südlich von Poppenwind und die Weiher südöstlich von Biengarten interessant.

Bei einem Besuch des Mohrhof-Weihergebietes sind oft folgende Routen lohnend: Der Weg von Poppenwind zum Strich- und zum Blätterweiher, die beiden Wege östlich von Biengarten sowie der Rundweg westlich von Hesselberg.

Auch außerhalb des beschriebenen Gebietes finden sich im Herbst immer wieder frisch abgelassene und dadurch interessante Teiche, so beispielsweise südwestlich und nördlich von Hesselberg.

31 Altmühl- und Brombachsee

Altmühl- und Brombachsee sind ab 1985 als Hochwasser-Zwischenspeicher entstanden und haben sich innerhalb kürzester Zeit zu den ornithologisch herausragendsten Feuchtgebieten Nordbayerns entwickelt. Am Altmühlsee, und hier besonders im Norden, im Bereich der künstlich angelegten Inselzone, werden alljährlich rund 200 verschiedene Vogelarten nachgewiesen. Am Brombachsee trifft sich im Winter eine interessante Auswahl von sonst für die Küste typischen Wasservogelarten. Für den Altmühlsee mit dem Wiesengebiet Wiesmet sollte man sich einen Tag Zeit nehmen. Auch für eine umfassende Beobachtungsrunde um den Brombachsee benötigt man einen der kurzen Wintertage. Brombachsee und Altmühlsee lassen sich gut miteinander kombinieren.

Interessante Arten

Schwarzkopfmöwen erscheinen ab Ende März zum Brüten am Altmühlsee. Weitere interessante Brutvogelarten sind **Schwarzhalstaucher**, **Blaukehlchen**, **Beutelmeise**, **Rohrweihe** und **Wasserralle**. **Silberreiher**, **Brandgans** und **Eisvogel** gehören zu den regelmäßigen Gästen. Am Interessantesten sind die Zugzeiten. Dann können **Wander-** und **Baumfalke**, **Fischadler**, **Schwarz-** und

Auf der Vogelinsel am Altmühlsee.

Rotmilan, **Knäkente**, **Tüpfelsumpfhuhn**, **Zwergmöwe**, **Trauerseeschwalbe**, **Raubseeschwalbe** und **Schwarzstorch** beobachtet werden. Besonders artenreich sind dann auch die **Limikolen** vertreten. Im Winterhalbjahr dominiert eine Vielzahl von **Entenarten** das Bild am See. Nahezu alljährlich zählen **Bläss-** und **Saatgans** sowie der **Seeadler** zu den Wintergästen. Letzterer verweilt zunehmend auch ganzjährig im Gebiet. Der Altmühlsee friert im Winter regelmäßig zu.

Obwohl große Teile des ursprünglich bayernweit wichtigsten Wiesenbrütergebietes durch den See zerstört wurden, finden die entsprechenden Arten im angrenzenden Wiesmet, einem großen Grünlandkomplex westlich des Altmühlsees, ein wichtiges Refugium. **Großer Brachvogel**, **Uferschnepfe**, **Bekassine** und **Rotschenkel** kommen hier in Restpopulationen vor, wobei das Wiesmet für die beiden erstgenannten Arten der wichtigste Brutplatz in Bayern ist. Im Herbst und Winter hat man hier Chancen auf **Kornweihe**, **Rauhfußbussard** und **Merlin**. Der Brombachsee bleibt wesentlich länger eisfrei als der Altmühlsee. So konzentrieren sich hier mit fortschreitendem Frost immer mehr Wasservögel inklusive einiger sonst für das Binnenland nicht häufiger Arten wie **Stern-** und **Prachttaucher**, **Rothalstaucher**, **Berg-** und **Samtente** sowie **Zwerg-** und **Mittelsäger**. Am Brombachsee stehen nur Teile des Südufers des Kleinen Brombachsees unter Naturschutz.

Anfahrt

Mit öffentlichen Verkehrsmitteln Beide Seen sind mit öffentlichen Verkehrsmitteln erreichbar, wenn man gut zu Fuß ist oder ein Fahrrad mitbenutzt. Die Dämme von Altmühlsee und Brombachsee sind mit dem Fahrrad größtenteils befahrbar. Die nächsten Bahnhöfe am Altmühlsee sind Gunzenhausen und Muhr am See. Am Brombachsee sind Langlau, Ramsberg und Pleinfeld am Südufer des Sees mit der Bahn erreichbar. Der Bus 621 fährt von Gunzenhausen über „Absberg Marktplatz" nach Spalt und verbindet somit die Seen.

Mit dem Auto erreicht man die Seen über die B 13 Ansbach-Weißenburg, den Brom-

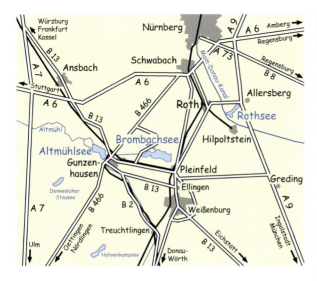

Beobachtungsmöglichkeiten

Altmühlsee

Sehr gute Beobachtungsmöglichkeiten ergeben sich von der Beobachtungsplattform (**1**) auf der ansonsten unzugänglichen und nicht betretbaren Vogelinsel im Norden des Sees. Sie stellt den interessantesten Bereich am See dar und nimmt etwa 120 ha der Seefläche ein. Die Vogelinsel setzt sich aus offener Seefläche, Flachwasserbereichen, Schilfzonen, Feuchtwiesen und Gebüschen mit einzelnen Bäumen zusammen.

Den Ausgangspunkt einer kleinen Rundwanderung über die Vogelinsel erreicht man, indem man an der einzigen Abfahrt von der B 13 in Muhr am See (**2**) durch den Ort nach Süden auf einen großen Platz mit vielen Straßen (**3**) und dort halblinks geradeaus ein Bankgebäude passierend in Richtung „Vogelinsel" fährt. Ab (**3**) ist die „Vogelinsel", wenn auch klein, ausgeschildert. Vom Parkplatz mit der LBV-Infostelle (**4**) geht man auf den Ringdamm und auf diesem 200 m nach Norden und dann über eine Fußgängerbrücke auf die Insel. Im Herbst kann man vom Ringdamm aus auf den toten Bäumen der Vogelinsel nahezu täglich **Fischadler** beobachten.

Ein weiterer oft lohnender Beobachtungspunkt, den man aufgrund des Sonnenstandes vormittags anfahren sollte, ist der Dammabschnitt nordwestlich des „Surfzentrums" (**5**). Auch das Hafengelände bei Schlungenhof (**6**) ist zu dieser Tageszeit lohnend. Bei niedri-

bachsee zusätzlich über die A 9 Ausfahrt „Hilpoltstein". Gunzenhausen am Altmühlsee und Pleinfeld südöstlich des Brombachsees liegen 17 km auseinander.

Allgemeine Hinweise

Das Neue Fränkische Seenland verdankt seine Entstehung der Wasserknappheit in Franken. Fast 20 km² Wasserflächen entstanden für den Wasserausgleich zwischen Süd- und Nordbayern. Das Seenland hat sich zudem zu einem bedeutenden Touristengebiet entwickelt. Die entsprechend gut ausgebaute Infrastruktur hilft bei der Beobachtung am See. Man muss allerdings im Sommer damit rechnen, dass an vielen Parkplätzen Gebühren erhoben werden, die sich im Laufe eines Tages aufsummieren.

Als Gegenleistung sind an vielen Beobachtungsstellen Bistros, Cafés oder Gaststätten geöffnet. Das Winterhalbjahr ist an beiden Seen ruhig, viele Freizeiteinrichtungen haben geschlossen, die Parkplätze sind gebührenfrei.

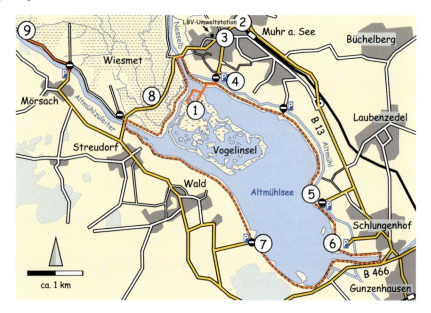

gem Wasserstand liegen an diesen Uferabschnitten Schlickflächen frei, die wiederum **Limikolen** anziehen. Ab dem Nachmittag lohnt sich der Blick vom Uferweg am Seezentrum bei Wald (**7**). Im Sommer rasten dort **Seeschwalben** und **Möwen** und im Winter neben **Möwen** und zahlreichen **Gründelenten** auch **Tauch-** und **Meeresenten** sowie verschiedene **Sägerarten**. Die Parkplätze zu den Beobachtungsstellen sind von den Hauptstraßen her jeweils ausgeschildert.

Die Wiesen im Wiesmet nordwestlich des Sees kann man von der Straße zwischen Muhr am See und Streudorf (**8**) einsehen. Eine Beobachtungsplattform für die Wiesen findet man bei (**9**).

In Mörsach biegt man von Streudorf kommend bei der Kirche rechts Richtung „See/Flussbad" ab und parkt bei einem Kiosk. Von hier überquert man den Altmühlzuleiter und geht links am Zuleiter entlang zur Beobachtungsplattform (**9**). Zu beachten ist das strikte Betretungsverbot der Grünländer zwischen dem 1. März und dem 30. Juni. Der Weg zum Beobachtungsturm ist ganzjährig frei zugänglich.

Dem motivierten Beobachter mit Bewegungsdrang steht weiterhin die, in der Karte orange gestrichelte, Umrundung des Altmühlsees als Option offen.

Brombachsee

Die im Folgenden beschriebenen Beobachtungspunkte sind allesamt gut ausgeschildert. Dem Sonnenstand angepasst, sollte man seine winterliche Rundtour um den See morgens im Osten beginnen. Von Pleinfeld aus folgt man der Ausschilderung „Brombachsee Nord", beziehungsweise man umfährt das Städtchen von der A 9 kommend im Norden. Der Beschilderung bis Allmannsdorf folgend, stößt man auf der linken Seite auf den Parkplatz der „Freizeitanlage Allmansdorf", von dem aus man Zugang zum

Altmühl- und Brombachsee

See hat (**1**). Zu der „Freizeitanlage Pleinfeld Süd" (**2**) gelangt man, indem man 2,7 km zurück Richtung Pleinfeld fährt und dann der Ausschilderung nach rechts abbiegend folgt und nach weiteren 1,5 km den großen Parkplatz der Anlage erreicht.

Zwei weitere gute Beobachtungspunkte liegen bei Ramsberg, das westlich von Pleinfeld über die St 2222 erreicht werden kann. Die Abzweigung Richtung „Ramsberg" ist ausgeschildert. Kurz darauf unterquert man eine Bahnlinie. Unmittelbar danach fährt man links entlang einer Umgehung durch einen Wald direkt an die Freizeit- und Seeanlagen (**3**). Um zu (**4**) zu gelangen, muss man Richtung Südosten durch den Ort, über die „Dorfstraße" bis zum Cafe „Zottmann" fahren, dort parken und nach Osten zum Ufer gehen.

Weitere lohnende Beobachtungspunkte liegen im Westen des Sees nahe Absberg. Von Ramsberg geht es zurück auf die St 2222, der man bis Rehenbühl nach Westen folgt. Dort biegt man nach rechts in eine Nebenstraße nach „Langlau" ab und fährt weiter Richtung „Absberg" am Seeufer entlang, bis dort, wo die Straße das Seeufer wieder verlässt, auf der rechten Seite die „Freizeitanlage Halbinsel Absberg" liegt (**5**). Von hier hat man einen guten Blick über die Wasserflächen des Kleinen Brombachsees. Weiter in Absberg führt im Ort eine Abzweigung nach rechts zur „Freizeitanlage Absberg Seespitz" (**6**), die nach 1,8 km erreicht wird. Der Damm, der hier den Großen vom Kleinen Brombachsee trennt, bietet einen guten Überblick. Der Kleine Brombachsee kann von hier ausgehend in einer 8 km langen Wanderung umrundet werden (in der Karte orange gestrichelt). Am Südende des Dammes hat man einen besseren Einblick in die Naturschutzgebiete links und rechts des Dammes. Diese dürfen nicht betreten werden.

Die Flachwasserbereiche und die geschützte Stauwurzel des Igelsbachsees überblickt man am Besten von einem Parkplatz zwischen Absberg und Stockheim, der am Ende des Wasserarmes und auf der rech-

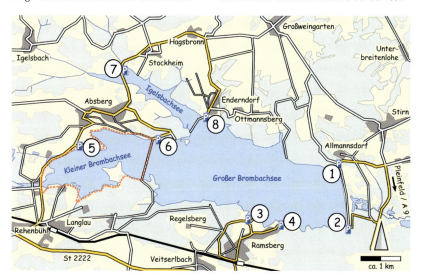

ten Seite liegt (**7**). Den besten Überblick über den Nordteil des Großen Brombachsees hat man von Enderndorf aus. Der ausgeschilderte Abzweig findet sich an einem Kreisverkehr kurz östlich von Hagsbronn. Die Stichstraße führt nach 2,3 km zum Wasser und einem Parkplatz (**8**). Ein neuer Großparkplatz wird gerade etwas abseits des Sees eingerichtet. Wenn er geöffnet ist, muss man wenige hundert Meter mehr bis zum Wasser gehen. Der Damm zwischen Igelsee und Großem Brombachsee bietet für Beobachtungen den optimalen Rundblick.

Blick in die Umgebung

Der Rothsee ist der dritte See des Neuen Fränkischen Seenlandes. Er liegt direkt an der Ausfahrt „Allersberg" der A 9 München/Nürnberg und ist im Winterhalbjahr einen Blick wert. Er hat eine ähnliche Artengarnitur wie der Brombachsee zu bieten, ist aber normalerweise weniger lohnend.

Informationen

Umweltstation Altmühlsee, Landesbund für Vogelschutz in Bayern e.V., Schlossstrasse 2, 91735 Muhr am See, 09831/4820, 09831/1882, altmuehlsee@lbv.de, www.lbv.de/altmuehlsee. Auf der Internetseite sind auch nahezu tagesaktuell Beobachtungen aus dem Gebiet zusammengetragen. Die Umweltstation bietet viele naturkundliche Führungen an. Ab 10 Personen können auch Führungen gebucht werden. Darüber hinaus veröffentlicht die Umweltstation einen hervorragenden jährlich erscheinenden ornithologischen „Altmühlseebericht".
www.fraenkischeseen.de
Literatur: Mayer & Röhmhild (1998), Ranftl et al. (1994, 1995).
Wir danken Markus Römhild für wertvolle Hinweise zu den Gebieten sowie Christoph Völlm für die Durchsicht des Kapitels.

32 Donau zwischen Regensburg und Deggendorf

Trotz der weit reichenden baulichen Änderungen, die an diesem Donauabschnitt in den letzten Jahrzehnten durchgeführt wurden, können hier immer noch schöne Beobachtungen gemacht werden. Besonders als Rast- und Durchzugsgebiet hat diese großräumige Flusslandschaft besondere Bedeutung.

Interessante Arten

Zur Zugzeit sieht man besonders im Regental und dann die Donau weiter nach Südwesten regelmäßig **Rohrweihen**, **Fischadler** und andere **Greife** ziehen. Auch der **Wanderfalke** wird regelmäßig gesichtet. **Silberreiher** und **Mittelmeermöwen** sind ganzjährig im Gebiet anzutreffen. Letztere brüten auch in einigen Paaren.

Im Winter können **Kornweihen**, **Zwerg-** und **Gänsesäger** sowie **Pfeif-** und **Schellenten** und auf dem Durchzug **Schnatter-**, **Löffel-**, **Knäk-** und **Spießenten** auf den Wasserflächen neben und auf dem Fluss beobachtet werden. In geringer Zahl vertretene Wintergäste sind **Singschwan**, **Saat-** und **Blässgans**, **Berg-** und **Eisente** sowie der **Raubwürger**. In der ersten Märzhälfte tauchen die

Blick auf die Flächen bei Flusskilometer 2340.

ersten **Limikolen** wie **Großer Brachvogel**, **Uferschnepfe** oder **Bekassine** auf. Im April und Anfang Mai kann meistens eine größere Auswahl an **Limikolen** beobachtet werden. Ab Anfang April treffen auch die **Schwarzkopfmöwen** in der **Lachmöwen**kolonie bei Niedermotzing ein und ab Mitte April kann man **Flussseeschwalben** und **Knäkenten** am Fluss beobachten. Schon ab Ende März besetzen auch die **Blaukehlchen** ihre Reviere und sind dann innerhalb des Jahresverlaufs am leichtesten zu beobachten. Ab Mitte April gewinnt der Singvogelaspekt generell an Bedeutung. Dann ziehen Arten wie **Steinschmätzer**, **Braunkehlchen**, **Neuntöter** und **Schilfrohrsänger** durch. Letztgenannte Art brütet regelmäßig im Gebiet. Attraktive spät ziehende Arten sind **Trauer-** und seltener **Weißbart-** und **Raubseeschwalbe**. Vor allem im Auwald an der Isarmündung findet man ab Mai **Pirol**, **Schlagschwirl**, **Beutelmeise** und **Halsbandschnäpper**. Immerhin rund 50 Paare des **Halsbandschnäppers** brüten dort.
Beutelmeisen und **Wasserrallen** brüten im gesamten Donaubereich. Ab dem Spätsommer können regelmäßig **Tüpfelsumpfhühner** vor üppiger Ufervegetation gesichtet werden. Dann beginnt auch der Wegzug der **Limikolen**. Immer wieder werden Seltenheiten aus dem Gebiet gemeldet.
In der Vergangenheit kam es zu interessanten Ansiedlungen: **Seidenreiher**, die man regelmäßig im Gebiet beobachten kann, brüteten 1996. **Nachtreiher** hatten in der Vergangenheit eine kleine Kolonie bei Niederachdorf und zuletzt (2005) am Sarchinger Weiher, einem Badesee (!) östlich von Regensburg. Auch **Stelzenläufer** brüteten bereits im Gebiet.

Anfahrt

Mit öffentlichen Verkehrmitteln Die wichtigsten Bahnhöfe im Gebiet sind Regensburg, Straubing, Plattling und Deggendorf. Die Dammkronenwege zwischen Regensburg und Isarmündung können mit dem Fahrrad befahren werden. Man erhält auf ihnen einen umfassenden Einblick in das Gebiet. Die Entfernungen, die man dabei zurücklegt sind jedoch beträchtlich und summieren sich im Gesamten auf 90 km. Es bietet sich daher an,

Teilabschnitte, zum Beispiel von Pfatter bis Straubing (23 km) oder von Deggendorf in die Isarmündung (einfach gut 5 km) zu befahren.
Mit dem Auto Von Süden ist die Donauaue über die A 93 (Regensburg) beziehungsweise die A 92 (Deggendorf) erreichbar. Von Osten und Westen nimmt man die A 3, die das Gebiet entlang des Nordrandes erschließt. Die B 8 verbindet die wichtigsten Beobachtungspunkte am Südrand des Gebietes.

Beobachtungsmöglichkeiten

Im Prinzip ist der gesamte Donauabschnitt zwischen Regensburg und Deggendorf interessant. Am lohnendsten haben sich im Laufe der Jahre die im Folgenden vorgestellten Gebiete erwiesen. Sie sind von West nach Ost beschrieben.

Almer Weiher bei Tegernheim (A)

Besonders im Winter lohnt sich ein Blick auf diesen aufgelassenen und mit der Donau verbundenen „Baggersee". Hier wie auch im direkt östlich anschließenden Abschnitt der Donau bis Donaustauf und am Fuß der Walhalla rasten regelmäßig große Mengen an **Schwimmvögeln**, besonders **Tauchenten**. Unter ihnen befinden sich immer wieder auch einzelne **Berg-, Moor-** und **Samtenten**.

Der Hauptteil der in dem beschriebenen Donauabschnitt überwinternden **Reiher-** und **Tafelenten** ebenso wie die gut vertretenen **Zwergsäger** und **Schellenten** finden sich hier ein. Selten trifft man auch auf den **Mittelsäger**.

Man fährt von der A 3 (von Osten Ausfahrt „Rosenhof", von Westen Ausfahrt „Neutraubling") östlich von Regensburg auf der St 2145 nach Norden über die Donau nach Donaustauf und weiter nach Westen bis Tegernheim. Dort biegt man von der Hauptstraße nach Süden ab, fährt der Ausschilderung „Gasthof Götzfried" folgend, auf die Donau zu und parkt entweder vor dem Deich oder nahe dem Ufer. Von hier aus läuft man am Ufer entlang nach Osten, was sich durchaus bis Donaustauf lohnen kann. Entlang des Ufers hat man immer wieder gute Blicke auf die rastenden **Wasservögel**.

Donau bei Aholfing (B)

Das zwischen Pfatter und Straubing am Südufer der Donau liegende Aholfing ist von der B 8 über Puchhof erreichbar. Nördlich Aholfing liegt bei Flusskilometer 2343 hinter dem Donauleitwerk ein größeres Gewässer (1), das gut für **Schwimmvögel**, ziehende **Singvögel**, brütende **Schilfrohrsänger** und im Nordteil auch gut für **Limikolen** ist. **Blaukehlchen** brüten hier wie auch im gesamten Bereich. Am besten man parkt nördlich von Aholfing an der eingezeichneten Stelle und geht dann auf dem Damm bis zu einem Beobachtungsstand nach Norden. Ähnlich gute Beobachtungsmöglichkeiten ergeben sich bei Flusskilometer 2340 (**2**). **Limikolen** halten sich hier gern an den wassergefüllten Senken im Grünland westlich des großen Gewässers auf, das sich am Ostrand der Halbinsel befindet. Man erreicht die Stelle, indem man von Aholfing an den Deich heran und dann darauf (Fahrrad) oder daneben (Auto) nach Osten fährt.

Von (**2**) fährt man weiter nach Osten bis man Obermotzing erreicht. Dabei kann man immer wieder einmal anhalten, um von der Deichkrone aus - wenn auch meist häufigere Arten - zu beobachten. In der Brutperiode lohnt es sich auch, die **Lachmöwen**kolonie bei Niedermotzing anzufahren (**3**). Hier brüten einige Paare der **Schwarzkopf-** und **Mittelmeermöwe** sowie rund 10 Paare der **Flussseeschwalbe**. Die Kolonie befindet sich auf den Leitwerkinseln inmitten der Donau.

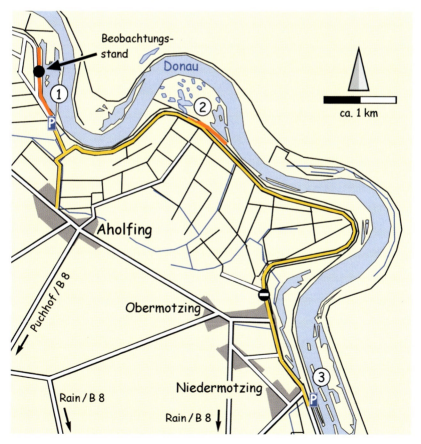

Die Donau bei Flusskilometer 2343. Foto: K. Krätzel

Sie kann direkt südlich von Niedermotzing vom Damm aus eingesehen werden. **Rohrweihen** und **Uferschnepfen** lassen sich gelegentlich über den wassergefüllten Senken am gegenüberliegenden Ufer sehen.

Isarmündung bei Deggendorf (C)
Der am linken (westlichen) Isarufer liegende Auwald an der Isarmündung kann zu Fuß oder mit dem Fahrrad besucht werden. Es gibt zwei Zugänge:

1. Über Scheuer: Von der A 92 nimmt man die Ausfahrt „Plattling Nord", fährt Richtung „Plattling" und biegt die erste Möglichkeit Richtung „Schiltorn" nach links ab. Durch Schiltorn geht es weiter Richtung „Scheuer/Holzschwaig/Fischerdorf". Rund 800 m hinter Schiltorn verlässt man geradeaus fahrend die links abbiegende Hauptstraße (Schilder: grünes Ortsschild „Holzschwaig", „Sackgasse" und „Scheuer 1 km"). Rund 1,2 km nach diesem Abzweig erreicht man die wenigen Häuser des Örtchens Scheuer. Hier nimmt man den ersten Abzweig nach rechts. Kurz darauf ist die Weiterfahrt aus Naturschutzgründen verboten (**1**).

2. Über Fischerdorf: A 92 Ausfahrt „Deggendorf" Richtung „Hafen" und „Innenstadt" und bald darauf den Abzweig Richtung „Fischerdorf" nach Süden nehmen. Nach Überquerung der Donau, an der ersten Ampel in Fischerdorf, links und 500 m nachdem man die A 3 überquert hat, wieder links Richtung „Altholz" in die „Altholzstraße" und nach 200 m links in die Straße „Haus Nr. 25, 27". Knapp 800 m darauf wird die alte Isar überquert, wo im Sommer regelmäßig **Beutelmeisen** zu hören sind (**2**). 400 m weiter fährt man rechts in einen Schotterweg. Diesem folgt man, bis er nach 300 m kurz hinter dem Deich an einer Parkmöglichkeit endet (**3**).

In der Karte sind Wege, an denen die Zielarten mit hoher Wahrscheinlichkeit beobachtet werden können, orange eingezeichnet. Der eingezeichnete Rundweg ist 6 km lang. Die Erweiterung bei (**4**) verlängert den Rundweg um 2 km und kann, im Gegensatz zu allen anderen eingezeichneten Wegen, nicht mit dem Fahrrad befahren werden.

Schnatterente, **Pirol** und **Sumpfrohrsänger** sind häufige Brutvögel im ganzen Bereich. Der **Drosselrohrsänger** kommt an einem Altwasser bei (**3**) in Richtung Isar vor. **Turteltaube** und **Beutelmeise** sind spärlich vertreten. Direkt an der Isar kann man ganzjährig **Gänsesäger** beobachten. In den dichten Hochstaudenfluren und Lianengebüschen an der Isar kommt der **Schlagschwirl** mit hoher Stetigkeit vor. Den **Halsbandschnäpper** hört man ab Anfang Mai überall im Gebiet singen. Der Bereich um und östlich von Scheuer ist beispielsweise sehr gut für diese Art. **Baumfalke**, **Habicht** und **Wespenbussard** gehören zu den interessanten Greifvögeln des Gebietes. **Schwarz-**, **Grün-** und **Grauspecht** brüten ebenfalls im Auwald. **Seiden-** und **Silberreiher** können vor allem im Spätsommer und Herbst beobachtet werden. Der **Graureiher** hat mehrere Kolonien im Gebiet. Die Isarmündung ist in erster Linie wegen ihrer Brutvögel interessant. Daher ist die beste Zeit für einen Besuch zwischen April und Juni.

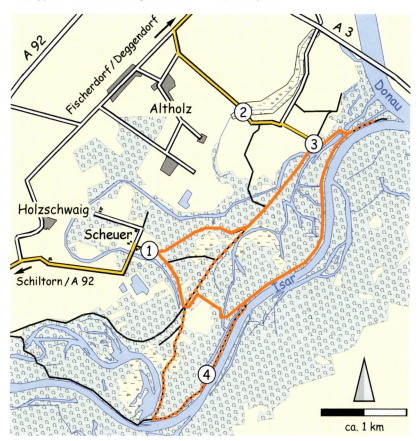

Altwässer durchziehen die Auwälder an der Isarmündung. An ihnen trifft man auf zahlreiche Spuren des Bibers.

Abschließend seien noch zwei weitere Beobachtungsgebiete genannt, die man bei einem größeren Zeitbudget besuchen kann. Ein großes Altwasser bei Pfatter bietet **Reihern**, **Rohrsängern** und **Trauerseeschwalben** Rastmöglichkeiten. Auch brüten hier **Blaukehlchen** und **Schilfrohrsänger** in einigen Paaren, und der **Rohrschwirl** ist gelegentlich im Frühjahr zu hören. Des Weiteren können hier **Wasserralle** und **Tüpfelsumpfhuhn** regelmäßig angetroffen werden. Man nimmt von Pfatter, das rund 5,5 km nordwestlich von Aholfing liegt, die Verbindungsstraße nach Gmünd Richtung Osten. 200 m hinter den letzten Häusern von Pfatter führt ein Abzweig nach links Richtung „Kläranlage" und nach 500 m, direkt hinter der Kläranlage, zu dem Altwasser.

Nördlich von Aholfing liegt auf der gegenüberliegenden Donauseite das Örtchen Niederachdorf. Westlich von diesem befinden sich Wiesen mit feuchten Senken, die vor allem zur Zugzeit interessant sind. Man parkt am besten am südwestlichen Ortsrand von Niederachdorf und benutzt ab dort den Deich Richtung Westen. Der Zugang zum Ort erfolgt über die nördlich verlaufende A 3 von Westen (aus Richtung Regensburg) über die Ausfahrt „Wörth an der Donau-Ost" beziehungsweise von Osten aus Richtung Deggendorf über die Ausfahrt „Kirchroth".

Wir danken Kirsten Krätzel für die Durchsicht und Ergänzung des Kapitels sowie Herrn Schlemmer für weitere Hinweise.

33 Unterer Inn*

Das an der bayerisch-oberösterreichischen Grenze liegende Gebiet ist eines der besten Vogelbeobachtungsgebiete im süddeutschen Raum. Es gehört zu den bedeutenden Drehscheiben im interkontinentalen Vogelzug, weshalb es zum Europareservat und Ramsargebiet erklärt wurde. Auwälder, Wasser-, Schlick- und Schilfflächen stellen die wichtigsten Vogellebensräume dar. Bisher wurden über 300 Vogelarten nachgewiesen. Für die herausragenden Beobachtungspunkte genügt ein Tag. Es lohnt sich aber auch ein längerer Aufenthalt.

Interessante Arten

Silberreiher sind fast ganzjährig im Gebiet anwesend, während der **Seidenreiher** ein sehr stetiger Sommergast und seltener Brutvogel bis in den September ist. **Nachtreiher** brüten in der Reichersberger Au und halten sich von Mitte April bis Ende August am Unteren Inn auf. **Zwergdommel** und **Schwarzhalstaucher** sind seltene Brutvögel. Weiterhin ist der Untere Inn ein bedeutendes Mausergebiet für **Enten**. **Brandgänse** brüten vor allem an der Staustufe Ering und sind in der Zwischenzeit ganzjährig zu sehen, was auch für **Kolbenenten** zutrifft, die zwischen Salzachmündung und Staustufe Ering in geringer Zahl brüten. Es gibt wenige Paare **Rohrweihen** und **Baumfalken**. **Kornweihen** und **Seeadler** überwintern. **Wasserralle** und **Tüpfelsumpfhuhn** brüten regelmäßig. Sie können bei niedrigem Wasserstand auf den Schlickbänken vor der Ufervegetation beobachtet werden. Der Untere Inn ist einer der wichtigsten **Limikolen**rastplätze im süddeutschen Raum. Bisher wurden über 40

Der Zwergstrandläufer ist eine der vielen rastenden Limikolenarten am Unteren Inn.

Arten nachgewiesen. Unter ihnen tritt der **Teichwasserläufer** regelmäßig im August auf. Immer wieder werden asiatische oder amerikanische **Irrgäste** gemeldet. **Schwarzkopfmöwen** brüten seit mehreren Jahren erfolgreich flussaufwärts von Katzenbergleithen. Auf dem Frühjahrs- und Herbstzug kann man **Trauer-**, **Weißflügel-**, **Weißbart-** und **Raubseeschwalben** beobachten. **Flussseeschwalben** brüten in kleiner Anzahl.

Die Auwälder werden von **Grau-** und **Kleinspecht**, **Pirol** und in geringer Dichte auch vom **Trauerschnäpper** besiedelt. Bei Aigen kann man **Schlagschwirl** und **Beutelmeise** finden. **Blaukehlchen** und **Drosselrohrsänger** können mit etwas Glück in den Schilfröhrichten beobachtet werden. Der **Schwarzspecht** kommt nur in Buchengruppen bei Irching und im Weilhartsforst an der Salzachmündung vor. Der im Gebiet weit verbreitete **Grünspecht** bevorzugt Ortsränder und Gärten.

Anfahrt

Mit öffentlichen Verkehrsmitteln Die wichtigsten Bahnhöfe sind Simbach auf der deutschen und Braunau auf der österreichischen Seite. Weitere Bahnhöfe auf österreichischer Seite sind Hagenau im Innkreis, 1,8 km von der Hagenauer Bucht (**A**) entfernt, und Obernberg-Altheim, 5,2 km von der Beobachtungsplattform in Katzenbergleithen entfernt (**E**). Die Bushaltestellen „Kirchdorf am Inn Ortsmitte", „Obernberg/Inn Postamt" und „Reichersberg/Inn Ortsmitte" werden leider nur in geringem Maße frequentiert. Auch Ering auf deutscher Seite ist schlecht an das öffentliche Verkehrsnetz angebunden.

Mit dem Auto Die für die Vogelbeobachtung interessanten Stauseen Simbach, Ering und Egglfing liegen zwischen Burghausen an der Salzach und Schärding, beziehungsweise Passau. Erreichbar sind sie mit dem Auto über die B 12 von München oder Passau.

Allgemeine Hinweise

Die Anbindung der Beobachtungspunkte an das öffentliche Nahverkehrsnetz ist schlecht. Man wird also entweder mit dem Auto anreisen oder sich im Gebiet mit dem Fahrrad fortbewegen müssen, was eine ernstzunehmende Alternative ist. Ein umfassendes Radnetz erschließt das Europareservat, und die Däm-

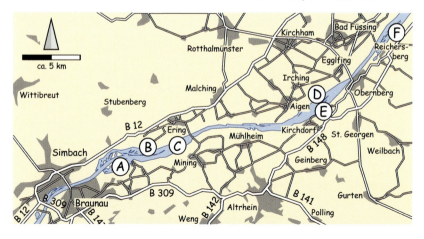

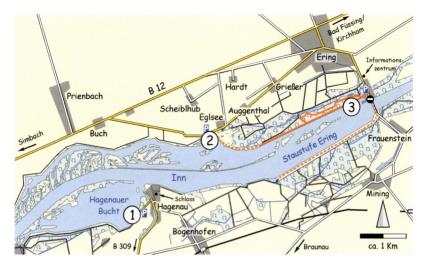

me sind fast ausnahmslos mit dem Fahrrad befahrbar. Zusätzlich kann der Inn mit dem Fahrrad bei Ering überquert werden. Für Autofahrer bilden die Grenzübergänge bei Simbach/Braunau und Obernberg die einzigen Alternativen. Fahrradverleihstellen sind in vielen Orten im Gebiet vorhanden.

Bei der Planung des Aufenthaltes sollte beachtet werden, dass man von Ering aus nach Süden, also gegen die Sonne, auf die Wasserflächen blickt, was die Beobachtungen – sofern die Sonne scheint – erschwert. Die Sonne im Rücken hat man in Katzenbergleithen, einem herausragenden Beobachtungspunkt für rastende **Limikolen**. Ein Spektiv ist für die Vogelbeobachtung am Unteren Inn unerlässlich. Beobachtern mit einer ambitionierten Deutschlandliste sollte bewusst sein, dass die Landesgrenze in der Mitte der Hauptrinne des Inns verläuft.

Beobachtungsmöglichkeiten
Hagenauer Bucht (A)
Die Hagenauer Bucht liegt auf der österreichischen Seite. Für einen Überblick über die im Winter nicht zufrierenden und dann interessanten Wasserflächen fährt man von Simbach aus über die Staatsgrenze nach Braunau. Von dort aus weiter auf der B 309 Richtung „Altheim". In Sankt Peter am Hart biegt man links nach „Hagenau" ab, das man nach 2 km erreicht. Den Ort bis zum Ende durchquerend, biegt man kurz vor dem Schloss und nach einer Informationstafel auf der rechten Seite links ab. Nach weiteren 400 m endet die Straße an einer Schranke. Von dort aus hat man einen guten Überblick über die Bucht (**1**).

Beobachtungsturm Eglsee (B)
Von Ering folgt man einem kleinen weißen Schild zum „Vogelbeobachtungsturm" und zum „Vogelschutzgebiet" und erreicht der Hauptstraße durch Grießer und Auggenthal folgend schließlich Eglsee. Kurz hinter dem Ort befindet sich am Ufer der etwas versteckt liegende Beobachtungsturm (**2**). Gegenüber dem Turm liegt ein Parkplatz.

Wenn man von Westen kommt, verlässt man die B 12 100 m östlich der letzten Häuser des kleinen Ortes Buch. Kleine Hinweisschilder „Staudach, Heitzing, Eglsee, Grießer" und „Vogelschutzgebiet" sind hinter einer Pappel verborgen und markieren die Einfahrt. 2,2 km nachdem man die B 12 verlassen hat, wird der Beobachtungsturm erreicht.

Im Sommerhalbjahr sind oft **Fluss-** und **Sumpfseeschwalben** sowie **Silber-** und gelegentlich **Seidenreiher** vom Turm aus zu sehen. Der **Seeadler** überwintert regelmäßig von November bis März am Unteren Inn und hält sich dann oft vom Turm aus gesehen flussaufwärts auf. Seit mehreren Jahren können regelmäßig ein bis zwei **Chileflamingos** in diesem Bereich beobachtet werden.

Staustufe Ering (C)

Dieser Beobachtungspunkt war in den letzten Jahren nicht mehr so ergiebig, wie der Bereich Katzenbergleithen an der Staustufe Egglfing (E). Trotzdem lohnt sich ein Besuch. Die B 12 kommend, folgt man in Ering dem kleinen braunen Schild „Infozentrum/Europa-Reservat". Hinter Ering passiert man linkerhand das Informationszentrum Unterer Inn – wo man viele aktuelle Informationen zum Gebiet erhalten kann – und erreicht etwa 600 m weiter die Anlagen der Staustufe. Vor dem Anlagentor befindet sich ein Parkplatz.

Zu Fuß oder per Fahrrad kann man über den Staudamm nach Österreich gelangen, von wo man ebenfalls beobachten kann (in der Karte orange gestrichelt). Einfacher ist es jedoch, wenn man auf der deutschen Seite Inn-aufwärts den Damm entlang geht (**3**). Schon vom Damm nahe des Parkplatzes aus sind die Flachwasserbereiche, Sandbänke und Inseln gut einsehbar (300 m Fußweg). Hier können **Reiher**, **Enten**, **Rallen**, **Limikolen**, **Seeschwalben** und **Möwen** beobachtet werden. Im weiteren Verlauf des Damms ergeben sich immer wieder Ausblicke auf Schilfränder und Buchten verschiedener Inseln. Nördlich gleich hinter dem Damm liegen ausgedehnte, vom Inn abgeschnittene Auwaldbereiche. Bereits vom Damm aus wird man Sommertags **Pirol** oder **Grünspecht** aus dem Wald hören können. Des Weiteren kommen hier **Schwarz-** und **Kleinspecht** vor. Ein als Rundweg gestalteter Lehrpfad (**3**) erschließt den Auwald.

Auwald zwischen Aigen und Egglfing (D)

Der Auwald zwischen Aigen und Egglfing ist ein guter Platz für typische Auwald- und Schilfarten wie **Wasserralle**, **Schlagschwirl**, **Drosselrohrsänger**, **Blaukehlchen**, **Beutelmeise** oder **Pirol**. Direkt bis zum Damm kann man nur südlich von Aigen fahren (**4**). Dazu verlässt man die B 12 von Westen kommend, bei der ersten Möglichkeit Richtung „Aigen". Im Ort erreicht man bald eine abknickende Vorfahrt. Hier fährt man geradeaus in die „Alte Schulstraße" hinein und folgt dieser bis zu einer T-Kreuzung. Dort geht es rechts in die „Bauerngasse" und kurz darauf links in den „Dammweg" (ein Schild weist Richtung „Inn"), der zum Parkplatz am Damm führt. Die sehr naturnahe Weichholzaue vor dem Damm (**5**) beherbergt oben genannte Arten. Der Weg auf dem Deich entlang des Inns bietet gute Beobachtungsmöglichkeiten, aber auch die Wirtschaftswege durch den Auwald hinter dem Deich können zur Vogelbeobachtung genutzt werden (beide Möglichkeiten in der Karte orange eingezeichnet). Wenn man den Damm von (**4**) nach Westen in Richtung Aufhausen geht, erreicht man nach rund 1,6 km interessante Verlandungsbereiche auf der linken Seite, in denen 2004 die **Zwergdommel** gebrütet hat. Der frühe Morgen ist eindeutig die beste Zeit, um die Brutvögel beobachten zu können.

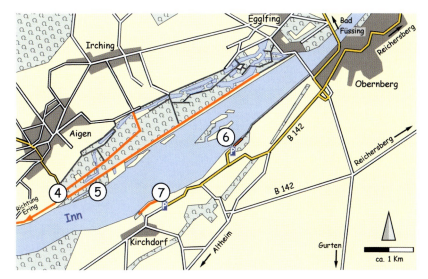

Katzenbergleithen (E)

Katzenbergleithen war in den letzten Jahren der beste Platz für **Limikolen** am Unteren Inn. Von Simbach kommend folgt man der B 12, bis man nach ca. 40 km bei Bad Füssing rechts abbiegend nahe Egglfing den Inn und dabei die Grenze überqueren kann. Auf der österreichischen Seite liegt die kleine Stadt Obernberg. Von dort kommt man mit dem Auto oder dem Fahrrad schnell und einfach in die Gebiete flussabwärts (Reichersberger Au, **F**) und flussaufwärts (Staustufe Egglfing, **E**). An der Staustufe Egglfing ist der gesamte Bereich zwischen Kirchdorf und Obernberg interessant. Arten, die man hier mit hoher Stetigkeit antreffen kann, sind neben den **Limikolen Seiden-** und **Silberreiher**, **Rohrweihe** und viele **Entenarten**. Dabei sollte man auch auf **Brandgänse** und **Schwarzkopfmöwen** achten, die sich hier als Brutvögel fest etabliert haben. **Löffler** (2003) und **Stelzenläufer** (2004) brüteten hier ebenfalls. Der **Teichwasserläufer** wird vor allem im August an dieser Staustufe angetroffen.

Die Beobachtungspunkte an der Staustufe Egglfing erreicht man, indem man bei Obernberg auf die B 142 in Richtung Kirchdorf fährt. Nach 1,4 km, bei einem kleinen Rastplatz, nimmt man eine kleine Straße, die nach rechts in Richtung „Mosthof Staufenberg" und „Güterweg Katzenbergleithen" steil abwärts führt. Nach 700 m zweigt rechts ein Sträßchen ab und führt zu einem Picknickplatz mit Bänken am Fluss. Von hier aus kann man bereits schöne Beobachtungen machen. 200 m flussabwärts erreicht man ein kleines verfallendes Holzhüttchen mit spitzem Dach, wo man parkt (**6**). Von dort und von einer offenen Stelle rund 300 m weiter flussabwärts an einem auffälligen Schild für Bootsführer, kann man ausgedehnte Flachwasserbereiche und Sandbänke einsehen.

Zurück auf dem Sträßchen findet man 1,1 km flussaufwärts den hinter einer Baum- und Buschreihe versteckten Zugangsweg zu einer Beobachtungsplattform (**7**). Von der Beobachtungsplattform aus hat man sehr gute Sicht auf die Verlandungsbereiche des

Blick auf den Unteren Inn von der Beobachtungsplattform (7) in Katzenbergleithen.

Flusses. Links, also flussaufwärts von der Plattform verläuft ein einfacher Feldweg entlang einer Baumreihe parallel zum Flussufer. Hier hat man immer wieder hervorragende Einblicke auf die Schlickflächen, vor allem bei einer Tischgruppe an einem kleinen einmündenden Bächlein.

Das Gebiet ist auch von Kirchdorf aus erreichbar. Von Westen durch die Ortsmitte fahrend, nimmt man eine kleine Straße nach links. Ein Hinweisschild „Güterweg Katzenbergleithen" kennzeichnet sie. Nach 800 m steht auf der linken Seite die Beobachtungsplattform.

Von der deutschen Seite des Stausees sind die Beobachtungsbedingungen sehr schlecht, zusätzlich herrscht oft Gegenlicht.

Reichersberger Au bei Minaberg (F)

Man hält sich von Deutschland kommend in Obernberg Richtung Reichersberg. 100 m nach der Ortsausfahrt von Reichersberg fährt man an einer T-Kreuzung nach links. 1 km hinter dieser Kreuzung erreicht man das links der Straße liegende Dörfchen Minaberg, das nach weiteren rund 100 m schon wieder endet. 20 m vor dem Ortsausgangsschild, biegt man auf einen kleinen Weg nach links ab. Nach weiteren rund 200 m ist dieser für Autos gesperrt. Zu Fuß geht es auf einem geschotterten Weg hinter einem großen Gehöft weiter (**8**). Links des Weges liegt eine bewaldete Schlucht, rechts sind Felder. Nach einigen Kurven und 30 m hinter einem überdachten Picknick-Platz erreicht man nach insgesamt 700 m einen Aussichtspunkt, bei dem man noch die Stützen einer, aufgrund von Hangrutschungen wieder entfernten, Beobachtungsplattform erkennen kann. Von hier aus blickt man hinunter auf den Inn, mit Inseln, Schilf und naturnaher Auwaldvegeta-

Nachtreiher

tion. Mit etwas Glück und Geduld lassen sich hier während der Brutzeit zwischen Mitte April und Mitte August **Nachtreiher** in ihrer Kolonie entdecken. Ein Spektiv wird gute Dienste leisten. Daneben halten sich in diesem Bereich gelegentlich **Silberreiher** sowie **Grün-** und **Schwarzspecht** auf. Der in der Karte eingezeichnete Feldweg zurück nach Minaberg ist gut für **Rebhühner**.

Nördlich des Reichersberger Stiftes liegt ein kleiner Hafen mit Parkmöglichkeit (**9**). Von hier führt ein Holzsteg über interessante Altwässer und durch Schilfflächen zum Inn (orange eingezeichnet). Am Hafen befindet sich eine Hinweistafel mit der Beschreibung einer kleinen Rundtour. Der Auwald der Reichersberger Au nordöstlich des Steges darf aus Naturschutzgründen nicht betreten werden.

Informationen

Informationszentrum Europareservat Unterer Inn, Innwerkstraße 15, 94140 Ering/Inn, 08573/1360, www.europareservat.de (siehe Karte zur Staustufe Ering).
Topographische Karten (1:50.000): L7744 Simbach am Inn und L7742 Altötting. Die Reichersberger Au wird durch diese beiden Karten nicht abgedeckt.
Literatur: REICHHOLF et al. (1994), REICHHOLF-RIEHM (1991), REICHHOLF-RIEHM & REICHHOLF (1989).
Wir danken CAROLINE MILLER für zahlreiche Informationen.

Stelzenläufer

34 Echinger und Moosburger Stausee

Der Bereich der Mittleren Isar zwischen Moosburg und Landshut bietet die Möglichkeit, gut erreichbar von München innerhalb weniger Stunden ein breites Artenspektrum an Limikolen, Enten, Rallen und anderen Wasservögeln zu sehen. Bisher wurden rund 250 Arten festgestellt. Die Zugzeiten zwischen April und Juni und zwischen August und November sind die besten Beobachtungszeiten. Die Zahl der Entenvögel erreicht im Winterhalbjahr ihr Maximum.

Interessante Arten

Dem Moosburger Stausee fehlt eine Verlandungszone. Lediglich die offene Wasserfläche zieht große Mengen von **Wasservögeln** inklusive **Schwarzhalstaucher** und **Sumpfseeschwalben** an.

Der Echinger Stausee enthält hingegen vor allem in seinem Westteil größere Verlandungszonen mit Weidengebüschen sowie Schilf-, Wasserampfer- und Schlickflächen.

Silberreiher sind für den Echinger Stausee typisch. Alle gängigen **Entenarten** sowie **Gänsesäger** und **Baumfalke** sind an beiden Seen zu erwarten. Wenn der Wasserstand niedrig ist, können **Wasserralle** und **Tüpfelsumpfhuhn** am Echinger Stausee zur Zugzeit regelmäßig vor den Schilfrändern beobachtet werden. Dann findet sich dort auch eine große Auswahl an **Limikolen** ein. **Schwarzkopfmöwen**, **Zwergmöwen** und selten aber regelmäßig auch **Raubseeschwalben** sind an beiden Seen möglich. **Blaukehlchen** brüten am Echinger Stausee. Die **Beutelmeise** zieht dort ebenfalls regelmäßig durch.

Anfahrt
Mit öffentlichen Verkehrsmitteln Vom

Bei tiefem Wasserstand ergeben sich am Echinger Stausee Rastmöglichkeiten für Limikolen.

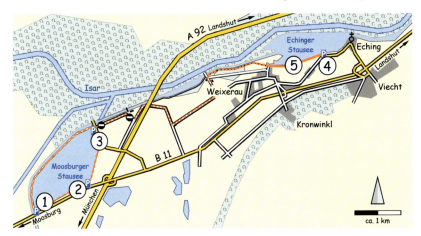

Bahnhof Moosburg liegt der Moosburger Stausee knapp 4 km entfernt. Bis zum Echinger Stausee sind es gut 11 km. Beide Seen ergeben mit dem Fahrrad eine schöne Tagestour. Den Moosburger Stausee erreicht man, wenn man vom Bahnhof durch die Innenstadt nach Süden auf die B 11 fährt und sich dort nach links parallel der B 11 Richtung Osten hält, bis der Stausee linkerhand erreicht ist (**1**). Die Fahrradstrecke vom Moosburger zum Echinger Stausee ist in der Karte orange gestrichelt („Radweg Weixerau").

Mit dem Auto Von München aus erfolgt die Anfahrt über die A 92 Abfahrt „Moosburg Nord". Nach Westen Richtung „Moosburg" und „Freising" fahrend, erreicht man rechterhand nach 500 m (**2**) beziehungsweise 1,7 km (**1**) zwei Parkplätze am Damm des Moosburger Stausees. Achtung, die Einfahrt zum zweiten Parkplatz kann leicht übersehen werden! Ein weiterer Beobachtungspunkt bei (**3**) ist bei Morgensonne eine gute Alternative. Um ihn zu erreichen, fährt man von der A 92 Abfahrt „Moosburg Nord" 600 m nach Osten Richtung „Landshut" und dann hinter einer Aral Tankstelle nach links Richtung „Spörerau" ab. Man folgt der Straße (nicht nach Spörerau fahren!) über die A 92 und erreicht 1,5 km hinter der Abfahrt von der B 11 das Ostende des Moosburger Stausees an einer Brücke über den Mittleren Isarkanal.

Um zum Echinger Stausee zu gelangen, fährt man von der A 92 Abfahrt „Moosburg Nord" 5,6 km nach Osten Richtung „Landshut" und nimmt dort die Abfahrt Richtung „Buch am Erlbach/Viecht/Eching" nach rechts. Man folgt der Straße rechts haltend über die B 11 und hält sich an der nächsten T-Kreuzung nach links Richtung „Eching". Im Dorf biegt man kurz vor der Kirche nach links Richtung „Weixerau" ab. Bald darauf fährt man am Rand des Echinger Stausees nach Westen. Je nach Wasserstand kann man hier bereits beobachten. Gut 700 m hinter der Kirche knickt die geteerte Straße nach links ab. Geradeaus verläuft ein geschotterter Weg weiter auf dem Damm. An dieser Kurve parkt man (**4**) und geht zu Fuß auf dem geschotterten Dammweg weiter.

Beobachtungsmöglichkeiten

Am Moosburger Stausee kann man hervorragend vom Damm aus beobachten. Er wird nur ausnahmsweise abgelassen, so dass hier der Schwimmvogelaspekt mit **Schnatter-, Pfeif-** und **Kolbenenten** besonders im Vordergrund steht. **Schwarzhalstaucher** sind ebenfalls nicht selten zu sehen. Zur Zugzeit sollte man auf **Sumpfseeschwalben** achten. In den Möwenschwärmen lassen sich regelmäßig **Zwerg-** und **Schwarzkopfmöwen** entdecken. Im südöstlichen Eck des Stausees (**2**) befindet sich eine alljährlich besetzte **Flussseeschwalben**kolonie auf einer künstlichen Insel.

Der Beobachtungserfolg am Echinger Stausee hängt wesentlich vom Wasserstand ab. Wenn der See zur Zugzeit abgelassen wird, was normalerweise allwöchentlich von Sonntag auf Montag morgens geschieht, lassen sich hier viele **Limikolen** auf den dann freiliegenden Schlickflächen beobachten. Am Rand der Schilfflächen sollte man bei niedrigem Wasserstand im April/Mai und August/September auf **Rallen** achten. Das **Kleine Sumpfhuhn** wird hier jedes Jahr beobachtet. Vor dem gelben Pumpwerk (**5**), 300 m westlich des Parkplatzes, liegen drei künstliche Brutinseln im See, die alljährlich von **Flussseeschwalben** zur Brut genutzt werden. In den letzten Jahren haben hier auch **Mittelmeermöwen** gebrütet. Auf der gegenüberliegenden Seite (Nordseite) des Stausees befindet sich eine **Graureiher-** und **Kormoran**kolonie, die mit einem Spektiv vom Pumpwerk und vom Damm aus einsehbar ist. An den Schilfrändern westlich des Häuschens kann man **Rallen, Silberreiher, Enten, Limikolen, Eisvogel, Rohrsänger** und **Blaukehlchen** oft aus kurzer Distanz beobachten. Auch **Beutelmeisen** treten gelegentlich in diesem Bereich auf.

35 Ismaninger Speichersee

Der Ismaninger Speichersee ist ein 7 km langes und maximal 1 km breites Speicherbecken im Nordosten von München. Es ist ein hauptsächlich für Wasservögel interessantes Gebiet und deswegen zu den Zugzeiten und im Winterhalbjahr besonders lohnend.

Interessante Arten

Schwarzhalstaucher und **Silberreiher** gehören mit einer großen Zahl von Enten wie **Schnatter-, Spieß-, Löffel-, Pfeif-, Knäk-, Kolben-,** und **Schellenten,** sowie **Zwerg-** und **Gänsesägern, Zwergmöwen** und **Sumpfseeschwalben** zu den regelmäßig auftretenden Arten. Für **Limikolen** bietet das Speicherbecken selbst nur wenig Aufenthaltsmöglichkeiten, da die Betonwände steil ins Wasser reichen. Dennoch wird man zur Zugzeit auf den Algenwatten einige Arten entdecken können. Gefangenschaftsflüchtlinge bilden einen eigenen Aspekt am Ismaninger Speichersee. Regelmäßig können **Schwarzkopf-Ruderente, Schnee-, Streifen-, Weißwangen-** und **Rostgans** als auch andere Arten beobachtet werden.

Anfahrt

Mit öffentlichen Verkehrsmitteln Mit der S-Bahn (S 8) bis Ismaning. Von hier mit dem Fahrrad in 3,4 km zu (**1**) (gelb gestrichelt). Mit dem Fahrrad kann man auch nördlich parallel zum See nach Osten zu Punkt (**3**) fahren. Die Strecke von der S-Bahn Haltestelle Ismaning bis auf den Mitteldamm und zurück ist rund 20 km lang.

Westbecken des Ismaninger Speichersees. In der Zugzeit ein guter Platz für Spießenten.

Anfahrt Westseite mit dem Auto Punkte (**1**) und (**2**): Von der Autobahnausfahrt „Aschheim/Ismaning" der A 99 (Autobahnring München) im Norden von München fährt man auf der B 471 gut 2 km nach Norden Richtung „Ismaning" bis man den Mittleren Isarkanal überquert. Rund 500 m hinter dem Kanal, kommt auf der rechten Seite eine Einfahrt. In diese biegt man ein und fährt sofort wieder rechts (Schild: „Sackgasse"). Über das Sträßchen erfolgt der Zugang zu (**1**) und (**2**) (in der Karte gelb markiert).
Von Norden fährt man an der Einfahrt leicht vorbei. Sie liegt rund 2,5 km südlich der B 388. Wenn man über den Mittleren Isarkanal fährt, ist man zu weit.

Anfahrt Ostseite mit dem Auto Punkte (**3**) und (**4**): (in der Karte gelb markiert) Über die

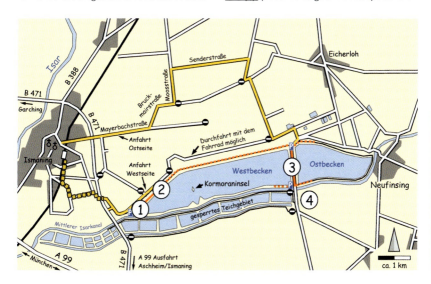

B 471 von Norden nach Ismaning und weiter in Richtung Zentrum. Dort links Richtung „S-Bahn" abbiegen. Man folgt dann aber nicht der Ausschilderung Richtung „S-Bahn", sondern fährt geradeaus durch ein Wohngebiet mit mehrgeschossigen Häusern („Tempo 30"), bis man die B 471 über eine Brücke überquert. Ab hier siehe Karte. Kurz vor dem Mitteldamm (**3**) wird die Straße ein Schotterweg. Am Nord- und Südende des Mitteldamms befinden sich jeweils Parkplätze.

Allgemeine Hinweise

Das Teichgebiet südlich des Speichersees ist nicht öffentlich zugänglich. Es hat insbesondere Bedeutung für Brutvögel wie **Enten** und **Schilfbewohner** und bietet zur Zugzeit temporäre Schlickflächen. Wer diesen Teil besuchen will, sollte an einer der Exkursionen der Ornithologischen Gesellschaft Bayern (OGB) teilnehmen:
Zoologische Staatssammlung; Münchhausenstraße 21, 81247 München; info@og-bayern.de, www.og-bayern.de.

Beobachtungsmöglichkeiten

Mittlerer Isarkanal (**1**): Ab der Abfahrt von der B 471 fährt man zunächst nach Südwesten und kurz darauf 90° nach links Richtung Nordosten. Gut 400 m nach dieser Kurve liegt auf der rechten Seite ein umzäuntes Kraftwerk (**1**) (grüner Zaun um gelbes Haus). Davor parkt man. Von hier aus geht man links an dem Zaun entlang und gelangt so an den Mittleren Isarkanal. Am Kraftwerksausfluss wird man im Winter auf geringe Distanz **Spieß-, Krick-, Schnatter-** und **Schellenten** sowie **Zwergtaucher** und **Gänsesäger** entdecken können. Von hier aus kann man links auf dem Damm am Kanal entlang gehen, bis man nach 800 m an das Westbecken des Speichersees gelangt.

Westbecken (**2**): Der Blick über den westlichen Teil des Westbeckens bis zur **Kormoraninsel** ist meistens sehr lohnend. Der Punkt kann von (**1**) zu Fuß über den Damm erreicht oder aber direkt angefahren werden. 1,2 km nach (**1**) und nach einer Rechts-links-Kombination befindet sich auf der rechten Straßenseite eine Schranke. Hier kann man am Straßenrand parken und den Weg an der Schranke vorbei benutzen, um auf den Damm zu gelangen (**2**). **Schwarzhalstaucher**, **Silberreiher** und viele **Entenarten** lassen sich von hier aus beobachten. Zur Zugzeit bieten die Gebüsche nördlich des Dammes Rasthabitat für **Singvögel**. Man kann am Wochenende (Wochentags gesperrt) auf dem Damm Richtung Osten bis zu Punkt (**3**) weitergehen (4 km einfach; in der Karte orange gestrichelt), was in der Regel aber nicht lohnender ist, als die Punkte einzeln anzufahren.

Mitteldamm (**3**): Eine weitere lohnende Beobachtungsstelle am Speichersee. Auf dem Anfahrtsweg durch ausgedehnte ehemalige Niedermoorbereiche sollte man zu entsprechenden Jahreszeiten auf **Saatkrähen**, **Rohr-** und **Kornweihen** achten. Es lohnt sich, nicht nur vom Mitteldamm, sondern auch von den nördlichen und südlichen Dämmen der beiden Becken, die Wasserflächen zu überblicken. Als besonders lohnend hat sich der Süddamm des Ostbeckens erwiesen. Außerhalb des Hochsommers wird man im Ostbecken wahrscheinlich größere Ansammlungen von **Schwarzhalstauchern**, **Kolbenenten** und anderen **Entenarten** sehen. Jeden Winter tauchen **Zwergsäger** und regelmäßig auch einzelne **Meeresenten** auf. **Mittelmeer-** und **Zwergmöwe** können hier ebenfalls beobachtet werden. Im Frühjahr und Spätsommer/Herbst sollte man auf **Trauerseeschwalben** achten, unter denen sich gelegentlich auch andere **Sumpfseeschwalbenarten** befinden.

Im Winter lohnt es sich südlich des Mitteldamms auf den Feldern nach äsenden **Gänsen** zu suchen (**4**). Neben der allgegenwärtigen **Graugans** finden sich hier immer wieder auch **Bläss-** und **Saatgänse** ein.

Informationen
Literatur: Rennau et al. (2004).

36 Ammersee*

Der über 45 km² große Ammersee ist Bayerns drittgrößter Natursee und bietet eine ähnlich interessante Auswahl rastender und überwinternder Arten wie der nahe gelegene Starnberger See. Hinzu kommen ausgedehnte Verlandungs- und Niedermoorbereiche im Süden (Ammermoos) und Norden (Ampermoos) sowie artenreiche Laubwaldbestände im Westen des Sees. Ein Tagesausflug reicht, um an den wichtigsten Beobachtungsstellen zu beobachten.

Interessante Arten

Alljährlich werden am Ammersee deutlich über 200 Arten nachgewiesen, wovon mindestens 120 Arten regelmäßig brüten. Die meisten interessanten Brutvögel sind im südlichen Teil des Gebietes zu finden. Hier befindet sich eine **Kormoran**kolonie, die rund 100 Paare umfasst. **Gänsesäger** brüten vereinzelt im Bereich des Ammerdeltas und auch der **Schwarzmilan** hat alljährlich ca. 5 Horste besetzt. **Rotmilane** jagen im Sommerhalbjahr im Bereich der Raistinger Wiesen, wo auch Wiesenbrüter wie **Wachtel**, **Kiebitz** und **Großer Brachvogel** noch die Stellung halten. **Schwarzkehlchen** findet man dort in mehreren Paaren. Am Südufer

Blick von Wartaweil über den Ammersee auf die Alpen.

des Sees brüten sporadisch **Mittelmeer-** und **Schwarzkopfmöwen** zwischen **Lachmöwen** und über 30 **Flussseeschwalben**paaren. Die **Saatkrähe** hat mehrere kleinere Kolonien im Gebiet. Der **Pirol** brütet beispielsweise entlang der Alten und Neuen Ammer. Die **Bartmeise** kann zuweilen im Bereich des Binnensees beobachtet werden. Beachtliche sechs Spechtarten inklusive 4 **Grau-** und 8 **Mittelspecht**paare sowie **Hohltauben** brüten im NSG Seeholz am Westufer des Ammersees. **Hohltauben** haben im Westmoränenhang des Ammersees eine rund 50 Paare starke Population in Nistkästen. Alle Brutpaarzahlen beziehen sich auf das Jahr 2002.

Größere Bedeutung hat der Ammersee als Rast-, Mauser- und Überwinterungsgebiet. Beispielsweise wurden im November 2002 11 287 **Wasservögel** auf dem See gezählt. Die Tabelle gibt eine Übersicht über die Bestände einiger ausgewählter Rastvogelarten.

Weitere rastende und überwinternde Arten sind **Sterntaucher, Silberreiher, Wanderfalke, Mittelmeer-, Silber-, Steppen-** und **Zwergmöwe** (Apr. 2002: 81 Individuen), **Pfeif-, Spieß-, Löffel-, Knäk-, Eider-** und **Samtente, Rohrweihe, Wasserralle**, eine Vielzahl von **Limikolen**, maximal 192 **Trauer-** und 6 **Weißbart-Seeschwalben, Bergpieper, Braunkehlchen** und **Bergfink**. Fast alljährlich sind im Winter **Rohrdommel** und **Eistaucher** zu beobachten.

Anfahrt
Der Ammersee liegt 30 km südwestlich von München.
Mit öffentlichen Verkehrsmitteln Die nächsten Bahnhöfe sind Herrsching, Schon-

Art	durchschnittliche jährliche Maxima (1986–96)	Maximum 2002
Kolbenente	143	41 (Aug)
Bergente	9	13 (Mär)
Schellente	980	832 (Jan)
Zwergsäger	8	17 (Dez)
Gänsesäger	124	93 (Sep)
Mittelsäger	04. Mai	1 (Nov)
Rothalstaucher	15	13 (Sep)
Ohrentaucher	4 (jährl. 2-8)	3 (Apr)
Schwarzhalstaucher	23	19 (Apr)
Prachttaucher	8	6 (Mär/Nov)
Kornweihe	15 (Schlafplatz im Ampermoos und südlich des Sees)	87 Ind. an vier Schlafplätzen (Dez)
Merlin	2 - 4 (Schlafplatz südlich des Sees)	3 (Okt)
Rotfußfalke	2	4 (Mai)
Großer Brachvogel	30	60 (Nov)
Schwarzkopfmöwe	4	4 (Jun)
Sturmmöwe	215	220 (Dez)
Brandseeschwalbe	3	
Weißbart-Seeschwalbe	05. Jun	
Raubwürger		13 (Dez)

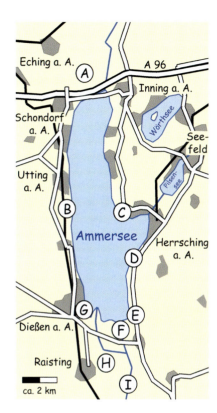

ca. 2 km

dorf, Utting, Riederau, Dießen und Raisting. Herrsching ist auch an die Münchener Verkehrsgesellschaft (MVG) angeschlossen und kann mit der S-Bahn erreicht werden. Ein Fahrrad leistet gute Dienste.
Mit dem Auto Von Norden über die A 96.

Beobachtungsmöglichkeiten
Ampermoos (A)
Im Ampermoos überwintern im Jahresdurchschnitt rund 15 **Kornweihen**, und auch der **Raubwürger** lässt sich zu dieser Jahreszeit regelmäßig blicken. Während der Zugzeit kann man **Rohrweihen**, **Pieper**, **Lerchen** und **Rohrammern** beobachten. Der Zugang erfolgt über die Autobahnausfahrt „Inning am Ammersee" und weiter in Richtung „Inning am Ammersee". Gleich darauf erreicht man einen Kreisverkehr, an dem man in Richtung „Eching am Ammersee" fährt (**1**). Die nächsten 2,9 km parallel zur Autobahn fahrend, gelangt man an einen weiteren Kreisverkehr, an dem man sich Richtung „Eching Ortsmitte" hält (**2**). Am Kreisverkehr ist auch die Bushaltestelle „Kreisverkehr Eching a. Ammersee", die eine gute Anbindung von Grafrath aus besitzt. 100 m, nachdem man die A 96 überquert hat, fährt man an der nächsten Kreuzung rechts (**3**), um nach weiteren 700 m links in einen Weg zwischen einer Sport- und der Kläranlage von Eching abzubiegen. Nach 100 m ist die Weiterfahrt an einer Weggabelung verboten (**4**). Hier geht man rechts und erreicht so einen nach links abknickenden Schotterweg, von dem aus man auf die Flächen des Ampermooses blicken kann (in der Karte orange markiert). Vom recht zugewachsenen Wall der Kläranlage kann man auf die Klärbecken schauen, die oft viele **Enten** anziehen.

NSG Seeholz bei Riederau (B)
Das Seeholz beherbergt eine der südlichsten **Mittelspecht**populationen Bayerns. Auch **Schwarz-**, **Grau-**, **Grün-**, **Bunt-** und **Kleinspecht** sowie **Hohltaube** und **Waldlaubsänger** lassen sich hier beobachten. Der Zugang erfolgt über den Weiler Rieden, der zwischen Utting im Norden und Riederau im Süden liegt. In Rieden (**5**) führt ein für Fahrzeuge gesperrter Fahrweg nach Osten in das NSG. Das eigene Fahrzeug kann man in der Umgebung des am Weganfang liegenden Gehöfts abstellen (wenn Eigentümer zu sehen sind, bitte um Erlaubnis fragen). Vom Bahnhof Riederau sind es 1,8 km bis Rieden.

Man folgt dem Weg zum Wald, hält sich an der ersten T-Kreuzung im Wald links (**6**)

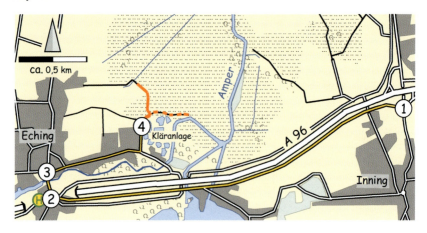

und geht dann weiter bis der Weg aufhört. In dem Bereich zwischen der T-Kreuzung und dem Wegende sind viele der interessanten Arten zu beobachten. Auch der gestrichelt dargestellte Weg nach rechts lohnt oftmals. Da es sich um ein Naturschutzgebiet handelt, dürfen die Wege nicht verlassen werden!

Herrschinger Bucht (C)

Die Herrschinger Bucht gehört im Winter zu den besten Beobachtungsstellen am Ammersee. Beispielsweise bevorzugen **Seetaucher** und **Zwergmöwen** diesen Bereich. Der Parkplatz bei Ried (**7**) taucht von Breitbrunn (Norden) kommend, kurz hinter dem Ortsteil Ried, der sich mit einem sakralen Holzgebäude etwas hinter Bäumen auf der linken Seite versteckt, auf der rechten Seite auf. Er liegt noch im Wald und fast direkt am See, den man mit wenigen Schritten erreicht. Links im Blickfeld erkennt man ein im Wasser stehendes Kreuz (**+**), das von lokalen Ornithologen gerne als Referenzpunkt verwendet wird. Um den Bereich östlich des Kreuzes einzusehen, fährt man ein kurzes Stück weiter Richtung Herrsching, bis direkt am Ortsschild „Herrsching" ein weiteres Schild „Privatparkplatz der Bildungsstätte des Bayerischen Bauernverbandes" auf einen Parkplatz auf der rechten Straßenseite verweist (**8**). Hier stellt man seinen Wagen ab und folgt am rechten unteren Ende des Parkplatzes einem Weg in Richtung See. Kurz darauf trifft man auf einen gut ausgebauten Fußweg, dem man nach rechts gehend bis zum Seeufer folgt (**9**).

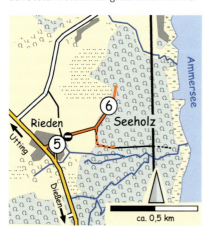

Manchmal lohnt sich auch der Blick vom Bootsanleger in Herrsching (kostenpflichtiger Parkplatz). Herrsching hat S-Bahnanschluss

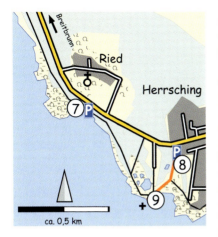

von München. Bis (**7**) sind es vom Bahnhof 2,5 km.

Wartaweil (D)

Dieser Punkt bietet Einblicke in die Herrschinger Bucht von Süden und ergänzt Punkt (**9**) sehr effektiv. Auch dieser Beobachtungsort ist sehr gut für die im Winter anwesenden **Seetaucher**. Von Herrsching fährt man zunächst der Hauptstraße folgend Richtung „Erling/Feldafing/Tutzing". Am südlichen Ortsrand von Herrsching biegt man rechts Richtung „Weilheim" ab. Knapp 2 km nach diesem Abzweig kommt rechts ein brauner, rund 2 m hoher Lattenzaun mit der von zwei Fahnenmasten flankierten Einfahrt eines auf Behinderte spezialisierten Schullandheims in Sicht. Die Hausnummer „45" ist deutlich zu lesen. Das Auto kann man an der Straße vor dem Zaun abstellen. Der Bus hält vor „Wartaweil Schullandheim" regelmäßig. Am Privatparkplatz hinter der Einfahrt hält man sich links und folgt einem Fußweg durch das Gelände hinab zum See. Nahe dem Seeufer trifft man auf einen Fuß- und Radweg, dem man nach links folgt, bis nach wenigen Metern auf der rechten Seite ein Zugang zu einem Steg erreicht wird. Vom Steg hat man einen guten Überblick über den Südteil der Herrschinger Bucht.

Gaststätte Aidenried (E)

Die Abfahrt zur Gaststätte Aidenried liegt am südlichen Ortsende von Aidenried und ist durch ein Hinweisschild gekennzeichnet. Die nächste Bushaltestelle heißt „Aidenried, Pähl". Vom Schotterparkplatz der Gaststätte erreicht man nach wenigen Metern das Seeufer (**10**). Um die Südbucht voll überblicken zu können, muss man noch ein wenig nach links am Ufer entlang gehen. Auch der Steg etwas rechts bietet sich für einen Rundblick an. Typische Arten sind **Lappentaucher**, **Gründelenten**, **Eiderenten**, **Möwen**, **Silberreiher** und im Sommer **Seeschwalben**.

Auf dem Ammerdamm zur Neuen Ammermündung (F)

Dieser Weg lohnt sich vor allem zur Brutzeit. Von Aidenried fährt man weiter nach Süden und biegt in Vorderfischen nach rechts Richtung „Dießen" ab. Rund 0,7 km nach diesem Abzweig kommt auf der linken Straßenseite direkt an der eingedeichten Ammer ein Parkplatz (**11**). Die nächste Bushaltestelle ist in Vorderfischen, der Bahnhof in Dießen ist 4,7 km entfernt. Weiter geht es zu Fuß auf dem rechten (östlichen) Damm nach Norden. Unterwegs sollte man auf **Eisvogel**, **Gelbspötter**, **Blaukehlchen**, **Feldschwirl** und **Pirol** achten. Nach rund 1 km kommt links der Große Binnensee in Sicht, in dem sich eine aufgeschüttete Kieselinsel sowie Brutflöße für **Flussseeschwalben** befinden (**12**). Im Sommer kann man hier **Schwarzkopf-** und ganzjährig **Mittelmeermöwen** beobachten. Etwas weiter liegt rechts des Dammes die Fischener Bucht, wo man Arten wie bei (**10**) beschrieben beobachten kann. Am Ende des

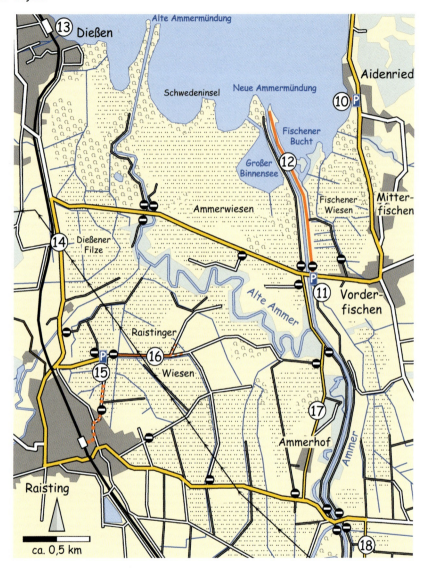

Dammes ergeben sich an der Neuen Ammermündung – leider eingeschränkt durch Weidenjungwuchs – einige Ausblicke auf Schlammflächen, die Rasthabitat für **Limikolen** bieten.

Hafen in Dießen (G)

Der Hafen in Dießen (**13**) ist im Winter zeitweise gut für rastende **Großmöwen**, wie beispielsweise **Silber-**, **Mittelmeer-** und **Steppenmöwe**.

Raistinger Wiesen (H)

Auf der Straße von Vorderfischen nach Dießen biegt man 2,8 km hinter (**11**) links Richtung „Raisting" ab und folgt der Straße parallel der Bahnlinie. Der Bereich der Dießener Filze ist hier von der Straße aus einsehbar (Parkmöglichkeit an einer Einfahrt bei (**14**), 300 m nach dem Abzweig) und im Winter gut für **Raubwürger**; beziehungsweise ab März für **Schwarzkehlchen**. 1,7 km hinter dem Abzweig Richtung Raisting biegt man vor einer Bahnunterführung nach links ab und hält sich gleich wieder links. Nach weiteren 500 m erreicht man eine Scheune auf der rechten Seite, vor der man parkt (**15**). Die Weiterfahrt ist von hier aus verboten. Vom Bahnhof Raisting liegt die Scheune einen knappen Kilometer entfernt (orange gestrichelt). Spätestens ab hier geht es zu Fuß geradeaus in die Wiesen. Vor allem im Bereich um die Hochspannungsleitung und darüber hinaus (**16**) findet man im Winter **Kornweihen** und zur Zug- und Brutzeit **Limikolen** wie **Großer Brachvogel**, **Kiebitz**, **Bekassine** oder **Steinschmätzer**. **Rot-** und **Schwarzmilan** nutzen die Raistinger Wiesen regelmäßig zur Jagd.

Bereich Ammerhöfe (I)

Dieses Areal ist Ende Mai ein guter Platz, um **Rotfußfalken** zu beobachten, die mit großer Regelmäßigkeit im Bereich der Gebüsche und Baumgruppen entlang des Flusses rasten. Im Mai 2003 wurden als Gebietsmaximum 18 Individuen an einem Tag festgestellt! Man erreicht das Gebiet, indem man von Raisting Richtung „Pähl" fährt. Knapp 2 km hinter Raisting biegt man dem Schild „Ammerhof" folgend links ab (**17**) und achtet auf jeden **Falken**. Eine weitere Option ist es, hinter der Ammer nach rechts Richtung „Kompostplatz" abzubiegen (**18**) und dort zu suchen.

Informationen

Literatur: Nebelsiek & Strehlow (1978); Strehlow (1982, 1987, 1992, 1997, 1998, 2000, 2001, 2004).

Wir danken Johanna Rathgeber-Knan für viele Gebietsinformationen und Hans-Martin Busch für die Durchsicht des Kapitels.

37 Starnberger See

Der Starnberger See ist mit winterlichen Wasservogelbeständen mit bis zu 20 000 Vögeln von internationaler Bedeutung und wurde daher zum Ramsargebiet erklärt. Das Südende des Sees ist im deutschen Binnenland möglicherweise der beste Platz, um zwischen Oktober und April Seetaucher und Meeresenten zu sehen. Man benötigt einen vollen (Winter-)Tag, um das Gebiet umfassend zu besuchen.

Interessante Arten

Wegen der außergewöhnlichen Sichttiefe von bis zu 14 m und der großen Wassertiefe von maximal 128 m sind am Starnberger See vor allem Tauchvögel anzutreffen. Hauptsächlich die Wintergäste machen das Gebiet interessant. Zu ihnen zählen **Sterntaucher** (max. 16, Feb. 2000), **Prachttaucher** (max. 31, Nov. 1993), **Ohrentaucher** (selten), **Schwarzhalstaucher** und **Rothalstaucher**, sowie alle gängigen **Entenarten** des Binnenlandes, unter denen sich auch zahlreiche **Kolbenen-**

Blick über die Südbucht des Starnberger Sees.

ten sowie **Meeresenten** wie **Berg-, Eider-** und **Samtente** befinden. Weitere Arten, die typischerweise bei einem Winterbesuch gesehen werden können sind **Gänsesäger, Steppenmöwe, Mittelmeermöwe, Zwergmöwe, Bergpieper** und manchmal **Tannenhäher** oder **Bergfink**.

Anfahrt

Mit öffentlichen Verkehrsmitteln Starnberg (**A**), Tutzing, Bernried (**I**) und Seeshaupt (**F, G, H**) besitzen einen Bahnhof. Leoni (**B**), mit der nächsten Bushaltestelle an der Abzweigung in den Ort („Abzw. Leoni, Berg") und „Ammerland, Münsing" (**C**) werden von Starnberg und Münsing aus bedient. Die Bushaltestellen „Badeplatz, Münsing-Ambach" (**D**) und „Sankt Heinrich, Münsing" (**E**) sind am besten von Münsing aus erreichbar. Ein Fahrrad erleichtert das Fortkommen ungemein, ist im Winter aber sicherlich nicht jedermanns Sache.
Mit dem Auto Von München (Norden) auserreicht man das Gebiet am schnellsten über die A 95.

Allgemeine Hinweise

Der Starnberger See ist mit 21 km der längste, mit 3 Mrd. m^3 der wasserreichste und mit gut 5600 ha der flächenmäßig zweitgrößte See Bayerns. Aufgrund des enormen Wärmespeichervermögens friert er als letzter der Voralpenseen zu, was rund alle 10 Jahre geschieht. Deshalb versammeln sich besonders in harten Wintern große Wasservogelmengen auf dem See. Zwischen Oktober und April bietet sich eine Auto-Rundfahrt um den See an. Die einzelnen Beobachtungspunkte können leider nur teilweise mit öffentlichen Verkehrsmitteln an einem Tag erreicht werden.

Wenn man über weniger Zeit verfügt, kann man sich auch nur auf den lohnenderen Südteil beschränken. An den einzelnen Beobachtungspunkten sollte man die Wasseroberfläche sorgfältig absuchen. **Seetaucher** können mitunter sehr lange Tauchphasen durchführen, so dass man sie oft nicht mit einem einzigen Rundumblick registriert, zumal sie oft auch weit draußen auf der Wasserfläche schwimmen.

Beobachtungsmöglichkeiten

Der Starnberger Bahnhof (A)
Der Starnberger Bahnhof bietet sich als Startpunkt für eine Rundtour um den Starnberger See an. Innerhalb Starnbergs folgt man der Ausschilderung zum „Bahnhof". Am Bahnhof gibt es nördlich des Bahnhofsgebäudes kostenfreie Parkplätze (Parkscheibe). Rechts des Bahnhofsgebäudes können die Gleise unterquert werden. Dahinter gelangt man an das Ufer, wo im Winter regelmäßig **Rothalstaucher** und eine gute Auswahl an **Enten** beobachtet werden können.

Leoni (B)
Leoni ist ein Ortsteil von Berg am Nordostufer des Sees. Man erreicht Leoni von Starnberg aus, indem man vom Zentrum kommend (zum Beispiel vom Bahnhof) Richtung „Autobahn" fährt und vor der Autobahn rechts Richtung „Berg" abbiegt. In Berg fährt man geradeaus Richtung „Seeshaupt". Kurz hinter Berg weist rechts ein Schild nach „Leoni". Diesem folgt man und hält sich in Leoni halb links der Hauptstraße folgend bis zum „Seehotel Leoni". Vom Steg vor dem Hotel werden regelmäßig **Bergenten** und **Rothals-taucher** beobachtet.

Ammerland (C)
Man erreicht Ammerland von (**B**) über Münsing, das an der Hauptstraße nach Seeshaupt liegt. Kurz vor Münsing biegt man rechts Richtung „Ammerland" ab. In Ammerland fährt man immer geradeaus. Kurz vor dem See hält man sich links bis das „Hotel am See" erreicht ist. Hier kann man parken und von einem Steg aus auf den See blicken.

Das Erholungsgelände südlich von Ambach (D)
Wenn man von Ammerland kommt, fährt

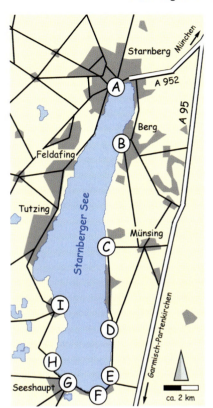

man zurück nach Münsing. In Münsing biegt man kurz nach dem Ortseingang und der Kirche nach rechts Richtung „Seeshaupt/Erholungsgelände" ab. Nach 2,5 km passiert man Holzhausen und nach 6,2 km erreicht man eine Abfahrt mit einer stilisierten Schwan-Statue, die nach rechts zum Erholungsgelände führt. Kurz Richtung See fahrend, hält man sich an der nächsten T-Kreuzung links und parkt kurz darauf auf einem geschotterten Parkplatz. Am Erholungsgelände sieht man im Winterhalbjahr regelmäßig **Eiderenten**, **Großmöwen** und **Seetaucher** in geringer Zahl. Hinzu kommt eine gute Auswahl an **Enten**.

Der Starnberger See bei Leoni. Der Rothalstaucher kann hier regelmäßig beobachtet werden.

Der Badeplatz bei St. Heinrich (Kleines Seehaus) (E)

Von dem Erholungsgelände bei Ambach fährt man wieder auf die Hauptstraße zurück und dann weiter Richtung Süden. 2,3 km nach dem Erholungsgelände kommt kurz hinter einer Rechtskurve auf der rechten Seite eine Einfahrt mit einem nach hinten versetzten und als Torbogen gestalteten Gastronomieschild „Kleines Seehaus". Die Einfahrt führt direkt zu den Parkplätzen der Gaststätte am See. Von einem nahe gelegenen Steg hat man einen guten Blick auf die südliche Bucht des Starnberger Sees. Dies ist eine der besten Stellen für **Seetaucher**, **Zwergmöwen** und **Meeresenten**. Nach Süden blickt man auf einige der wenigen Uferbereiche des Starnberger Sees, die über eine gut ausgeprägte Ufervegetation verfügen. In diesem flacheren Bereich sind oft große Mengen **Enten** oder einzelne **Silberreiher** zu sehen. Man kann diese Stelle meist mit besserem Licht auch vom nächsten Punkt aus einsehen.

Der Yachthafen östlich von Seeshaupt (F)

Vom Badeplatz bei St. Heinrich fährt man weiter nach Süden durch St. Heinrich, wo man sich geradeaus Richtung „Weilheim" hält. 1,8 km hinter der Einfahrt zum Kleinen Seehaus kommt rechts kurz hinter dem Schild „Seeshaupt grüßt seine Gäste" die Einfahrt zum Yachthafen. Am Zufahrtsweg des Yachthafens parkt man und sucht sich von hier aus den Weg zum Ufer. Nach rechts blickt man dort auf den oben genannten, relativ natürlichen Uferbereich. Wenn man sich mehr auf die **Seetaucher** konzentrieren will, fährt man besser gleich weiter nach Seeshaupt.

Seeshaupt (G)

Rund 1,8 km hinter dem Yachthafen weiter auf der Straße Richtung Seeshaupt, kommt in Seeshaupt selbst eine scharfe Links-rechts-Kurve nahe einer Kirche. Hinter dieser Kurve befinden sich Geschäftsparkplätze. Wenn man an der rechterhand liegenden Kirche vorbeigefahren ist, ist man zu weit! Von den Parkplätzen aus geht man die Links-rechts-Kombination zurück und zu einem Bootsanleger am tiefer gelegenen Ufer. Zu Fuß sind es vom Bahnhof Seeshaupt rund 1,5 km bis hierher. Der Schiffsanleger ist eine klassische Stelle für **Seetaucher** und **Meeresenten** aber auch für viele andere **Wasservögel**. So kann man sich hier gelegentlich an der Unterscheidung von **Silber-**, **Mittelmeer-** und **Steppenmöwe** versuchen.

Der Yachthafen bei Seeseiten (H)

Diese Stelle ist ebenfalls für gute Beobachtungen bekannt. In Seeshaupt folgt man der Hauptstraße Richtung Westen. 600 m hinter der Links-rechts-Kombination verlässt man die Hauptstraße, die sich nach links wendet, geradeaus in Richtung „Bernried". 1,2 km nach dieser Abzweigung und kurz nach dem grünen Ortsteilschild „Seeseiten" kommt auf der rechten Seite der „Gasthof Cafe Seeseiten". Bis hierhin sind es vom Bahnhof Seeshaupt 1,6 km. Vom Gasthaus geht man links am Gebäude vorbei zum Yachthafen. Von dessen Ufer oder Stegen können im Winter regelmäßig **Schwarzhals-** und selten auch **Ohrentaucher** beobachtet werden. **Meeresenten**, **Seetaucher** und **Zwergmöwen** sind hier im Winter mit großer Regelmäßigkeit anzutreffen.

Yachthafen bei Bernried (I)

4,4 km nördlich des Gasthofes in Seeseiten erreicht man in Bernried eine 90-Grad-Kurve nach links. An dieser Kurve kann man parken. Vom Bahnhof Bernried sind es 1,1 km bis zum Parkplatz. In der Kurve führt eine Nebenstraße nach rechts zum Klosterbad. Man folgt dieser Straße, biegt dann aber sofort links auf einen Fußweg ein, der hinter einer Thujahecke beginnt, die an einen Parkplatz grenzt. Den Fußweg bergab gehend und sich dabei links haltend wird bald die Wartungshalle des Yachthafens erreicht. Von den Stegen des Yachthafens aus (bitte nach Erlaubnis fragen, wenn jemand zu sehen ist) lässt es sich hervorragend beobachten. Im Winter sind von hier aus gelegentlich **Meeresenten** oder **Rothalstaucher** und oft auch **Gänsesäger** zu sehen.

Informationen

Literatur: MÜLLER et al. (1989).
Wir danken ELMAR WITTING für viele wichtige Gebietsinformationen.

38 Allgäuer Alpen bei Oberstdorf*

Die Gebirgsstöcke der Allgäuer Alpen bieten auf rund 900 km² Wander- und Beobachtungsmöglichkeiten für Wochen. Die vorgestellte Auswahl an Wanderungen ermöglicht die Beobachtung fast aller speziellen Arten des Nordalpenraumes. Die Allgäuer Berge sind das vogelartenreichste Gebirge im deutschen Alpenraum.

Interessante Arten

Auer- und **Haselhuhn**, **Dreizehen-** und **Weißrückenspecht** sowie der **Tannenhäher** sind weit verbreitete Arten der Bergwälder. Auch **Rauhfußkauz** und **Sperlingskauz** kommen dort vor. In Schneeheide-Kiefernwäldern auf südexponierten Hängen findet man den **Berglaubsänger**. Typische Arten an der Baumgrenze sind **Birkhuhn**, **Ringdrossel** (subsp. *alpestris*) und **Zitronenzeisig**. In der darüber liegenden alpinen Zone können **Steinadler**, **Alpenschneehuhn**, **Bergpieper**, **Alpenbraunelle**, **Schneesperling**, **Alpendohle**, spärlich **Steinschmätzer** und sehr selten **Steinrötel** beobachtet werden. An den Felswänden brüten **Felsen-**

Alpendohlen sind in den Gipfellagen des Alpenraumes ein vertrauter Anblick.

schwalbe, **Mauerläufer**, **Kolkrabe** und **Wanderfalke**.

Anfahrt

Mit öffentlichen Verkehrsmitteln Zentral gelegene Bahnhöfe sind Sonthofen und Oberstdorf. Von dort fahren Busse zu fast allen Ausgangspunkten der beschriebenen Wanderungen.
Mit dem Auto Von Norden führt die B 19 nach Sonthofen und Oberstdorf.

Allgemeine Hinweise

Die im Folgenden dargestellten Wandermöglichkeiten stellen nur eine ornithologisch interessante Auswahl dar. Bitte lesen Sie vor einem Besuch des Allgäus die Anmerkungen im Kapitel „Im Gebirge unterwegs" (S. 10) sorgfältig durch.

Beobachtungsmöglichkeiten
Rundweg Grünten (A)

Start: Als Ausgangspunkt für die Tour dient der Parkplatz am Gasthaus Alpenblick (**1**) („Auf dem Ried"), der rund 1,5 km östlich vom Ortskern Burgberg gelegen ist. Dieser ist mit dem Bus leider nicht erreichbar. Nächste Haltestelle ist „Burgberg im Allgäu". Von dort ist es eine halbe Stunde bis zum Ausgangspunkt.
Kurzbeschreibung: Aufstieg vom Gasthaus Alpenblick (980 m) über die Südostseite zum Grünten-Gipfel (**4**) (1738 m). Abstieg über das Wustbachtobel auf der Westseite und zurück zum Parkplatz. Am Grüntenhaus (**3**) besteht eine Einkehrmöglichkeit.
Charakter: 750 Hm; ca. 7 km; Gehzeit 4–5 Std.; teilweise steiles Gelände, einfache bis mittelschwere Wanderung.

Dieser Rundweg führt auf einen exzellenten Aussichtsberg und eines der Wahrzeichen des Oberallgäus. Die Besteigung des Grüntens ist deswegen auch recht beliebt und bei gutem Wetter dementsprechend stark frequentiert. Vom Gasthaus Alpenblick (**1**) folgt man zunächst der Teerstraße in nordöstlicher Richtung bis zur Kehr-Alpe (**2**). Von hier nimmt man den Fußweg linker Hand, der über Almweiden und durch Fichtenwälder zunächst zur Schwand-Alpe und schließlich zur Zweifelgehren-Alpe führt. Wenn man zur richtigen Jahreszeit und früh

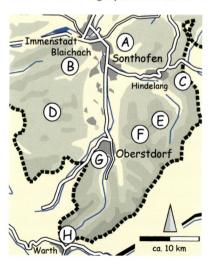

Allgäuer Alpen bei Oberstdorf 169

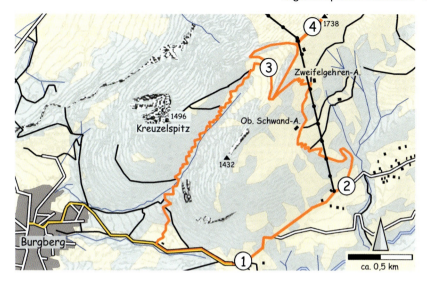

dran ist, kann man entlang dieser Strecke balzende **Birkhühner** beobachten. Außerdem suchen häufig **Ring-** und **Misteldrosseln** auf den Almweideflächen nach Nahrung. **Berg-** und **Baumpieper** sind ebenfalls regelmäßig anzutreffen. Von der Zweifelgehren-Alpe führt der Weg weiter auf den Grat, an dem man sich entweder für den direkten Abstieg zum Grüntenhaus (**3**) oder für den Weg entlang des Grates zum Sendemast und weiter zum Übelhorn, dem Hauptgipfel des Grünten (**4**) entscheiden kann. Vom Gipfel zurück nimmt man an der Abzweigung kurz nach dem Sendemast den rechten Weg, um bald darauf einem nach links zum Grüntenhaus hinunter abzweigenden Weg zu folgen. Im Gipfelbereich können häufig **Kolkraben** und auch **Wanderfalken** beobachtet werden. Beim Abstieg zum Grüntenhaus hat man besonders im Bereich des Grates Chancen, **Dreizehenspechte** zu sehen. Der weitere Abstieg verläuft überwiegend im Wald entlang des Wustbaches. Längs dieser Strecke kommen **Schwarz-**, **Bunt-**, **Grün-** und **Grauspecht** vor. Am Ende des Weges trifft man wieder auf die Teerstraße, der man nun in östlicher Richtung zurück zum Ausgangspunkt folgt.

Rundweg Bärenkopf / Steineberg (B)

Start: Gunzesried (**5**; Parkmöglichkeiten bestehen im Bereich der Kirche). Der Bus von Sonthofen fährt etwa alle 2 Stunden nach Gunzesried „Gasthaus Goldenes Kreuz" (Endstation ist „Gunzesried-Säge").

Kurzbeschreibung: Rundweg über die Dürrehornalpe und die Vordere Krumbach-Alpe zum Bärenkopf (1476 m) und Steineberg-Gipfel (1683 m) und zurück über die Steineberg-Alpe zum Ausgangspunkt.

Charakter: knapp 800 Hm; rund 9 km (ohne Abstecher auf den Bärenkopf).

Zunächst folgt man der Straße, die gegenüber dem Gasthaus „Goldenes Kreuz" Richtung Westen führt (Wegweiser „Wiesach"). Schon bald zweigt an einem Wegkreuz ein ausgeschilderter Weg rechts Richtung „Steineberg" ab, der über die Dürrehorn-Alpe zur

Vorderen Krumbach-Alpe führt. Von dieser läuft man weiter bergauf bis auf den Grat zwischen Steineberg und Bärenkopf (**6**). Von hier kann man entweder einen Abstecher zum Bärenkopf (**7**) machen oder nach links dem Grat zum Steineberg-Gipfel folgen. Unterwegs besteht die Chance, alle heimischen **Drosselarten** zu beobachten. **Bergpieper** sind auf den offenen Weidebereichen recht häufig. Am Grat im Bereich des Bärenkopfs sind gelegentlich **Dreizehenspechte** zu beobachten. Auch **Grau-** und **Schwarzspecht** kommen hier vor. Im Gipfelbereich des Steineberges leben **Alpenbraunelle** und **Alpendohle**. **Wanderfalken** und **Steinadler** überfliegen regelmäßig diesen Bereich. Vom Steineberg aus bietet sich die Möglichkeit, über die Steineberg-Alpe und die Unterkirche-Alpe in einem Rundweg (**8**) wieder zurück zur Dürrehornalpe und schließlich nach Gunzesried abzusteigen.

Rundwanderung über den Ponten und den Bschießer (C)

Start: Gebührenpflichtiger Parkplatz am Ostrand von Hinterstein (870 m; **9**). Ein Bus fährt von Sonthofen über Hindelang nach Hinterstein bis zur Haltestelle „Gasthaus Grüner Hut". Von dort sind es noch rund 100 m bis zum Parkplatz Hinterstein.

Kurzbeschreibung: Rundwanderung über Willers-Alpe, Ponten (2044 m), Bschießer (2000 m), Zipfels-Alpe und zurück nach Hinterstein.

Charakter: 1200 Hm; rund 13 km; gesamte Gehzeit 6 Std.; Ausdauer, im Gipfelbereich auch Trittsicherheit und Schwindelfreiheit erforderlich; nur für geübte Bergwanderer.

Dies ist eine Ausdauer erfordernde, aber sehr vielseitige Rundwanderung, die Einblicke in diverse alpine Lebensräume bietet. Vom Parkplatz am Ende von Hinterstein (**9**) nimmt man den in Richtung „Willers-Alpe" ausgeschilderten Wanderweg nach Osten. Dieser steigt zunächst allmählich an und führt durch subalpinen Fichtenwald, in dem neben **Schwarz-** und **Grauspecht** auch der **Dreizehenspecht** beobachtet werden kann. **Tannenhäher**, **Mistel-** und **Ringdrossel** sind hier ebenfalls regelmäßig zu hören und zu sehen. Nach einem steilen Wegstück entlang des Willersbachs erreicht man bald die bewirtschaftete Willers-Alpe (**10**). Im Bereich der alpinen Matten sind **Baum-** und der häu-

Allgäuer Alpen bei Oberstdorf

Blick auf Bschießer und Ponten. Foto: K. Weixler

figere **Bergpieper** zuhause. Nach der Willers-Alpe beginnt der steile Anstieg zum Grat. Im Latschen- und Übergangsbereich zwischen alpinen Matten und Baumbestand können mit etwas Glück **Birkhühner** beobachtet werden. Entlang des Grates leitet der Weg in westlicher Richtung zu den felsigen Gipfeln des Ponten und des Bschießer. Hier

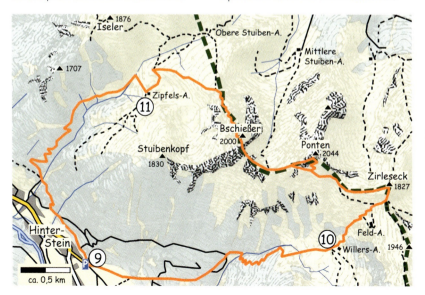

lassen sich regelmäßig **Alpendohlen**, **Alpenbraunellen** und **Steinadler** sehen. Vom Bschießer führt der Weg über einen felsigen und mit Latschen bestandenen Grat hinunter zur bewirtschafteten Zipfels-Alpe (**11**). In den Latschen-Bereichen sollte man Ausschau nach **Klappergrasmücke**, **Heckenbraunelle** und **Zitronenzeisig** halten. Der Weiterweg von der Zipfels-Alpe zurück nach Hinterstein führt teilweise durch einen lockeren Fichtenwald, wo erneut die Chance besteht, **Dreizehenspechte** zu beobachten. Vor allem im unteren mit Kiefern durchsetzten Bereich dieses Weges (zwischen 1000 m und 1300 m Höhe) sind **Berglaubsänger** recht häufig anzutreffen.

Riedbergerhorn (D)

Start: Parkplatz Grasgehren beim Riedbergpass (**12**). Es besteht eine regelmäßige Busverbindung von Sonthofen aus.

Kurzbeschreibung: Rundweg von Grasgehren (1447 m) über den Bolgengrat auf das Riedbergerhorn (1787 m) und zurück zum Parkplatz Grasgehren.

Charakter: 340 Hm; rund 4 km; gesamte Gehzeit ca. 2–2,5 Std.; geringe Anforderungen an die Kondition.

Vom Parkplatz (**12**) aus folgt man dem Weg an der Grasgehren-Alpe vorbei nach Norden und steigt den Hang aufwärts querend zum Bolgengrat. Von dort erreicht man nach kurzem Gratanstieg das Riedbergerhorn (**13**). Vom Gipfel führt der Rundweg über einen in Richtung Süden verlaufenden Grat und zurück zum Parkplatz. **Ringdrosseln** und **Bergpieper** sind entlang des gesamten Weges recht häufig. Um **Zitronenzeisige** zu sehen, sollten gezielt die Latschenbereiche abgesucht werden. Mit etwas Glück stößt man auch auf dieser Wanderung auf **Birkhühner**.

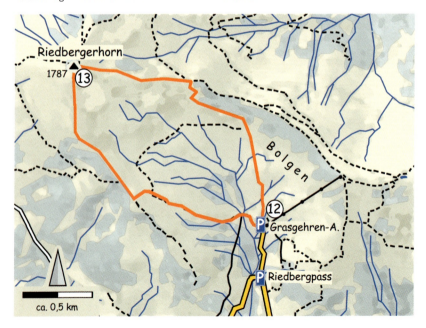

Wanderung vom Giebelhaus über den Engeratsgundsee nach Hinterstein (E)
Start: Giebelhaus im Hintersteiner Tal (**14**). Das Giebelhaus ist nur mit öffentlichen Verkehrsmitteln erreichbar. Von Hinterstein/Gasthaus „Grüner Hut" fahren stündlich Busse zum Giebelhaus (Fahrtzeit von Hinterstein ca. 15–20 min). Fahrplanauskunft unter 08324/93230, bzw. unter www.wimmer-wechs.de/busverkehr. Die Busse haben in Hinterstein jeweils Anschluss an den ÖPNV.
Kurzbeschreibung: Vom Giebelhaus (1068 m) über Käseralp, Engeratsgundsee (1876 m), Türsattel (1940 m), Mittlere Nickenalpe und Mösle-Alpe nach Hinterstein (866 m).
Charakter: ca. 950 Hm; gut 13 km; 6 Std. Gehzeit; etwas Ausdauer erforderlich; kein schwieriger Weg.

Am Giebelhaus (**14**) lohnt es sich, einen Blick auf die Flanken und Zacken des Giebels, dem Berg direkt hinter/südlich dem Giebelhaus, zu werfen. **Steinadler**, die hier auch brüten, lassen sich regelmäßig blicken. Um die Wanderung zu beginnen, nimmt man die Teerstraße, die kurz vor dem Giebelhaus rechts bergauf Richtung „Obertal" abzweigt. Schon bald erreicht man den Engeratsgundhof (**15**), von dem ein Fußweg Richtung „Käseralp" und weiter zum „Engeratsgundsee" führt. **Ringdrosseln**, **Bergpieper** und vereinzelt auch **Baumpieper** sind hier mit hoher Wahrscheinlichkeit zu beobachten.

Außerdem hat man an geeigneten Stellen auch die Chance, **Zitronenzeisige** zu sehen. Zur Balzzeit kann man vom Weg aus in den frühen Morgenstunden das Kullern der **Birkhähne** hören. Im Bereich des Engeratsgundsees sollte man besonders auf **Alpenschneehühner** achten. **Alpendohlen** fliegen häufig um die Gipfel des Großen Daumens, kommen jedoch, wenn Wanderer eine Pause einlegen, auch regelmäßig in den Bereich des Sees. Unmittelbar nachdem man das östliche Ufer des Sees passiert hat, beginnt der Anstieg auf den so genannten Türsattel (**16**), von dem aus man den Weg hinab zur Mittleren Nickenalpe nimmt. Auch entlang dieses Weges bestehen gute Chancen **Steinadler** zu sehen. Über die Mittlere Nickenalpe erreicht man die Untere Nickenalpe. Ab hier verläuft der Weg teilweise in Mischwald, in dem **Schwarz-**, **Grün-** und sehr selten der **Weißrückenspecht** vorkommen. Vorbei an der Mösle-Alpe führt der Weg allmählich wieder hinab zum Talgrund der Ostrach, wo man nach der Überquerung des Baches auf der Teerstraße nach Hinterstein wandert. An der Ostrach brüten neben **Wasseramsel** und **Gebirgsstelze** auch vereinzelt **Flussuferläufer**.

Nebelhorn / Koblat (F)
Start: Edmund-Probst-Haus (1927 m), Bergstation der Nebelhornbahn. Die Talstation der Bahn mit großem Parkplatz liegt rund

Giebelpanorama. Foto: K. Weixler

174 Bayern

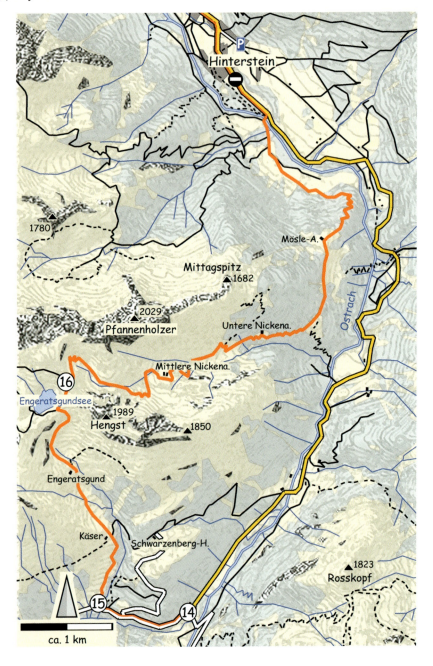

Aussicht vom Engeratsgundsee. Foto: K. Weixler

1 km südöstlich des Bahnhofes von Oberstdorf. Der alternative Aufstieg zum Edmund-Probst-Haus ist machbar, aber anstrengend (1100 Hm).

Charakter: Kleiner Rundweg: ca. 100 Hm; 1–2 Std. ins Koblat-Gebiet und wieder zurück. Der Abstecher zum Nebelhorn-Gipfel (2224 m) umfasst weitere 200 Hm. Der große Abstecher in das Koblat-Gebiet zum Laufbichel- und Engeratsgundsee und wieder zurück (150 Hm; ca. 4 Std.) ist schon eine richtige Wanderung. Eine Kombination mit Tour (**E**) ist möglich.

Mit der Nebelhornbahn können die Hochlagen der Allgäuer Alpen bequem erreicht werden. Auch wenn an schönen Tagen viele Menschen die Bahn nutzen, bietet das Gebiet einen hervorragenden Einblick in die Vogel- und Pflanzenwelt des Hochgebirges. Vom Edmund-Probst-Haus (**17**), wo in aller Regel bereits die ersten **Alpendohlen** zu sehen sind, führt in nordöstlicher Richtung ein Wanderpfad über einen kleinen Anstieg ins Koblat-Gebiet. Im gesamten Bereich sollte man gezielt nach **Alpenschneehühnern** Ausschau halten. Auch **Steinschmätzer**, **Ringdrossel**, **Zitronenzeisig**, **Birkenzeisig**, **Bluthänfling** und **Klappergrasmücke** kommen hier vor.

Über einen nach Westen abzweigenden Weg kann man über den Nebelhorn-Gipfel zurück zum Edmund-Probst-Haus wandern. Eine kürzere Variante ist in der Karte gestrichelt eingezeichnet. Alternativ kann man dem nach Nordosten durch das Koblat-Gebiet verlaufenden Weg zum Koblatsee bis zum Laufbichelsee oder noch weiter bis zum Engeratsgundsee folgen. Unterwegs passiert man linkerhand die Wengenköpfe, an denen **Schneesperling** und **Alpenbraunelle** vorkommen.

Mit sehr viel Glück besteht hier auch die Möglichkeit, einen **Mauerläufer** zu entdecken. Der Rückweg erfolgt auf demselben Weg. Möchte man ab hier an Tour (**E**) anschließen, wandert man vom Engeratsgundsee entweder zum Giebelhaus (**18**) oder weiter nach Hinterstein (**19**).

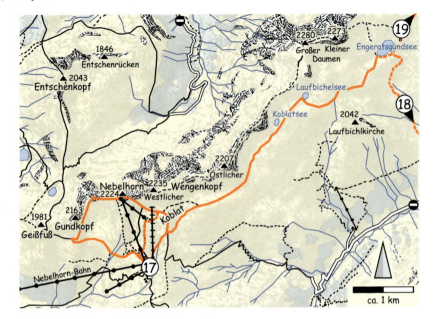

Rundweg Freibergsee (G)

Start: Der Parkplatz an der Stillach liegt knapp 2 km südlich von Oberstdorf an der Straße zur Fellhornbahn im Bereich Unterer Renksteg.

Kurzbeschreibung: Rundweg um den Freibergsee.

Charakter: 100 Hm; ca. 4 km; leichte Wanderung (2–3 Std.) mit Bade- und Einkehrmöglichkeit.

Ausgehend vom Parkplatz führt der Weg zunächst über die Stillach. Hier brütet sowohl die **Wasseramsel** als auch die **Gebirgsstelze**. Nach der Brücke führt der gut ausgebaute Wanderweg leicht ansteigend direkt zum Freibergsee. Entscheidet man sich für eine Umrundung im Uhrzeigersinn, kommt man nach rund 800 m an einer Skiflugschanze vorbei, an der gelegentlich **Felsenschwalben** beobachtet werden können. Im Mischwald entlang des Weges kommt neben **Grün-**, **Grau-** und **Schwarzspecht** auch der **Weißrückenspecht** vor. Überdies brüten hier **Waldlaubsänger** und **Trauerschnäpper**.

Rundweg Rappenalptal (H)

Start: Birgsau beziehungsweise Parkplatz Fellhornbahn. Birgsau wird vom ÖPNV ab 9:00 Uhr alle halbe Stunde von Oberstdorf aus angefahren; Fahrzeit vom Bahnhof 20 min. Autofahrer müssen ihr Auto schon am gebührenpflichtigen Parkplatz Fellhornbahn abstellen und dort in den Bus umsteigen oder eine knappe halbe Stunde bis Birgsau das Tal hinein wandern.

Kurzbeschreibung: Vom Stillachtal nach Süden ins Rappenalptal und Aufstieg zur Mindelheimer Hütte (2013 m; dort Übernachtungsmöglichkeit). Weiter Richtung Geißhorn, Abstieg über die Trift-Hütte zur Unteren Biberalpe und von dort durch das Rappenalptal zurück zum Ausgangspunkt.

Charakter: Lange Tour mit 1250 Hm! Die gesamte Gehzeit beträgt ca. 7–8 Stunden. Bei Übernachtung in der Mindelheimer Hütte kann die Tour auf zwei Tage aufgeteilt werden. Ausdauer und Trittsicherheit sind erforderlich.

Vom Parkplatz der Fellhornbahn auf dem Fußweg und dem Sträßchen entlang der Stillach bis Birgsau kann man immer wieder **Wasseramseln** und **Gebirgsstelzen** beobachten. Über dem Tal kreisen regelmäßig **Steinadler**. Die Art kann im Prinzip während der gesamten Wanderung angetroffen werden. Hinter Birgsau folgt man der Teerstraße nach rechts in das Rappenalptal. Nach einem anfänglichen Anstieg durch den Wald verläuft die Straße in unmittelbarer Nähe des Baches und steigt nur noch unbedeutend an. Etwa 6 km nach dem Abzweig in das Rappenalptal erreicht man nach der Breitengehren-Alpe (1151 m) und der Rappen-Alpe die Schwarze Hütte (ca. 1230 m) (**20**). Kurz danach zweigt ein Fußweg nach rechts zur Mindelheimer Hütte (2013 m) ab, die nach einem rund zweistündigen Aufstieg erreicht ist. In der Alpenvereinshütte besteht Einkehr- und Übernachtungsmöglichkeit (**21**). Von der Mindelheimer Hütte aus hat man entweder die Möglichkeit, direkt über die Speicher-Hütte zur Unteren Biber-Alpe abzusteigen (**22**) oder den Weg weiter Richtung Geißhorn zu nehmen (**23**). Insbesondere entlang des letztgenannten Weges hat man gute Chancen einige hochalpine Vogelarten zu beobachten. **Alpenbraunellen**, **Birkenzeisige** oder **Bluthänflinge** halten sich gelegentlich auch im Bereich der Mindelheimer Hütte auf. **Alpendohlen**, **Schneesperlinge** und gelegentlich auch **Mauerläufer** und **Steinböcke** können an den rechts des Weges hochragenden Felsen beobachtet werden. Mehrfach passiert man gute Stellen für **Alpenschneehuhn** und **Steinschmätzer**.

Der Wanderweg verläuft nur mit gelegentlichen kürzeren Anstiegen entlang der Felsmassive. Am Grat südlich des Geißhorns nimmt man den nach links abwärts führenden Weg weiter Richtung „Koblat- und Trift-

Blick über das Rappenalptal auf die Schafalpenköpfe. Foto: K. Weixler

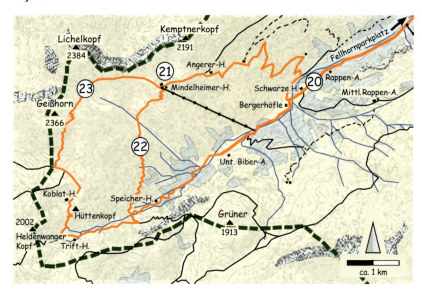

Hütte". Von der schon bald erreichten Koblat-Hütte (unterhalb der Hütte gute Stelle für **Steinschmätzer**) steigt man zwischen Hüttenkopf und Haldenwanger Kopf zur Trift-Hütte ab. Im Bereich des Hüttenkopfes sollte man sorgfältig auf alljährlich hier brütende **Steinrötel** achten.

Der weitere Weg führt über die Speicher-Hütte ins Tal hinab bis zur Unteren Biber-Alpe im Talgrund des Rappenalptales. Von dort wandert man entlang der Teerstraße durch das Rappenalptal ins Stillachtal und schließlich zurück nach Birgsau beziehungsweise zum Fellhornparkplatz.

Informationen

UK L8 Allgäuer Alpen (1:50.000): Bayerisches Landesvermessungsamt.
Der LBV Kempten-Oberallgäu hat auf der Internetseite www.lbv-kempten-oberallgaeu.de Jahresberichte und Publikationen sowie Aktuelles veröffentlicht.
Wir danken KILIAN WEIXLER für die inhaltliche Erarbeitung des Kapitels.

39 Murnauer Moos

Das Murnauer Moos ist in Südbayern das beste Gebiet für Wachtelkönig und Karmingimpel. Es gehört mit seinen 4200 ha zu den größten intakten Moorgebieten Mitteleuropas und ist innerhalb Bayerns ein bedeutendes Wiesenbrütergebiet. Der besondere Reiz der offenen Riedlandschaft vor der grandiosen Alpenkulisse lässt sich bequem während einer Halbtages- oder Tagestour erleben. Die beste Beobachtungszeit ist Mitte Mai bis Mitte Juni, wenn auch der Karmingimpel eingetroffen ist.

Interessante Arten

Schwarzmilan, **Wespenbussard** und **Baumfalke** können im Sommer regelmäßig beobachtet werden. **Wachtel**, **Wachtelkönig** und **Tüpfelsumpfhuhn** sind aus den Riedwiesen leichter zu hören als zu sehen. Der Bestand des **Tüpfelsumpfhuhns** schwankt je nach Feuchtigkeitsgrad von Jahr zu Jahr, während der **Wachtelkönig** alljährlich mit hoher Wahrscheinlichkeit angetroffen werden kann. Sehr seltene Brutvögel sind der fast ausgestorbene **Große Brachvogel**, die **Bekassine** und das **Blaukehlchen**. Bereits zwischen B 2 und Ähnderl sollte man auf jeden **Specht** in den Feldgehölzen achten.

Der **Weißrückenspecht** wird alljährlich hier und auf dem Weg ins Moos (**1**) gesehen. Auch der **Grauspecht** kann im Murnauer Moos unregelmäßig beobachtet werden.

Braun- und **Schwarzkehlchen** sowie der **Feldschwirl** sind auf den vorherrschenden Pfeifengraswiesen hingegen häufig. **Berglaubsänger** brüten auf den „Köcheln" genannten Felskuppen, die als Waldinseln in der Moorlandschaft liegen. Der **Raubwürger** ist in erster Linie ein Wintergast. Den **Tannenhäher** trifft man regelmäßig im Langen Filz an. Die Hauptattraktion des Gebietes ist sicherlich der **Karmingimpel**, den man ab Mitte Mai in den Feldgehölzen und Hecken

Murnauer Moos.

vor allem am frühen Morgen und am Abend singen hört. Die Gesangsaktivität ist nach dem Eintreffen der Art am Größten und ebbt dann nach wenigen Wochen wieder ab. Mit über 50 Arten und vielen Besonderheiten wie der Sibirischen Winterlibelle (*Sympecma paedisca*), der Zwerglibelle (*Nehalennia speciosa*) oder der Keilflecklibelle (*Aeshna isosceles*) ist das Murnauer Moos auch eines der libellenreichsten Gebiete Deutschlands.

Anfahrt

Mit öffentlichen Verkehrsmitteln Man kann das Murnauer Moos an einem Tag vom Bahnhof Murnau aus erwandern. Vom Bahnhof sind es knapp 3 km bis zum Ähnderl genannten St.-Georg-Kircherl, von wo der 12 km lange Rundweg beginnt. Wenn die Füße schmerzen, kann man die Wanderung am Bahnhof Westried beenden. Auch als Fahrradtour eignet sich die Runde.
Mit dem Auto Von der A 95 Autobahnausfahrt „Murnau/Kochel" fährt man Richtung „Murnau" ab. In Murnau geht es weiter auf die B 2 nach Süden Richtung „Garmisch-Partenkirchen". Sofort nach Verlassen des Ortes, 200 m nachdem man eine Eisenbahnlinie unterquert hat, biegt man nach rechts in ein Wohngebiet ab. Nach weiteren 250 m fährt man rechts Richtung „Ähnderl" und erreicht 1 km nach der B 2 das Ähnderl und ein Gasthaus, wo man parken und recht gut einkehren kann.

Allgemeine Hinweise

Weitere lohnende Beobachtungspunkte für einige der oben genannten Arten finden sich im Bereich des Segelflugplatzes und entlang des von dort nach Nordwesten verlaufenden Rad- und Fußweges. Die Zufahrt zum Segelflugplatz liegt an der B 2 5,5 km südlich von Murnau beziehungsweise 3 km nördlich der A 95 Ausfahrt „Eschenlohe".

Beobachtungsmöglichkeiten

Vom St.-Georg-Kircherl (Ähnderl) führt ein geschotterter Rad- und Wanderweg in das Gebiet. Man folgt den grünen Schildern mit der Aufschrift „Moosrundweg Nr. 5". Der erste Teil des Weges führt durch Niedermoor-

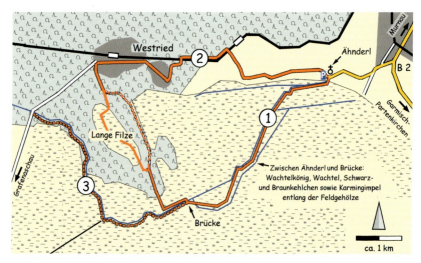

Streuwiesen entlang des Flüsschens Ramsach (**1**). An den wegbegleitenden Gehölzsäumen sollte man ab Ende Mai auf die pfeifende Melodie des **Karmingimpels** achten. Auch **Neuntöter** sind in den Feldgehölzen gut vertreten. Zugleich wird man **Braun-** und **Schwarzkehlchen** in den Streuwiesen beobachten beziehungsweise **Wachtel** und **Wachtelkönig** zumindest hören können. Die Gesangsaktivität des **Wachtelkönigs** wird zur Dämmerung hin größer. Dann steigt auch die Chance, die wenigen Individuen des hier brütenden **Tüpfelsumpfhuhns** zu hören. **Greifvögel**, wie den in den letzten Jahren fast alljährlichen **Schlangenadler**, wird man in der offenen Landschaft vor allem fliegend entdecken können.

3,5 km hinter dem Ähnderl gabelt sich der Weg an einer Brücke. An dieser Stelle sind oft besonders viele **Wachtelkönige** zu hören. Von hier kann man entweder dem Rundweg nach rechts über die Brücke folgen (**2**), oder man wandert/fährt noch ein Stück weiter geradeaus Richtung Grafenaschau durch eine abwechslungsreiche Landschaft aus Niedermoorwiesen und Gehölzen, um dann später den gleichen Weg zurück zu nehmen (**3**). Der Rundweg (**2**) führt weiterhin durch einen Fichtenforst, in den das intakte Hochmoor „Lange Filze" eingebettet ist. Man erreicht es, indem man 500 m, nachdem man in den Wald gekommen ist, nach links der Ausschilderung folgend auf einen Wanderpfad abbiegt. Dieser Wegabschnitt ist nicht für Fahrräder geeignet, kann aber umfahren werden, indem man dem Forstweg an dem Abzweig zum Moor geradeaus folgt. Das

Wachtelkönig. Foto: A. Schulz-Bernick

Hochmoor ist hauptsächlich botanisch und entomologisch interessant. **Tannenhäher**, **Fichtenkreuzschnabel** und **Sperber** können dort regelmäßig beobachtet werden. Hinter den Langen Filzen führt der Weg über den Ort Westried zum St.-Georg-Kircherl zurück (**2**). Der gesamte Rundweg ist 12 km lang, aber wenig anspruchsvoll. Auf dem Rückweg hat man einen eindrucksvollen Panoramablick über das Gebiet. Aus ornithologischer Sicht sind die ersten 3,5 km des Weges die Interessantesten.

Informationen

UK L31 Werdenfelser Land oder UK L30 Karwendelgebirge (1:50.000): Bayerisches Landesvermessungsamt. Beide Karten decken das Gebiet umfassend ab.
Literatur: BEZZEL & LECHNER (1975).

40 Garmisch-Partenkirchen und Umgebung*

Das Gebiet um Garmisch-Partenkirchen umfasst die Gebirgsstöcke des Ammer-, Ester- und Wettersteingebirges sowie das Karwendel. Es bietet aufgrund seiner enormen Größe von rund 1000 km² Beobachtungsmöglichkeiten für mehrere Tage. Viele Berge sind sehr gut durch Lifte, Seilbahnen und Wanderwege erschlossen, so dass man hier ohne größere körperliche Anstrengung in alpines Gelände gelangen kann. Alle typischen Arten der Nordalpen kommen vor. Darunter auch Weißrücken- und Dreizehenspecht, die Rauhfußhühner oder der Zitronenzeisig.

Interessante Arten

Steinadler und **Wanderfalke** sind weit verbreitet und können regelmäßig im gesamten Gebiet beobachtet werden. Alle vier mitteleuropäischen **Rauhfußhuhnarten** kommen vor, sind ebenfalls weit verbreitet, jedoch schwieriger zu beobachten. Neben den unten gegebenen Tipps kann man das **Birkhuhn** auch am Hausberg bei Garmisch-Partenkirchen sehen. Reich gegliederte submontane Bergmischwälder sind der Lebensraum von **Schwarz-, Grau-, Weißrücken-** und **Dreizehenspecht** sowie von **Zwergschnäpper** und **Tannenhäher**. Der **Grünspecht** ist mehr in

Morgenstimmung bei Mittenwald.

Bei winterlichen Bedingungen lässt sich die Alpenbraunelle gelegentlich aus nächster Nähe beobachten. Foto: A. Fischer

den offenen Tallagen zu finden. **Uhu**, **Rauhfuß-** und **Sperlingskauz** wird man nur mit Glück beobachten können, obwohl diese Arten im Gebiet weit verbreitet sind. Die **Felsenschwalbe** brütet jährlich in wechselnder Zahl. **Bergpieper**, **Alpenbraunelle**, **Ringdrossel**, **Alpendohle**, **Kolkrabe** und **Zitronenzeisig** sind an und oberhalb der Baumgrenze allgemein häufig, wohingegen der **Schneesperling** nur lokal auf den alpinen Matten vorkommt. Der **Berglaubsänger** bevorzugt warme Tal- und Hanglagen, wo er kieferndominierte Waldbestände besiedelt. Die **Wasseramsel** ist durchgehend an allen Fließgewässern des Gebietes verbreitet. Auch der **Mauerläufer** ist nicht in erster Linie an eine bestimmte Höhenstufe, sondern vielmehr an das Vorhandensein geeigneter Felswände gebunden.

Anfahrt
Mit öffentlichen Verkehrsmitteln Die zentral gelegenen Bahnhöfe Garmisch-Partenkirchen und Mittenwald sind sehr gut von München aus erreichbar. Auch Oberammergau verfügt über einen Bahnanschluss.
Mit dem Auto Von München ist das Gebiet über die A 95 schnell erreichbar.

Allgemeine Hinweise
Bitte lesen Sie vor einem Besuch des Gebietes die Anmerkungen im Kapitel „Im Gebirge unterwegs" (S. 10) sorgfältig durch.

Beobachtungsmöglichkeiten
Falkenwand bei Oberammergau (A)
Start Man erreicht die Falkenwand von Garmisch-Partenkirchen über die B 23 Richtung „Oberammergau". Kurz hinter Ettal biegt man links auf die St 2060 Richtung „Linderhof" ab. 1,7 km nach diesem Abzweig führt rechts ein Sträßchen (Schild: „Tempo 50" und „Keine Streuung") nach knapp 500 m zu einer Brücke, von der aus die Falkenwand gut ein-

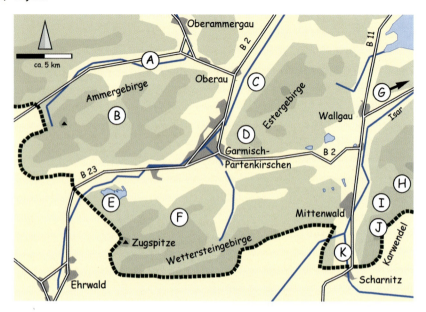

gesehen werden kann (**1**). Der Bahnhof „Oberammergau" ist 3,5 km entfernt. Die nächste Bushaltestelle „Ettaler Mühle" (südlich von (**1**) an der St 2060), die von Oberammergau und Oberau aus angefahren wird, liegt 1,1 km von der Falkenwand entfernt.

Kurzbeschreibung Spaziergang. Bei der Variante durch den Dickenwald sind rund 100 Hm zu überwinden.

Wenn man die Wand mit einem Spektiv absucht, wird man im Sommerhalbjahr mit großer Wahrscheinlichkeit einige der dort regelmäßig brütenden **Felsenschwalben** entdecken. Der **Mauerläufer** bedarf oft viel Geduld und lässt sich vor allem vormittags sehen. In den Gebüschen des umliegenden Niedermoores kommen **Neuntöter** vor. Gelegentlich überfliegen **Zitronenzeisige** den Talgrund. Sie machen durch ihren charakteristischen Flugruf auf sich aufmerksam. **Wanderfalke** und **Wespenbussard** werden hin und wieder beobachtet. Wenn man hinter der Brücke weiter geht, grenzt bald der Dickenwald links an das Sträßchen. In diesen führt nach einer Linkskurve unterhalb der Falkenwand ein Wanderweg steil nach links Richtung „Graswang". Entlang dieses Weges findet man mit etwas Glück **Weißrückenspecht** und **Zwergschnäpper**. Der in der Karte orange markierte Wanderweg führt nach etwas mehr als 1 km wieder aus dem Wald an den Hangfuß und auf einen Schotterweg. Diesem folgt man nach links zurück zu der oben beschriebenen Brücke. Dabei durchquert man ein artenreiches Niedermoor, in dem auch zahlreiche Orchideenarten vorkommen. Wenn man am Dickenwald nicht dem Wanderweg links nach Graswang folgt, sondern geradeaus weiter geht, gelangt man bald zu einem Schotterweg, der rechts in die Wiesen führt. Diesem folgt man rund 200 m (**2**) und hat so zurückblickend gute Sicht auf den rechten Teil der Stellwand, der von (**1**) aus nicht ganz einsehbar ist.

Garmisch-Partenkirchen und Umgebung

Wanderung zur Stellwand (B)

Start Parkplatz westlich von Graswang (**3**). Der Bus von Oberammergau nach Linderhof (Forsthaus) hält an der „Gröbl-Alm" in Graswang, 1,9 km östlich des Taleingangs, von wo der Weg beginnt.

Kurzbeschreibung Wanderung von dem Parkplatz bei Graswang (900 m) zur Stellwand (1020 m) und zurück.

Charakter 120 Hm; rund 2,5 Std. (hin und zurück); leichte Wanderung.

Die Stellwand ist die vielleicht verlässlichste Stelle für den **Mauerläufer**, die wir in diesem Buch beschrieben haben. Man erreicht sie, indem man wie bei der Falkenwand von Ettal (B 23) in Richtung „Linderhof" abbiegt. Nach 7,1 km erreicht man, hinter zwei Brücken, auf der linken Seite einen Parkplatz (**3**). Von hier geht es entlang der Straße über eine der Brücken zurück und den nächsten Schotterweg nach rechts (Süden). Der Fahrweg führt leicht ansteigend am Elmaubach entlang. Im hinteren Teil verlässt der Weg das Haupttal in einem steileren Anstieg nach links, bis nach insgesamt 4,2 km auf der linken Seite eine auffällige Waldwiese mit einem großen einzelnen Bergahorn erreicht wird (**4**). Von hier aus blickt man nach links (Osten) direkt auf die mächtige Stellwand. In der Wand können bei geduldigem Absuchen durch das Spektiv regelmäßig **Mauerläufer** beobachtet werden, die sich meistens im oberen Teil der Wand aufhalten. Auch **Steinadler** sieht man hier gelegentlich. Die Wälder unterwegs bieten Lebensraum für **Grau-** und **Dreizehenspecht**.

Wanderung in das Pfrühlmoos zwischen Eschenlohe und Oberau (C)

Start Oberau nahe dem Bahnhof.

Kurzbeschreibung Wanderung von Oberau (655 m) zur Pumpstation 6 (647 m) und zurück.

Charakter 1–1,5 Std. (hin und zurück); keine bedeutenden Höhenunterschiede.

Das Hochmoorgebiet zwischen Oberau und Eschenlohe nördlich von Garmisch-Partenkirchen ist ein sehr verlässlicher Platz für

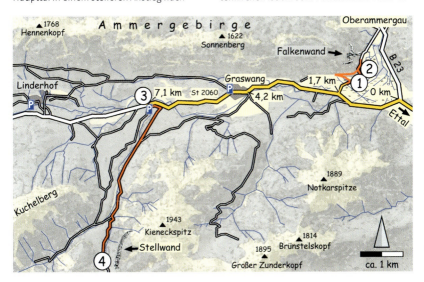

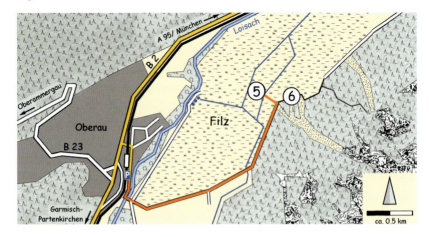

den **Wachtelkönig**. Der Zugang erfolgt über Oberau. Man parkt am Besten im Bereich des Bahnhofes. Wenige hundert Meter südlich des Bahnhofes quert man die Loisach. An der Kreuzung gleich hinter dem Fluss geht es geradeaus. 2,3 km hinter Oberau zweigt ein Stichweg nach links zu einer Pumpstation (Pumpstation 6) ab. Hier rufen jedes Jahr **Wachtelkönige** (5). Der große Schuttkegel rechts des Hauptweges kurz hinter dem Stichweg (6) ist Lebensraum von den in Deutschland vom Aussterben bedrohten Heuschrecken *Chorthippus pullus* (Kiesbank-Grashüpfer) und *Bryodema tuberculata* (Gefleckte Schnarrschrecke).

Wanderung am Wank (1780 m) (D)
Start Der direkt östlich von Garmisch-Partenkirchen liegende Wank ist durch eine Kabinenseilbahn erschlossen. Die Talstation (7) wird regelmäßig von Bussen angefahren. Sie ist aber auch vom Bahnhof Garmisch-Partenkirchen aus zu Fuß in ca. 30 min erreichbar.
Kurzbeschreibung Wanderung um den Wank-Gipfel und zurück ins Tal.
Charakter Bei Benutzung der Seilbahn einfach; Wankhütte (1774 m) mit Einkehrmöglichkeit im Gipfelbereich; Abstieg (gut 1000 Hm) 2–3 Std.; je nach gewählter Route mäßig anstrengend.

Im alpinen Gipfelbereich des Wanks findet man eine ausgeprägte Verzahnung zwischen Wald, Latschen und Almfläche. Daher sind **Ringdrossel** und **Zitronenzeisig** hier recht häufig. Für **Birkhühner** muss man sehr früh auf dem Wank sein. Es gibt verschiedene interessante Wege im Gipfelbereich. So kann man beispielsweise einen 2,3 km langen Rundweg ohne große Höhendifferenzen vom Wank zum Rosswank und zurück wandern (8). Auch der Weg um den Ameisberg ist lohnend (9).
Wanderwege vom Wank zur Talstation führen beispielsweise über die Eckenhütte (kürzester Weg nach Garmisch, ca. 2 Std.). Bei dieser Variante kann man den zweiten Teil des Abstiegs mit der Seilbahn abkürzen. Ein anderer Weg führt über die Gschwandtnerbauerhütte: Man beginnt am Rosswank Hangweg, der einen auf die Kreuzung Estergalm/Gschwandtnerbauer führt (10). Hier steigt man rechts bis zum Gschwandtnerbauer ab und von dort ins Tal (Gesamtzeit:

Garmisch-Partenkirchen und Umgebung 187

Blick vom Wank auf das Karwendelgebirge.

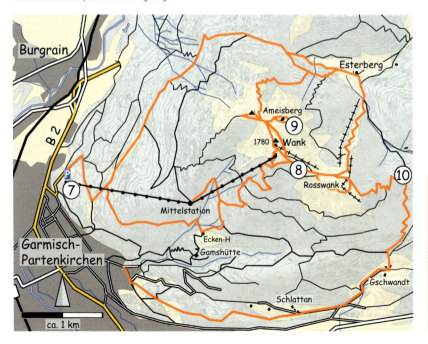

2,5 Std.). Alternativ kann man die Talstation vom Wank aus über die Esterberg-Alm erreichen (3 Std.). In den Hangwäldern des Wanks brütet der **Tannenhäher**.

Wanderung am Eibsee westlich von Garmisch-Partenkirchen (E)

Start Parkplatz am Eibsee (1000 m). Der Eibsee ist sowohl mit der Zugspitz-Zahnradbahn (Haltestelle „Eibsee"), als auch mit den Eibsee-Bussen von Garmisch-Partenkirchen aus gut zu erreichen. Mit dem Auto gelangt man über die B 23 an den Eibsee.

Kurzbeschreibung Wanderung um den Rosskopf.

Charakter 90 Hm; rund 1,5 Std.; leichte Wanderung.

Der Eibsee gehört im Bereich Garmisch-Partenkirchen zu den besseren Stellen für **Weißrücken-** und **Dreizehenspecht**. Weiter-

Eibsee mit Zugspitze im Hintergrund.

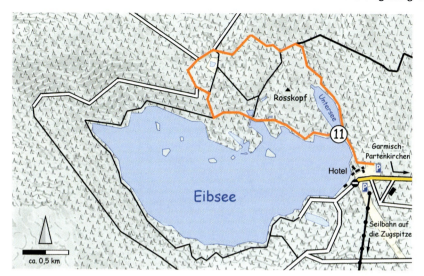

hin hat man geringe Chancen, das **Haselhuhn** zu hören oder zu sehen. In der Dämmerung ruft in der Umgebung des Hotels gelegentlich der **Sperlingskauz**. Der Rundweg beginnt etwas zurückgesetzt auf der Nordseite des Parkplatzbereiches und nicht direkt am Eibseeufer. An der Brücke (**11**) geht man geradeaus am Untersee entlang und hält sich dann an den großen Kreuzungen immer links, bis man die Brücke (**11**) wieder erreicht.

Dreizehen- und Weißrückenspecht werden unter anderem regelmäßig nördlich des Rosskopfs und im Bereich der Brücke über den Untersee gesehen (**11**). Außerhalb der Balzzeiten ist man weitestgehend auf die Klopfgeräusche angewiesen, die die Spechte bei der Nahrungssuche machen. Man kann den Eibsee auch ganz umrunden, was eine wenig anstrengende, einschließlich des Bogens um den Rosskopf rund 8 km lange und 2,5 Stunden dauernde Wanderung darstellt. Der Eibsee ist ein beliebtes Ausflugsziel. Deswegen ist der Rundweg an Wochenenden oftmals überlaufen.

Wanderung an der Alpspitze (F)

Start Bergstation Alpspitzbahn (2050 m). Die Talstation erreicht man entweder mit der Zahnradbahn vom Bahnhof in Garmisch-Partenkirchen (Haltepunkt „Kreuzeckbahn Talstation"), oder mit dem Auto. Dazu verlässt man die B 23 gleich hinter dem südwestlichen Ortsende von Garmisch-Partenkirchen nach links Richtung „Kreuzeckbahn".

Kurzbeschreibung Wanderung von der Albspitzbahn- (2050 m) zur Kreuzeckbahnbergstation (1650 m) oder weiter zur Talstation (ca. 750 m). Die Alpsitzbahn- und die Kreuzeckbahntalstationen liegen unmittelbar benachbart.

Charakter 400 Hm bergab; rund 1 Std.; leicht; die Wanderung bis zur Talstation umfasst 1300 Hm bergab und geht auf die Oberschenkel.

Mit der Alpspitzbahn, die auf den Osterfelder Kopf führt, gelangt man sehr bequem in alpines Gelände. Der interessanteste Weg führt von der Bergstation in einem weiten Bogen auf einem Wirtschaftsweg zur Bergstation des Kreuzecks. Im oberen Teil sind **Schneesperlinge** spärlich verbreitet. Daneben lassen sich oft **Wanderfalke**, **Ringdrossel**, **Bergpieper** und **Kolkrabe** beobachten. Im mittleren Teil, wo die alpinen Matten mit der Baumgrenze verzahnt sind, kann man gelegentlich **Zitronenzeisige** entdecken.

Wanderung zur Moosen-Alm (1600 m) nordwestlich des Schafreiters (G)

Start Das „Oswald Haus" (847 m) liegt an der im oberen Teil mautpflichtigen Straße in die Eng, die in Vorderriss am Ende der B 307 beginnt. Ein Bergsteigerbus fährt an Sommerwochenenden in die Eng und hält am „Oswald Haus".

Kurzbeschreibung Wanderung vom Oswald Haus zur Moosen-Alm (1590 m) und auf gleichem Weg zurück.

Charakter 750 Hm; 6,2 km (hin und zurück), 2 Std. (Aufstieg); steiler, anstrengender Weg.

Südlich des Sylvensteinspeichers liegt an der Grenze zu Österreich der 2101 m hohe Schafreiter, an dessen Nordwestflanke sich um die Moosen-Alm großflächige baumbestandene Almwiesen erstrecken (**12**). Sie sind ein bekannter Brutplatz des **Zitronenzeisigs**, der im gesamten offenen Bereich um die Moosen-Alm beobachtet werden kann. Auch **Ringdrosseln** und **Bergpieper** sind hier häufig. Der kürzeste Aufstieg erfolgt über das Oswald Haus (**13**). Im Bereich kurz nach dem Parkplatz am Oswald Haus kommen **Berglaubsänger** vor. Für konditionsstarke Vogelbeobachter lohnt sich der Aufstieg zum Schafreiter (2105 m; weitere 500 Hm). **Alpenschneehühner** halten sich dort gerne am Grat auf. Der Ahornboden in der Eng südlich des Oswald Hauses ist vor allem im Herbst, wenn sich der Ahorn verfärbt, eine wahre Pracht und einen Abstecher wert.

Aufstieg zur Fereinalm (H)

Start Parkplatz nahe Seinsbachbrücke nördlich von Mittenwald. Die B 2 von Norden kommend, liegt die Zufahrt zum Parkplatz links gegenüber der Einfahrt zu einem Campingplatz zwischen zwei Isarbrücken und kurz vor einem großen gelben Verkehrsschild, dass Richtung „Innsbruck/Leutasch"

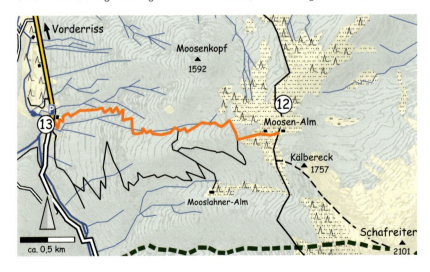

(geradeaus) beziehungsweise nach „Mittenwald" (rechts) weist. Von Süden her liegt die Einfahrt direkt nördlich der nördlichen Abfahrt von der B 2 nach Mittenwald. In der Einfahrt wählt man den mittleren Weg und stellt sein Auto beim nächsten Abzweig nach rechts ab. Schilder „Durchfahrt verboten" und „Richtung Fereinalm, Aschauenalm und Krün" markieren die Stelle. Würde man geradeaus fahren, käme man bald auf ein Militärgelände. Die dazugehörige Bushaltestelle heißt „Isar-Seinsbrücke" und liegt an der Strecke Mittenwald-Krün.

Kurzbeschreibung Wanderung von der B 2 nördlich von Mittenwald (890 m) zur Fereinalm (1400 m) und zurück.

Charakter 540 Hm; 4,5 Std. (hin und zurück); 14 km lange, aber nicht schwierige Wanderung.

Auf dem Weg zur Fereinalm kann man entweder auf der Fereiner Straße bleiben (für Autos gesperrt) oder nach rund einer Viertelstunde rechts Richtung „Aschau-Alm" abbiegen. Hier gelangt man entlang des Isartaler Rundwanderweges zur kleinen Aschauer Kapelle. Nach Durchquerung des Wiesengeländes der Aschauer Alm stößt man auf den Jägersteig, der in Richtung Seinsbachtal bergauf führt. 1 km vor der Fereinalm gelangt man wieder auf die Fereiner Straße. Auf der Wanderung hat man die Chance, **Weißrücken-** und **Dreizehenspecht** sowie **Auer-** und **Haselhuhn** zu sehen. Die Fereinalm ist von Mitte Mai bis Ende September bewirtschaftet. Die Krinner-Kofler-Hütte wurde im Winter 2000 von einer Lawine zerstört, und ist mittlerweile als Selbstversorgerhütte wieder aufgebaut.

Aufstieg zur Dammkarhütte im Karwendel (I)

Start Startpunkt ist der Wanderparkplatz (960 m) an der B 2, rund 3 km südlich der Ausfahrt „Mittenwald Zentrum" und ca. 500 m nördlich des Parkplatzes der Karwendelbahn (**14**). Vom Mittenwalder Bahnhof ist es knapp 1 km bis zum Wanderparkplatz.

Kurzbeschreibung Wanderung auf die Dammkarhütte (1670 m) und zurück

Charakter 710 Hm; 8 km; 4–4,5 Std. (hin und zurück); mäßig anstrengende Wanderung

Vom Parkplatz sucht man sich den ausgeschilderten Aufstieg in Richtung „Dammkar" und „Westliche Karwendelspitze". Der Weg ist zunächst asphaltiert und geht später in eine Schotterstraße über. Vor allem entlang des asphaltierten Teils des Weges können mit Glück **Weißrücken-** und **Dreizehenspecht** beobachtet werden. Auch **Haselhühner** kommen im bewaldeten Teil der Strecke vor. Rund 3,2 km nach dem Parkplatz erreicht man eine Skipiste mit Lift. Hier kann man bereits **Ringdrosseln**, **Bergpieper**, **Alpendohlen** und gelegentlich **Zitronenzeisige** beobachten. Der weitere Weg führt links der Skipiste durch Latschen zur Dammkarhütte (**15**). Entlang dieser Strecke kommen **Alpenbraunellen** vor. In der Felswand rechts der Skipiste werden unregelmäßig **Mauerläufer** beobachtet. An der Dammkarhütte selbst finden sich am Futterhäuschen gelegentlich **Schneesperlinge** ein. Die Hütte ist in Privatbesitz und von Ostern bis Ende September bewirtschaftet.

Die Westliche Karwendelspitze (J)

Start Bergstation Karwendelbahn (2244 m); Die Talstation ist mit dem Auto oder vom Bahnhof aus zu Fuß leicht erreichbar (600 m Entfernung vom Bahnhof) und jeweils ausgeschildert.

Kurzbeschreibung Hochalpines Gelände mit kompletter Artengarnitur.

Charakter Einfacher Rundweg. Der anstrengende Abstieg durch das Dammkar (1300 Hm; 3–3,5 Std.) ist nur konditionell geübten und trittsicheren Wanderern anzuraten. Im Dammkar liegt oft lange Altschnee, der nicht umgangen werden kann.

Die Fahrt mit der Karwendel-Kabinenseilbahn auf die Westliche Karwendelspitze ist eine bequeme Möglichkeit, in hochalpines Gelände zu gelangen. Die besten Beobachtungschancen hat man, wenn man die erste Bahn nimmt. Der tägliche Fahrbetrieb beginnt je nach Jahreszeit um 8:30 beziehungsweise 9:00 Uhr und endet zwischen 16:00 und 17:00 Uhr. Generell gilt, dass sich die Fahrt bei starkem Niederschlag und Wolken nicht lohnt. Auf dem Weg zur Spitze fährt die Bahn über die Karwendelwand (**16**), an der – wie immer mit Glück – **Mauerläufer** beobachtet werden können. In der Umgebung der Bergstation hat man hervorragende Chancen, **Alpenschneehuhn, Alpenbraunelle, Bergpieper, Alpendohle** und **Schneesperling** zu sehen. Die **Alpenschneehühner** halten sich normalerweise in der Talgrube unterhalb des Restaurants auf (**17**), die von der Aussichtsterrasse aus eingesehen werden kann. Die Talgrube sollte unter keinen Umständen betreten werden. Die **Alpenschneehühner** sind sehr heimlich und unauffällig, so dass man, etwas Geduld aufbringen muss, um sie zu sehen. Solange noch etwas Schnee liegt, halten sie sich gerne am

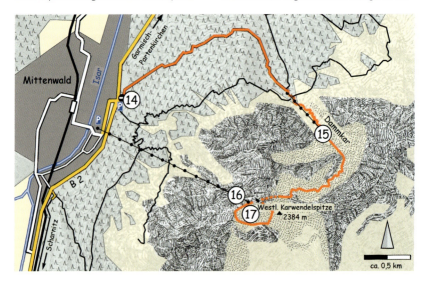

Die Westliche Karwendelspitze bietet einfachen Zugang in die hochalpine Zone.

Rand der Schneefelder auf. Bei vollkommen geschlossener Schneedecke verlassen sie jedoch die Bergspitze. Am verlässlichsten sind sie nach der Brutzeit, also im Spätsommer und Herbst zu beobachten. Am Restaurant selbst nähern sich **Alpendohlen** auf Armlänge, und meistens sind auch einzelne **Schneesperlinge** in der Umgebung anwesend. Auf den Felsen und Grasmatten rund um das Restaurant suchen bei guter Wetterlage stets auch einzelne **Alpenbraunellen** nach Nahrung.

Man sollte mit einem kleinen Fußmarsch den „Gipfelkessel" umrunden, denn dieser Weg bietet weitere gute Beobachtungs- und Aussichtsmöglichkeiten (auf **Steinadler** achten). Ebenfalls vom Restaurant aus führt ein Tunnel auf die andere Seite des Berges (in der Karte orange gestrichelt). Vom Tunnelausgang gesehen sind die Felswände oberhalb und geradeaus nach unten (vorsichtig von oben reinschauen) recht verlässliche **Mauerläufer**stellen. Immer wieder werden Mauerläufer auch an den Wänden oberhalb des Restaurants gesehen.

Der Riedboden südlich von Mittenwald (K)
Start Der Riedboden liegt südlich von Mittenwald westlich der nach Österreich führenden B 2. 3,4 km nachdem man Mittenwald auf der B 2 verlassen hat und ca. 1 km vor der Staatsgrenze liegt rechterhand ein Parkplatz an der Straße. Wenn man rechts eine Tankstelle passiert, ist man zu weit gefahren (hier Wendemöglichkeit).

Charakter Spaziergang durch den Riedboden, der durch ein dichtes Wegenetz erschlossen ist.

Vom Parkplatz aus geht es parallel zur Straße ein Stück nach Süden, bis man über eine Fußgängerbrücke die Isar überqueren kann und so den Riedboden erreicht. Hier ist der **Berglaubsänger** im Frühjahr und Sommer gut vertreten. Mit Geduld lässt sich der **Steinadler** entlang der Bergflanken patrouillierend beobachten, und in den lockeren Spirken- und Kiefernbeständen können **Grau-, Grün-** und **Dreizehenspecht** beobachtet werden. An der Isar kommen **Flussuferläufer** und **Wasseramsel** vor.

Informationen
Zwei gute Karten, die das gesamte Gebiet abdecken sind UK L31 Werdenfelser Land und UK L30 Karwendelgebirge (1:50.000): Bayerisches Landesvermessungsamt. Literatur: Bezzel & Lechner (1981), Kluth & Bezzel (1999).

41 Kochelsee

Unmittelbar am Alpenrand und rund 20 km südlich des Starnberger Sees gelegen, bietet der Kochelsee in Kombination mit dem größtenteils entwässerten Loisach-Kochelseemoor vielseitige Beobachtungsmöglichkeiten. Besonders im Winter lohnt auch ein Blick auf die Wasserfläche, wo alljährlich eine für das Binnenland beachtliche Auswahl an Möwen festgestellt wird. Der Kochelsee lässt sich leicht mit einer Exkursion in den Garmisch-Partenkirchener Raum kombinieren (Kapitel 40).

Interessante Arten

Zu den interessantesten Wintergästen zählt die **Rohrdommel**. **Schwarzhalstaucher** können ganzjährig aber nur außerhalb der Brutzeit in größerer Anzahl auf dem See angetroffen werden. Gleiches gilt für **Gänsesäger** und **Schellenten**. Regelmäßig kann der **Silberreiher** beobachtet werden. Im Winter halten sich größere **Enten**ansammlungen am See auf. Der **Schwarzmilan** ist in den letzten Jahren im Sommer zu einem gewöhnlichen Anblick geworden. **Rohr-** und **Kornweihe, Wespenbussard, Habicht, Baumfalke** und **Raubwürger** halten sich je nach Jahreszeit regelmäßig im Gebiet auf. Der **Wachtelkönig** kann noch in einzelnen Individuen im Loisach-Kochelseemoor gehört werden. Hier kommen auch **Blau-, Schwarz-** und **Braunkehlchen** sowie der **Karmingimpel** vor. Die **Wasserralle** hält sich ganzjährig im Gebiet auf. Als **Limikolen**brutgebiet hat das Loisach-Kochelseemoor seine Bedeutung weitgehend verloren. Außerhalb der Brutzeit gesellen sich zu den ganzjährig anwesenden **Lach-** und **Mittelmeermöwen** regelmäßig auch **Sturm-** und weitere **Großmöwen**arten. In den Bergmischwäldern und Felsen südlich des Sees brüten **Uhu, Kolkrabe, Schwarz-, Grau-, Weißrücken-** und **Dreizehenspecht** sowie **Zwergschnäpper** und **Waldlaubsänger**. Die **Wasseramsel** kommt an den Kochelseezuflüssen vor. Der **Bergpie-**

Der Kochelsee bei Schlehdorf.

Der Weg in das Loisach-Kochelsee-Moos bei Trimini.

per ist außerhalb der Brutzeit am Seeufer ein regelmäßig auftretender Gast.

Anfahrt

Mit öffentlichen Verkehrsmitteln Kochel hat einen Bahnhof. Der Triminiparkplatz (**3**) ist 1,5 km, der Parkplatz bei (**2**) 3 km von diesem entfernt. „Schlehdorf Post" liegt auf der Busstrecke Kochel–Murnau und wird häufig angefahren. Die nächste Bushaltestelle zum Kraftwerk Walchensee ist „Altjoch" am Abzweig von der Hauptstraße und 1,5 km vom Kraftwerk entfernt.

Mit dem Auto Die A 95 München-Garmisch-Partenkirchen führt westlich am Gebiet vorbei. Von der Ausfahrt „Murnau/Kochel" fährt man in Richtung „Kochel" und erreicht rund 3,5 km nach der Ausfahrt Schlehdorf.

Beobachtungsmöglichkeiten

In Schlehdorf passiert man von Westen kommend linkerhand eine offene Fläche mit dem Maibaum des Ortes. Direkt danach biegt man hinter einem rechterhand liegenden Gasthof rechts und gleich wieder links auf einen Parkplatz ab. An einer Birkenallee entlang geht es zu Fuß zum See (**1**), wo im Winter oft **Steppen-** und **Mittelmeermöwen** sowie andere **Wasservögel** beobachtet werden können. Am Wasserlauf entlang des Weges sollte man dann auch auf die **Wasserralle** achten. Wieder zurück auf der Hauptstraße Richtung Kochel, kommt 1,7 km nach dem Ortsausgangsschild von Schlehdorf nördlich (linkerhand) der Hauptstraße ein Parkplatz (**2**), an dem es sich im Winter lohnen kann, die Umgebung mit dem Spektiv nach **Raubwürger** und **Kornweihe** abzusuchen. Weiter auf der Hauptstrasse nimmt man 3,7 km nach Schlehdorf, kurz nachdem man die Loisach überquert (**Wasseramsel**) und das Ortseingangsschild von Kochel passiert hat, einen Abzweig nach rechts Richtung „Kochelsee/Trimini". 500 m nach dem Abzweig von der Hauptstrasse gelangt man auf einen Parkplatz (**3**), von wo aus ein Blick auf den See und das angrenzende Schilf lohnen kann. Weiter Richtung Süden am Seeufer entlang gehend, kommt man zu einer Unterführung, von der aus man auf den so genannten Triministeg blicken kann (**4**). Mit Glück kann hier im Winter eine größere Auswahl an **Groß-**

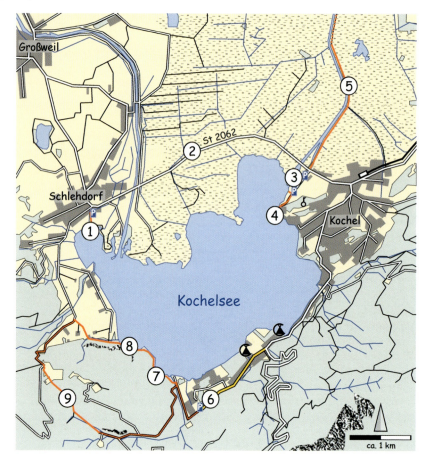

möwen aus nächster Nähe studiert werden. Ein Stück weiter nach Süden hat man Einblick in den südlichen Teil des Sees. Im Sommer kann es sich auch lohnen, den Fußpfad entlang der Loisach nach Norden in das Loisach-Kochelseemoor zu gehen (**5**). Im Bereich des Weges kommen unter anderem **Karmingimpel**, **Blau-**, **Schwarz-** und **Braunkehlchen** vor. Der Zugang liegt an der Hauptstraße genau gegenüber der Trimini-Einfahrt. Ein weißes Häuschen und eine Informationstafel markieren die Stelle.

Eine Wanderung erschließt den strukturreichen Bergmischwald südlich des Sees (**9**). Vom Parkplatz Trimini (**3**) zurück auf der Hauptstrasse fährt man rechts Richtung Ortszentrum. Nach 700 m biegt man an einer T-Kreuzung rechts Richtung „Walchensee" und nach weiteren 3,2 km wiederum rechts Richtung „Walchensee Kraftwerk" und „Informationszentrum" ab (braunes Schild; ab hier in der Karte gelb markiert). 1,2 km nach dem Abzweig von der Hauptstraße durchfährt man einen bewaldeten Geländeeinschnitt und erreicht kurz dahinter einen geräumigen Parkplatz (**6**). In dem Geländeeinschnitt singt ab Mai der **Zwergschnäpper**. Vom Parkplatz nach Westen die Fallwasserrohre der Kraftwerksanlage überquerend, hält man sich Richtung See und beginnt dort einen kurzen Aufstieg auf einem Wanderpfad entlang des Sees (**7**). In diesem Bereich kommen ebenfalls **Zwergschnäpper** und **Waldlaubsänger** vor. Den Felsenpfad am See entlang passiert man 1,6 km hinter dem Parkplatz (bei **8**) eine Einblicksmöglichkeit in die links aufragenden Felsen. Dies ist eine gute Stelle für den **Uhu**, der hier nachts und in der Dämmerung regelmäßig gehört werden kann. Entlang des Rundweges (**9**) kommen auch **Dreizehen-** und **Weißrückenspecht** vor, die am ehesten im zeitigen Frühjahr durch ihr Trommeln auf sich aufmerksam machen. Der gesamte Weg umfasst 200 Höhenmeter und 7,6 km. Man sollte ohne Beobachtungszeit zwei Stunden für die Wanderung einplanen.

Informationen
UK L30 Karwendelgebirge (1:50.000): Bayerisches Landesvermessungsamt. Diese Karte deckt auch die Gebirgsstöcke östlich von Garmisch-Partenkirchen ab.

42 Chiemsee*

Der Chiemsee ist mit 8500 ha Bayerns größter See. Etwa 40% der Uferlinie ist in naturnahem Zustand, und zusammen mit den Mooren des Umlandes und den nahen Bergen gehört der Chiemsee zu den artenreichsten Gebieten Bayerns. Seit 1950 wurden hier rund 300 Vogelarten registriert. Im Winter rasten in dem Ramsargebiet bis zu 40 000 Vögel. Am Interessantesten sind die Zugzeiten im Frühjahr und Herbst sowie die Wintermonate. Ein bis zwei Tage sind für den Chiemsee ausreichend. Man kann sich aber durchaus auch länger im Gebiet aufhalten.

Interessante Arten
Stern-, **Pracht-** und selten auch **Rothalstaucher** sowie **Meeresenten** halten sich jedes Jahr im Winter auf dem offenen Wasser auf, während sich **Schwarzhals-** und selten auch **Ohrentaucher** gerne in Ufernähe einfinden. **Silberreiher** sind ganzjährig anwesend. **Entenvögel** und hier vor allem **Reiher-** und **Tafelente** sind im Winterhalbjahr in großer Zahl präsent. **Kolbenenten** brüten auch im Gebiet. Bis zu drei **Seeadler** überwintern regelmäßig im Bereich des Achendeltas. Während die **Wasserralle** auch im Winter zu entdecken ist, lässt sich das **Tüpfelsumpfhuhn** hauptsächlich zu den Zugzeiten vor den Schilfrändern beobachten. Der **Schwarzstorch** brütet in wenigen Paaren nördlich und westlich des Chiemsees. Insgesamt 35 **Limikolenarten** wurden bisher nachgewiesen. **Schwarzkopfmöwen** sind am ehesten im April/Mai am See. Unter den gelegentlich mehr als 200 **Mittelmeermöwen** befinden sich regelmäßig auch andere **Großmöwen**. Bis über 200 **Zwergmöwen** können im April/Mai und in geringer Zahl das ganze Jahr über beobachtet werden. Auch die **Sumpfseeschwalben** erreichen ihr Maximum im Mai. Bevorzugte Orte dieser Arten sind Seebruck, die Schafwaschener und die Hirschauer Bucht. **Pirol**, **Grau-** und **Kleinspecht** kom-

Die Hirschauer Bucht von Norden.

men in den Auwäldern der Achenmündung vor. **Bergpieper** sind im Winter meistens entlang der Ufer anzutreffen. **Wasseramseln** brüten vor allem an der Prien, am Überseer Bach und an anderen kleineren Zuflüssen. **Blaukehlchen**, **Schilfrohrsänger** mit 30–50, **Rohrschwirl** mit 20–30 und **Drosselrohrsänger** mit 10–60 Paaren besiedeln die naturnahen Uferbereiche. **Baumfalke**, **Wespenbussard** und **Schwarzkehlchen** brüten in den umgebenden Mooren, wo auch der **Karmingimpel** zwischen 15 und 20 Reviere hält.

Anfahrt

Mit öffentlichen Verkehrsmitteln Bahnhöfe um den Chiemsee befinden sich in Prien, Bernau und Übersee. Die Orte rund um den Chiemsee sind gut mit öffentlichen Verkehrsmitteln erreichbar, die Beobachtungsstellen – mit Ausnahme von Chieming und Seebruck – leider nicht. Die Beobachtungsstellen (**K**), (**J**) und (**I**) kann man vom Bahnhof Prien in einem einfach knapp 6 km langen Fußmarsch entlang des Sees erreichen. Die Halbinselumrundung bei (**C**) und (**D**) vom Bahnhof Übersee ergibt eine Wanderung von insgesamt 12 km. Besser ist es, man fährt mit dem Fahrrad um den See. Der „Chiemsee Uferweg" ist 57 km lang und durchgehend gekennzeichnet. Er verbindet alle Exkursionsziele. Dank der zahlreichen Unterkunftsmöglichkeiten kann man sich mehrere Tage Zeit lassen.

Mit dem Auto Die A 8 (München-Salzburg) führt direkt südlich am Gebiet vorbei. Von Norden gelangt man über die B 299 und die B 304 an den Chiemsee.

Allgemeine Hinweise

Ein Besuch im Frühjahr oder Herbst sollte auf jeden Fall den Lachsgang und die Hirschauer Bucht mit einschließen. Das Vorhandensein von Schlickflächen ist allerdings stark vom Wasserstand abhängig. Die Umfahrung des Sees lohnt sich vor allem im Winter. Bei der Wahl der Route ist zu beachten, dass am Irschener Winkel (**A**) und in der Hirschauer Bucht (**D**) nur morgens kein Gegenlicht herrscht, und dass die Autobahnraststätte Chiemsee (**B**) nur in Fahrtrichtung München angefahren werden kann.

Beobachtungsmöglichkeiten

Irschener Winkel (A)

Der Irschener Winkel im Südwesten des Chiemsees ist eine flache, wasserpflanzen-

Blick vom Beobachtungsturm am Lachsgang auf das Achendelta.

reiche Bucht, in der bei Niedrigwasser Schlammflächen entstehen. Besonders **Schwimmenten** sowie durchziehende **Rallen** und **Sumpfseeschwalben** machen einen Abstecher zu der Bucht je nach Jahreszeit interessant. Die Zufahrt erfolgt über die Autobahn-Ausfahrt „Felden", Richtung „Medical Park". Den großen Parkplatz vor dem Medizinzentrum erreicht man, indem man sich hinter der Autobahnausfahrt links hält. Vom Parkplatz geht man ca. 200 m zwischen Klinik und Strandbad immer dem Weg folgend zur Bucht. Der Weg wird am Ende zu einem Schotterweg, auf dem man schließlich eine Hütte und einen Seglersteg mit guter Übersicht über die Bucht erreicht.

Autobahnraststätte Chiemsee (B)

Am Südufer des Chiemsees verläuft die A 8 teilweise direkt am See. Wenn man die Autobahn Richtung München fährt, sollte man an der Autobahnraststätte Chiemsee zwischen den Abfahrten „Übersee" und „Felden" einen Stopp einlegen. Von dort hat man den See bis zur Herreninsel im Blick. Im Winter kann man hier regelmäßig **Seetaucher** entdecken.

Feldwieser Halbinsel mit Beobachtungsturm Lachsgang (C)

Von der Autobahn-Abfahrt „Übersee" fährt man nach Norden durch die Weiler Baumgarten-Seethal-Heinrichswinkel. Der Ort ist etwas verwinkelt, so dass man sich an folgende Anfahrtsbeschreibung halten sollte: In Baumgarten an der ersten Gabelung links, darauf immer geradeaus bis ein „Landschaftsschutzgebiet"-Schild kommt. Dort rechts und sofort wieder links bis ein „Durchfahrt verboten"-Schild kommt. Hier dem großen Schild „Heinrichswinkel" nach rechts fol-

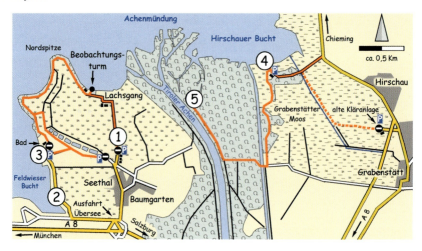

gen und am „Durchfahrt verboten"-Schild hinter den letzten vier Häusern auf der rechten Seite parken (**1**). Der Schotterweg geradeaus führt am alten Lachsganghof vorbei und nach 1,2 km zu einem auf der rechten Seite in einem Wäldchen versteckten aber ausgeschilderten Beobachtungsturm. Je nach Jahreszeit und Wasserstand ist dies der attraktivste Beobachtungsplatz am See. Hier können **Kormorane**, **Gänse**, **Großmöwen**, bis zu 200 **Große Brachvögel** und während der Zugzeiten zahlreiche **Limikolenarten** beobachtet werden. **Seetaucher** halten sich im Winter gelegentlich in der Bucht auf. In den Wiesen zwischen dem Beobachtungsturm und (**1**) können rastende **Gänse**, **Große Brachvögel** oder zu den Zugzeiten **Baumfalke**, **Wiesenschafstelze**, **Braunkehlchen** und **Steinschmätzer** beobachtet werden. Im Mai wird hier regelmäßig der **Rotfußfalke** gesehen. Im Sommerhalbjahr bieten feuchte, hoch gewachsene Wiesen Lebensraum für **Sumpfrohrsänger** und **Feldschwirl**.

Im Winter lohnt es sich, die Westseite der Feldwieser Halbinsel anzufahren: Nach der Abfahrt „Übersee" fährt man parallel zur Autobahn nach Westen und dann rechts Richtung „Chiemseestrand". Der Parkplatz der „Seewirtschaft" (**2**) liegt direkt am Ufer. Hier und an dem südlich liegenden Feldwieser Hafen können **Möwen** beobachtet werden. Von der „Seewirtschaft" fährt man weiter nach Norden und gelangt kurz darauf zum Strandbad (**3**). Dort geht man durch den Gebäudedurchgang zum See, wo man im Winter regelmäßig **Seetaucher**, **Enten** und andere **Wasservögel** beobachten kann.

Zu allen Jahreszeiten lohnend ist auch der landschaftlich reizvolle Weg vom Strandbad (**3**) an der Westseite der Halbinsel am Ufer entlang um die Nordspitze, weiter zum Beobachtungsturm und über den gleichen Weg oder über (**1**) zurück. Zwischen der Feldwieser Bucht und der 2,5 km entfernten Nordspitze gibt es, vor allem im Winter, auf dem See immer wieder etwas zu entdecken.

Hirschauer Bucht, Grabenstätter Moos und Achenauwald (D)

Die Hirschauer Bucht mit Blick auf die Ostseite des Achendeltas gehört zu den herausragenden Stellen am See. Man erreicht sie über die A 8 Ausfahrt „Grabenstätt". Von dort fährt man die St 2096 Richtung „Grabenstätt/Traunreut/Chieming" und weiter durch die Orte Grabenstätt und Hirschau. Gut 500 m hinter Hirschau führt links ein Schotterweg zur „Gaststätte Hirschauer Bucht", an der man parkt und wenige Meter zum Ufer läuft (**4**). Im Winter halten sich hier gelegentlich **Singschwäne** und **Rohrdommeln** auf. Im Bereich der Achenmündung, die links im Blickfeld liegt, überwintern regelmäßig ein bis drei **Seeadler**. Im Frühjahr und Sommer kann man in den umgebenden Altschilfbeständen **Rohrschwirl**, **Schilfrohrsänger** und **Blaukehlchen** leichter hören als sehen. Im Mai sind hier gelegentlich jagende **Rotfußfalken** zu beobachten und im Sommer ist die Bucht der größte **Enten**mauserplatz am gesamten See.

Vor allem im Frühjahr sind auch das Grabenstätter Moos und der Auwald der Achenmündung einen Besuch wert. Im Grabenstätter Moos brüten rund fünf Paare des **Karmingimpels** sowie zahlreiche **Blaukehlchen**, **Sumpf-** und **Teichrohrsänger**, **Feldschwirl** und in geringerer Zahl **Schilfrohrsänger**, **Schwarz-** und **Braunkehlchen** sowie der **Rohrschwirl**. Auch **Bekassine** und **Wachtel** sind hier, wenn auch vereinzelt, noch vertreten. Gute Beobachtungsmöglichkeiten für den **Karmingimpel** bieten die Zufahrt zur Hirschauer Bucht und der sehr lohnende Kanalweg von der alten Kläranlage zur Hirschauer Bucht (in der Karte orange gestrichelt). Die Zufahrt erfolgt über den „Chiemseeweg", der im Norden von Grabenstätt rund 100 m vor dem Ortsausgangsschild und kurz vor dem „Netto" nach Westen abzweigt. Parkmöglichkeit besteht an einem Gebäude auf der linken Seite, das nach rund 300 m erreicht wird. Zum Achenauwald gelangt man von der „Gaststätte Hirschauer Bucht" über einen nach Süden führenden Schotterweg (rund 1,5 km). Über die Rothgrabenbrücke erreicht man den Auwald und den Achendamm, dem man dann nach Norden (**5**) folgen kann. Aufgrund von Wegesperrungen aus Schutzgründen muss man den gleichen Weg wieder zurück nehmen. Das Achendelta selbst ist ein Totalreservat und darf nicht betreten werden. Im Achen-Auwald brüten **Klein-** und **Grauspecht** sowie der **Pirol**.

Blick in den Westen der Hirschauer Bucht und auf die Achenmündung.

Chieming-Nord (E)

In Chieming verlässt man von Süden kommend kurz nach dem kleinen Pfeffersee, der rechts der Straße liegt, nach einer scharfen Rechtskurve die Hauptstraße nach links und folgt der Straße nach „Stöttham". Nach etwa 1 km zweigt ein kleines Sträßchen links zum Müttergenesungsheim ab. Dort befindet sich auch ein großer Parkplatz. Hier hat man vom Seeufer einen freien Blick auf eine lange Steinbuhne (bei Hochwasser überschwemmt), an der sich oft **Kormorane**, **Reiher**, **Großmöwen** und **Enten** aufhalten. Im Winter ist dies ein guter Platz für **Seetaucher** und **Meeresenten**.

Seebruck (F)

Durch Stöttham gelangt man auf die St 2095 Traunstein-Seebruck. Dieser Straße folgt man bis Seebruck. Kurz nachdem man die Alz überquert hat, biegt man nach dem „Cafe Wassermann" links zum „Hafen" ab. Vor dem „Hafen-Restaurant" zweigt eine Schotterstraße rechts ab und endet an einem Eisentor, das nur während der Badesaison geschlossen ist. Ein paar Schritte weiter hat man vom Strandbad einen weiten Blick über den See und rechts in eine Bucht (6). Im Frühjahr ist dies ein guter Platz für **Sumpfseeschwalben**, **Zwergmöwen**, **Schwarzhalstaucher** und **Enten**. Zu den Zugzeiten trifft man hier auch auf **Limikolen**. Zurück auf der Hauptstraße in Seebruck (St 2095), fährt man weiter nach Westen und kann bei einem grünen Schild „Esbaum" links auf einen geschotterten Parkplatz fahren und von dort zum Wasser vorgehen (7). Im Winter kann auch ein Halt am Campingplatz Lambach (8) lohnen. Hier sind oft viele **Enten** sowie manchmal auch **Seetaucher** und **Meeresenten** anzutreffen.

Hafen Gstadt (G)

Nächster Halt auf der Strecke nach Prien ist der Hafen von Gstadt, der aber in der Regel nur in Eiswintern, wenn allein die Fahrrinnen der Passagierschiffe eisfrei sind, Besonderes zu bieten hat. Von Osten durch Gstadt fahrend, kommt hinter der Kirche eine 90°-Rechtskurve. Hier hält man sich halblinks und erreicht kurz darauf den Hafen von Gstadt mit Blick auf die Frauen- und Krautinsel.

Kailbacher Bucht (H)

In Wolfsberg zweigt eine kleine Straße links

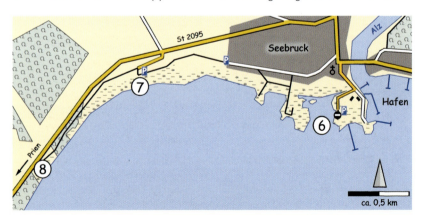

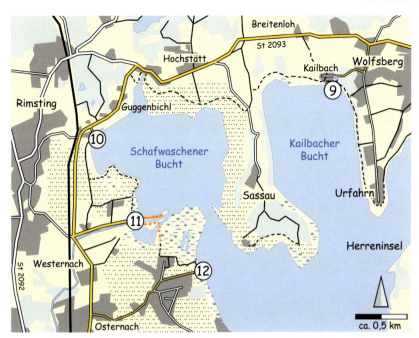

nach „Urfahrn" ab. In diese Straße eingebogen, nimmt man nach 250 m eine kleine Straße nach rechts, die einen nach Kailbach führt. Kurz vor Kailbach und noch im Wald geht es links zu einem kleinen Parkplatz, von dem aus man in wenigen Schritten am Nordufer der Kailbacher Bucht steht (**9**). In der tiefen Bucht rasten zahlreiche **Haubentaucher**, und am rechten Ufer der Halbinsel Sassau halten sich regelmäßig große **Enten**ansammlungen auf.

Schafwaschen (I)

Von (**9**) zurück auf der St 2093 fährt man 2,7 km weiter Richtung Prien. Dort zweigt links eine Straße Richtung „Guggenbichl/ Schafwaschen" ab. Diese fährt man hinein und nach weiteren 800 m kommt auf der linken Seite ein Abzweig zum „Seehof". Am Seehof kann man parken (**10**) und ist in wenigen Metern an der Schafwaschener Bucht. Zur Brutzeit findet man hier viele **Schwarzhalstaucher** und zu den Zugzeiten oft **Sumpfseeschwalben**.

Strandbad Rimsting (Prienmündung) (J)

Vom „Seehof" geht es über einen Buckel an der Bahn entlang weiter Richtung Süden bzw. Prien. 1,2 km nach dem Seehof biegt man (wo man rechts unter der Bahn durchfahren kann) links und gleich wieder links ab und folgt dem Lauf der Prien bis zum Parkplatz des Strandbades (**11**). Von den Stegen oder vom Ende der Landzunge aus kann die Bucht überblickt werden. Besonders interessant ist das Schilfufer. Im Sommer sieht man hier oft **Baumfalken**, und als weitere Brutvögel sind **Blaukehlchen** und **Schilfrohrsänger** häufig. Auch **Silberreiher** halten sich hier gerne auf.

Prien-Osternach (K)

Zurück an der Kreuzung, an der man zum Strandbad Rimsting abgebogen ist, fährt man in Richtung Prien nach links und über den Fluss Prien. Nach dem Ortsteil Westernach und kurz nach dem Ortsschild „Prien", biegt man links in die „Osternacher Straße" ab. Bei den ersten Häusern von Osternach geht links der „Karpfenweg" ab, von dem wiederum rechts der „Forellenweg" direkt zum See führt (**12**). Von dem Steg am See überblickt man eine linkerhand liegende verschilfte Bucht und gegenüber das Südende der Halbinsel Sassau sowie rechts den See bis zur Herreninsel.

Informationen

UK L7 Chiemsee, Chiemgauer Alpen (1:50.000): Bayerisches Landesvermessungsamt.
Kompass Karte (1:50.000): Chiemsee, Simsee, Hochries, Kampenwand.
ADAC Freizeitkarte, Blatt 29: Chiemsee, Berchtesgadener Land, Chiemgauer Alpen.
Literatur: LOHMANN 1994, 1995, 1999), LOHMANN & HAARMANN (1989b).
Wir danken JÖRG LANGENBERG für die Durchsicht des Kapitels.

43 Nationalpark Berchtesgaden und sein Vorfeld*

Dieses Gebiet stellt einen sehr umfassenden Ausschnitt des Naturraumes der nördlichen Kalkalpen dar. Hier kommen so gut wie alle deutschen Alpenarten vor. Obwohl der Gesamtbereich insgesamt 240 km² umfasst, brüten nur rund 100 Vogelarten im Nationalpark und seinem Vorfeld. Knapp 150 Arten wurden bisher festgestellt. Um eine größere Zahl von Alpenarten zu sehen, sollte man mindestens drei Tage bleiben.

Interessante Arten

Der **Bartgeier** wird sehr selten im Gebiet beobachtet. Die Vögel stammen aus dem österreichischen Alpen-Auswilderungsprojekt. Ebenfalls selten ist der **Gänsegeier**. Eine frei fliegende Kolonie des Salzburger Zoos befindet sich auf der österreichischen Seite des Untersberges. Der **Steinadler** hält vier bis fünf Reviere im Gebiet. **Wespenbussarde** brüten nur in wenigen Paaren. Auch der **Wanderfalke** ist Brutvogel in geringer Zahl, er ist aber im überall im Gebiet zu erwarten. **Alpenschneehuhn** und **Alpenbraunelle** kommen flächendeckend oberhalb der Baumgrenze in felsigem Gelände vor. Das **Birkhuhn** ist an der Baumgrenze und auf alpinen Matten und Almen nahe der Baumgrenze generell nicht selten. Am leichtesten findet man es früh morgens zur Balzzeit, die im Gebirge bis weit in den Juni reicht. Das **Auerhuhn** kommt in vielen gut strukturierten Mischwaldbeständen im ganzen Gebiet vor. Die Watzmann-Nordseite ist vielleicht die beste Gegend, um bei einer sehr frühen Morgenwanderung auf die scheuen Tiere zu treffen. Man erhöht die Chance nicht, wenn man die Wege verlässt, denn die Vögel halten sich, so lange sie nicht gestört werden, auch an

Aussicht von der Rossfeldstraße auf den Untersberg.

den Wegen auf. Das **Haselhuhn** ist ebenso schwer wie das **Auerhuhn** zu entdecken. Oft hört man diese Art nur „singen". Wie bei allen Rauhfußhühnern ist leises Gehen die Grundvoraussetzung einer erfolgreichen Beobachtung.

Der strikt nachtaktive **Rauhfußkauz** kommt im Gebiet nur sporadisch vor. Der **Sperlingskauz** ist hingegen weit verbreitet. Die Art ist sehr heimlich und balzt wie der **Rauhfußkauz** meistens nur bei gutem Wetter. Selten hört man die kleine Eule während der Balzzeit auch tagsüber.

Acht Spechtarten leben im Nationalpark und seinem Vorfeld. Der **Weißrückenspecht** brütet in wenigen Paaren. Der **Dreizehenspecht** kommt dagegen überall in den montanen Nadelwäldern vor. Die **Felsenschwalbe** ist ein seltener Brutvogel im Gebiet. Ganz im Gegensatz dazu der **Bergpieper**: Zur Brutzeit hört und sieht man ihn auf allen alpinen Matten und Almen. **Ringdrosseln** (ssp. *alpestris*) sind überall an der natürlichen und künstlichen Baumgrenze wie zum Beispiel auf Almen anzutreffen. Sie singen ab Ende April gerne von einzelnen, hohen Fichten ihren etwas monotonen Gesang. Den **Berglaubsänger** findet man oft an wärmebegünstigten Hängen mit Kiefern. Der **Zwergschnäpper** trifft erst ab Mitte Mai im Gebiet ein und bevorzugt naturnahe Buchenwälder. **Wasseramseln** sind entlang der Flüsse und größeren Bäche wie der gesamten Fließstrecke von Saalach, Ramsauer Ache, Wimbach, Klausbach, Königseer Ache und Berchtesgadener Ache häufig. Gerne halten sie sich in der Nähe von Brücken oder umgeworfenen Bäumen auf. Vom **Mauerläufer** liegen bislang nur wenige Beobachtungen aus dem Gebiet vor. Sehr unregelmäßig wird er im Wimbachtal zwischen Wimbachschloss und Hochalmscharte sowie in der Saugasse auf dem Weg zwischen Königs- und Funtensee gesehen. Der **Schneesperling** bewohnt vor allem die hochalpine Zone östlich des Königssees. Für den **Zitronenzeisig** gibt es im Berchtesgadener Raum keine verlässlichen Beobachtungspunkte. Der **Tannenhäher** ist in den Nadelwäldern der montanen bis subalpinen Stufe verbreitet. Markant ist der weittragende Ruf.

Anfahrt

Mit öffentlichen Verkehrsmitteln Die relevanten Bahnhöfe sind Bad Reichenhall und Berchtesgaden. Von dort fahren Busse zu den meisten Startpunkten.

Mit dem Auto Über die A 8 München – Salzburg. Vor der Grenze nach Österreich nimmt man die Abfahrt „Bad Reichenhall" Richtung

„Bad Reichenhall". Von Bad Reichenhall aus gelangt man über die B 20 oder die B 21 weiter in das Gebiet.

Allgemeine Hinweise
Zu beachten sind die im Kapitel „Im Gebirge unterwegs" dargestellten Empfehlungen (S. 10).

Beobachtungsmöglichkeiten
Wanderung entlang der Saalach bei Unterjettenberg (A)
Start Unterjettenberg (ca. 500 m). Baumgarten, Unterjettenberg und Schneizlreuth werden von Bad Reichenhall aus durch den ÖPNV bedient.
Kurzbeschreibung Rundweg über Schneizlreuth und Oberjettenberg (ca. 660 m) zurück nach Unterjettenberg.
Charakter 200 Hm; 7,5 km; 2,5 Std.; leichte Wanderung.

Diese Wanderung liegt im Vorfeld des Nationalparks. Man erreicht Unterjettenberg mit dem Auto über die B 21 von Bad Reichenhall aus. Bei der Anfahrt ist rechts der Straße der Saalachsee einsehbar. Meistens halten sich hier nur einige **Reiherenten** auf. Kurz danach passiert man das Örtchen Baumgarten auf der linken Seite. Hier sollte man kurz halten, um die im Osten aufragenden Felswände nach **Wanderfalke** und **Felsenschwalbe** abzusuchen. Im Sommer singen am Hang oft **Berglaubsänger**. Wieder auf der Straße, gelangt man rund 2 km hinter Baumgarten an einen Parkplatz auf der linken Seite (noch außerhalb des Kartenausschnitts). Von hier kann man die B 21 unterqueren und einen kurzen Abstecher zur Saalach und weiter flussabwärts machen. Auf den Kiesbänken halten sich im Sommer **Flussuferläufer** auf (in Bayern vom Aussterben bedroht, Kiesbänke nicht betreten!). Auch **Gebirgsstelze** und **Wasseramsel** kommen vor. Zurück am Auto fährt man weiter bis Unterjettenberg und zweigt links in die B 305 nach Berchtesgaden ab. Ein kurzes Stück weiter biegt man links in den Ort ab, und sucht sich eine Parkmöglichkeit. Von hier folgt man einem Schotterweg entlang der Saalach nach Westen (**1**). Neben häufigen Waldvogelarten können **Flussuferläufer**, **Gebirgsstelze** und **Wasseramsel** am Fluss sowie **Zwergschnäpper** im angrenzenden Wald beobachtet werden. In Schneitzelreuth wendet man sich nach Südwesten, wo bald ein Wanderweg links abzweigend entlang des Kienberges nach Oberjettenberg führt (**2**). Im Buchenwald entlang des Weges hört man wahrscheinlich den **Waldlaubsänger**. Ab Oberjettenberg folgt man der Straße nach Unterjettenberg, wobei abkürzende Wanderwege genommen werden können ((**3**) und (**4**)). Im Bereich Oberjettenberg können an den beeindruckenden Felswänden der Reiteralm (Alphorn) gelegentlich patrouillierende **Steinadler** erspäht werden. Der versierte „Wanderornithologe" kann ab Oberjettenberg einen Abstecher zur Aschauer Klamm

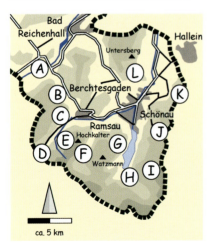

Nationalpark Berchtesgaden und sein Vorfeld 207

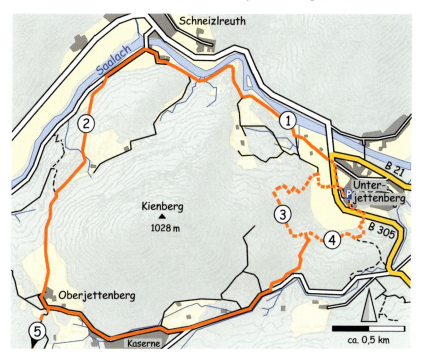

machen (**5**), was vor allem landschaftlich sehr reizvoll ist.

Wanderung über den Wachterlsteig auf die Reiteralm (B)
Start Von Unterjettenberg (siehe oben) folgt man der B 305 nach Berchtesgaden. Der Parkplatz „Schwarzbachwacht/Brunnhaus" (868 m) (**6**) liegt knapp 6 km hinter Unterjettenberg.
Kurzbeschreibung Zur neuen Traunsteiner Hütte (1560 m) und zurück. Teile der Reiteralm sind Standortsübungsplatz der Bundeswehr. Verlassen Sie deshalb die Wege nicht.
Charakter 800 Hm; 3,5–4 Std. bis zur Hütte und 3 Std. zurück. Wenn ein Abstecher zu den „Drei Brüdern" gemacht wird, ist die Wanderung sehr lang (gesamt ca. 9 Std.) und anstrengend (1100 Hm).

Diese Wanderung ist anstrengend, dabei jedoch landschaftlich sehr reizvoll und ornithologisch interessant. Die Chancen auf **Rauhfußhühner** erhöhen sich, wenn man nur bei schönem Wetter, sehr früh und unter der Woche geht. Wer im Morgengrauen startet, hat eine geringe Chance, vom Parkplatz aus (**6**) **Sperlingskäuze** zu hören. Der Weg verläuft zuerst ohne größere Höhendifferenzen Richtung Westen, bis nach rund 800 m der steile Wachterlsteig beginnt. Ab hier und rund 300 Höhenmeter darüber sollte man auf den Balzgesang von **Haselhühnern** achten, die man hier sehr regelmäßig hört (**7**). Auch **Schwarz-**, **Grau-** und **Grünspecht** sowie hin und wieder der **Weißrückenspecht** sind möglich. **Tannenhäher** und **Fichtenkreuzschnabel** sind regelmäßige Begleiter. Wenn man nach rund 1,5 Stunden das Reiteralm-

Auf dem Reiteralmplateau.

plateau erreicht (**8**), ist aus ornithologischer Sicht der interessanteste Wegabschnitt vorbei. Der lichte Fichten- und Zirbelkieferwald auf dem Plateau ist erstaunlich vogelarm. Auf den Lichtungen sollte man auf **Ringdrosseln** achten. Auch der **Tannenhäher** ist hier regelmäßig zu sehen. Nach insgesamt drei bis vier Stunden erreicht man die Neue Traunsteiner Hütte auf 1570 m (**9**). Die sich südlich anschließenden alpinen Matten in Österreich beherbergen **Bergpieper**, und an den Latschen können **Birkenzeisige** beobachtet werden. Die „Drei Brüder" (1864 m; weitere 300 Hm von der Neuen Traunsteiner Hütte) bieten eine grandiose Aussicht (**10**). Im gesamten Bereich sollte man auf fliegende **Steinadler** achten.

Wanderung auf die Hals-Alm (C)
Start Großparkplatz am Beginn der gesperrten Straße in Richtung Hirschbichlpass (800 m) ca. 1 km südwestlich des Ramsauer Ortsteils Hintersee (**11**). Die entsprechende Bushaltestelle heißt „Hirschbichl Auzinger

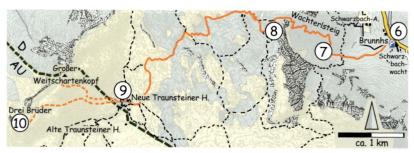

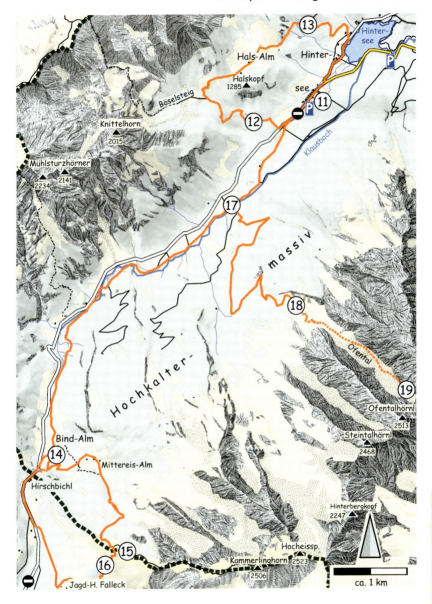

Abzweig" und wird von Berchtesgaden aus angefahren.
Hier befindet sich auch ein Nationalpark-Informationszentrum: das „Klausbachhaus".
Kurzbeschreibung Rundwanderung über die Hals-Alm (1211 m).

Charakter 410 Hm; 6,5 km; 2,5 Std.; wenig schwieriger Weg.

Diese relativ kurze Wanderung ermöglicht einen guten Einblick in die Vogelwelt des Klausbachtales. Vom Parkplatz folgt man der für den öffentlichen Verkehr gesperrten Straße, die durch das Klausbachtal nach Süden in Richtung „Bind-Alm" führt. Nach knapp 1 km geht rechts der Weg Richtung „Hals-Alm/Böselsteig" ab (**12**). Dem Fahrweg folgt man bis zur Hals-Alm (1,5 Stunden). Auf dieser hat man recht gute Chancen **Steinadler**, **Ringdrosseln** und Gämsen zu entdecken. Der Wald auf dem Weg dorthin bietet alle gängigen Waldvogelarten. 500 m hinter der Alm folgt man rechts abzweigend einem Pfad abwärts Richtung Hintersee (**13**). Am Hintersee angekommen hält man sich rechts und gelangt so zurück zum Parkplatz.

Wanderung über den Karlboden nach Hirschbichl und zurück nach Hintersee (D)

Start Großparkplatz südwestlich Hintersee (800 m) (**11**). Der Nationalpark-Wanderbus Hirschbichl verbindet den Großparkplatz mit dem Hirschbichlpass nahe der Bind-Alm und fährt vom 15. Mai bis 15. Oktober zwischen 8:00 Uhr und 16:30 Uhr.

Kurzbeschreibung Hintersee – Bind-Alm – Karlboden (ca. 1800 m) – Hirschbichl – Hintersee.

Charakter Gut 1000 Hm (davon 300 Hm mit Bus möglich); 7 Std. (mit Busbenutzung nur 3,5 Std.); lange Wanderung (18 km ohne Busbenutzung).

Vom Parkplatz Hintersee (**11**) bis zur Bind-Alm (**14**) sind es 6,4 km (300 Hm; 2 Stunden). Der anschließende Rundweg über Mittereis-Alm, Mooswand (**15**), Karlboden und Hirschbichl umfasst weitere 6,5 km (gut 700 Hm; 3,5 Stunden). Die erste Busverbindung ist leider recht spät. Für den Rückweg ist der Bus auf jeden Fall eine gute Option. Der Abschnitt bis zur Bind-Alm kann auch mit dem Fahrrad zurückgelegt werden.

Zwischen dem Parkplatz Hintersee (**11**) und der Bind-Alm (**14**) geht es den Wanderweg 481 entlang des Klausbaches Richtung Südwesten. Unterwegs passiert man offene Waldweideflächen, Weiden und Fichtenwälder mit typischen Waldvogelarten wie **Misteldrossel**, **Grün-** und **Schwarzspecht**, **Waldbaumläufer** oder **Tannen-** und **Haubenmeise**. Am Klausbach trifft man auf die **Wasseramsel**. Am Himmel sollte man auf **Steinadler** achten. Auf der Bind-Alm können **Hausrotschwanz** und **Ringdrosseln** beobachtet werden. Letztere bevorzugen Waldrandsituationen oder einzeln stehende Bäume.

Auf dem Weg zur Mittereis-Alm sollte man frühmorgens auf **Haselhühner** achten. Im weiteren Aufstieg zur Mooswand (**15**) entdeckt man mit einiger Wahrscheinlichkeit **Fichtenkreuzschnäbel**. Bei der Mooswand überquert man die Grenze nach Österreich und steigt nach rechts Richtung „Karlboden/Hintertal" ab (**16**). Der schmale Weg führt steil durch Wald und Almflächen (ideal für **Ringdrosseln**), bis er auf einer Alm am Jagdhaus Falleck auf einen Schotterweg stößt. Dort hält man sich rechts Richtung „Reubel" und achtet im Wald auf **Haselhühner**. In Reubel hält man sich wieder rechts und folgt dem Fahrweg zum Grenzübergang „Hirschbichl", von wo es nicht mehr weit bis zur Bind-Alm ist. Im Bereich Reubel/Hirschbichl wachsen zahlreiche Zirbelkiefern, weshalb der **Tannenhäher** hier oft beobachtet werden kann. Von der Bind-Alm geht es zu Fuß, mit dem Fahrrad oder mit dem Bus ab Hirschbichlpass zurück zum Parkplatz Hintersee (**11**).

Wanderung in das Ofental an der Westflanke des Hochkalters (E)

Start siehe Wanderung **D** (**11**).
Kurzbeschreibung In das Ofental (ca. 2200 m) und zurück.
Charakter 1400 Hm; 6–7 Std.; sehr anstrengend. Es ist auch möglich, nur einen Teil des Weges zu gehen.

Das Ofental ist ein enges Hochtal in der Westflanke des imposanten Hochkalters. Die Wanderung dorthin bietet die Möglichkeit, alle Höhenstufen des Nationalparks zu durchwandern, und dabei die typische Vogelwelt kennen zu lernen. Der weitere Aufstieg auf den Hochkalter (2606 m) ist nur konditionsstarken und alpin sehr erfahrenen Wanderern bei sicheren Verhältnissen und mit entsprechender Ausrüstung anzuraten (Klettersteig). Die Überschreitung zur Blaueishütte erfordert sogar Kletterfähigkeiten im II. Grad. Deswegen geht man den gleichen Weg wieder zurück. Bis weit in den Sommer wird man im Ofental Schnee vorfinden, weshalb man es erst ab Mai aufsuchen sollte. Von dem Parkplatz Hintersee (**11**) führt der Weg in einer halben Stunde durch das Klausbachtal bis zur Lahnwald Diensthütte (**17**). Von hier geht es an der Hochkalter Westflanke bergauf. Man durchwandert Fichtenwald, in dem Arten wie **Tannen-** und **Haubenmeise** oder **Dreizehen-** (selten) und **Schwarzspecht** vorkommen. Immer wieder sollte man am Himmel nach **Steinadlern** Ausschau halten. Am unteren Ende des Ofentals (**18**) beginnt sich der Wald zu lichten und in den Lärchen und Latschenbeständen stößt man oft auf **Birkenzeisige**, die hier regelmäßig im rasanten Singflug zu sehen sind. An den Felswänden, die das Tal bis in den oberen Bereich flankieren, wird selten der **Mauerläufer** beobachtet. **Schneehühner** sind in der alpinen Zone im Frühsommer leichter zu hören als zu sehen. Am oberen Talschluss angelangt (**19**), kann man die nicht scheuen **Alpenbraunellen** beobachten. Auch **Alpendohlen** sind hier oft anzutreffen.

Wanderung in das Wimbachtal (F)

Start Die Wanderung beginnt knapp 1,2 km östlich des Örtchens Ramsau am Parkplatz „Wimbachbrücke" am Nationalpark-Informationszentrum „Wimbachhaus" (624 m) (**20**) und kann über die B 305 erreicht werden. Die entsprechende Bushaltestelle heißt „Wimbachbrücke" und wird von Berchtesgaden

Blick vom Ofental in das Wimbachgries.

häufig angefahren. Die Wanderung ist in keiner Karte eingezeichnet.
Kurzbeschreibung Zur Wimbachgries-Hütte (1326 m) und zurück.
Charakter 700 Hm; Aufstieg 3 Std.; Abstieg gut 2 Std.; Streckenlänge nicht unterschätzen; 17 km hin und zurück.

Diese Wanderung gehört zu den Klassikern im Nationalpark. Daher sollte man an sonnigen Sommertagen mit vielen Mitwanderern rechnen. Auch wenn im Wimbachtal nur wenige Vogelarten vorkommen, ist die Landschaft sehr überzeugend und die Artenzusammensetzung von hoher Qualität. In der Umgebung des Parkplatzes kommen **Gebirgsstelze** und **Wasseramsel** vor. Vom Parkplatz folgt man den Wegweisern zur „Wimbachklamm", die nach ca. 10 min erreicht wird. Durch die landschaftlich lohnende Klamm (kostenpflichtig) oder rechts an ihr vorbei durchwandert man entlang des Wimbachs (**Wasseramsel**) naturnahen Fichtenwald mit **Waldbaumläufer**, **Meisen**, **Grünspecht** und **Kuckuck**. Nach rund 3 km kommt links die Alpelwand in Sicht, an der gelegentlich **Mauerläufer** beobachtet werden. Gut 1 km weiter erreicht man das Wirtshaus „Wimbachschloss", in dessen Umgebung man besonders auf **Steinadler**, **Alpendohle** und den **Grauspecht** achten sollte. Weiter bergauf führt der Weg durch Schneeheide-Kiefernwald, wo in den angrenzenden Hangwäldern **Schwarzspecht** und **Tannenhäher** vorkommen, und immer öfter passiert man Spirkengebüsche (*Pinus mugo* ssp. *uncinata*), in denen **Birkenzeisige** beobachtet werden können. Nach insgesamt 3 Stunden wird die Wimbachgries-Unterkunftshütte am oberen Ende des Wimbachgrieses erreicht. Die Unterkunftshütte ist von Mai bis Ende Oktober bewirtschaftet (08657/344). Oft findet man **Alpendohlen** in ihrer Umgebung. Von hier aus kann man einen Abstecher nach Osten in Richtung Königssee machen, wobei man einen grandiosen Überblick über das Wimbachgries hat (Hin und zurück: knapp 350 Hm und 6 km = gut 2,5 Std.). Es gibt keinen markanten Wendepunkt. Man muss also selbst entscheiden, wann man umkehren möchte. Im Frühsommer hört man in diesem Bereich früh morgens das Kullern der **Birkhähne**. Auch der **Tannenhäher** wird hier regelmäßig gesehen. Eine weitere Wandermöglichkeit eröffnet sich, wenn man von der Wimbachgries-Unterkunftshütte nach Westen Richtung österreichischer Grenze und Lofer geht. In den Felswänden der Palfelhörner, die schon bald erreicht werden, können **Alpenbraunelle** und **Hausrotschwanz** beobachtet werden (Hin und zurück: 200 Hm und 4 km = 1,5–2 Std.).

Wanderungen an der Nordflanke des Watzmanns (G)

Start Parkplatz Wimbachbrücke (624 m) (**20**), wie Wanderung (**F**).
Kurzbeschreibung Zum Watzmannhaus (1915 m) und über die Kühroint-Alm (1420 m) zurück.
Charakter 1300 Hm; 3,5 Std. bis zum Watzmannhaus; über die Kühroint-Alm zurück zum Parkplatz Wimbachbrücke. Je nach Variante durchschnittlich 18 km lange Wanderung (ohne Abstecher).

Die Watzmann-Nordflanke bietet eine Vielzahl von Beobachtungsmöglichkeiten. Ein Klassiker ist der Aufstieg zum Watzmannhaus. Vom Parkplatz Wimbachbrücke überquert man den Wimbach, an dem **Wasseramsel** und **Gebirgsstelze** beobachtet werden können. Der umgebende Laubwald beherbergt im Sommer gelegentlich **Trauer-** und **Grauschnäpper**. Der weitere Aufstieg

Nationalpark Berchtesgaden und sein Vorfeld

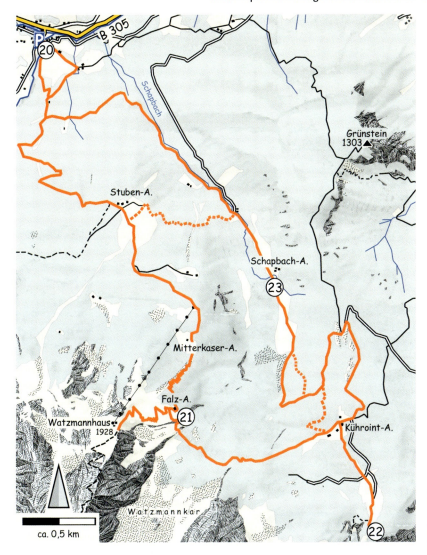

verläuft über die Stuben-Alm (1150 m) und die Mitterkaser-Alm (1400 m). Besonders zwischen diesen beiden Almen sollte man auf **Dreizehenspecht** und **Auerhuhn** achten. In den fichtendominierten Waldbeständen leben **Waldbaumläufer**, **Fichtenkreuzschnabel**, verschiedene **Meisenarten** und der **Schwarzspecht**. Auf den Freiflächen kommen erste **Ringdrosseln** und **Bergpieper** vor. Ab der Falz-Alm (1600 m) dominieren Lärchenbestände und der Wald lichtet sich. Auf den offenen Flächen zwischen Falz-Alm

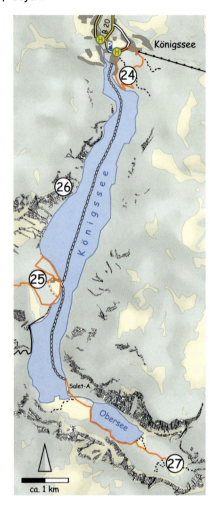

(08652/964222; Pfingsten bis Anfang Oktober). In der Umgebung des Watzmannhauses sind regelmäßig **Alpendohle** und **Alpenbraunelle** anzutreffen. Aus den Talgruben unterhalb des Watzmannhauses ist im Frühjahr oft der Balzruf der **Schneehühner** zu hören. Von der Falz-Alm (**21**) kann man nach Osten zur Kühroint-Alm (1420 m) weiter wandern. Dabei muss in Höhe der Falz-Alm eine leichte Kletterpassage überwunden werden. Sie erfordert Trittsicherheit und Schwindelfreiheit. Der Abstieg wird durch Drahtseile erleichtert. Danach quert man die Lärchen- und Fichtenbestände des unteren Ausläufers des Watzmannkars. Hier kommen **Birkhuhn**, **Klappergrasmücke** und **Dreizehenspecht** vor. Der Bereich der Kühroint-Alm (08652/7339, Mobil 0171/3533369 AB besprechen; Übernachtung von Juni bis Mitte Oktober) ist gut für **Ringdrossel** und **Fichtenkreuzschnabel**. Nachts ist zuweilen der **Rauhfußkauz** zu hören. Ein landschaftlich sehr schöner Abstecher führt zur Archenkanzel (**22**) (1346 m; 1,3 km; 75 Hm; knapp 30 min einfach). Auf dem Weg dorthin passiert man größere abgestorbene Fichtenbereiche, in denen der **Dreizehenspecht** brütet. An der Archenkanzel lassen sich selten **Felsenschwalben** blicken. Bei klarer Sicht wird man mit einem unglaublichen Ausblick auf den Königssee, das Steinerne Meer und das Lattengebirge belohnt. Von der Kühroint Alm kann man über die Schapbach-Alm (**23**) (1040 m) absteigen. Auf dieser werden regelmäßig **Sperber** und **Habicht** beobachtet.

(**21**) und Watzmannhaus können **Ringdrossel**, **Bergpieper** und am frühen Morgen **Birkhähne** mit großer Wahrscheinlichkeit bei der Balz beobachtet werden. Daher lohnt sich eine Übernachtung im Watzmannhaus (1928 m), von dessen Terrasse aus talabwärts blickend die balzenden Tiere gesehen werden können. Das Watzmannhaus ist oft überfüllt, weshalb eine Voranmeldung sinnvoll ist

Königssee und Obersee (H)

Start Um diesen Bereich zu erkunden, macht man am besten von den Fährbooten auf dem Königssee Gebrauch. Ausgangspunkt ist der Parkplatz am Königssee im Berchtesgadener Ortsteil Königssee (600 m).

Hier befindet sich auch eine Nationalpark-Informationsstelle. Die Busverbindung zum Königssee wird regelmäßig bedient (Haltestelle „Königssee/Parkplatz").

Kurzbeschreibung Fahrt mit öffentlichen Schiffen; Spaziergang von der Salet-Alm (604 m) nach Fischunkel (**27**) (703 m) und zurück.

Charakter 100 Hm; ca. 2 Std.; leicht.

Gleich südöstlich der Schiffsanlegestelle in Königssee liegt ein „Malerwinkel" genannter Seeuferabschnitt (**24**). Hier kann man auf einem leichten Rundweg entlang des Ufers durch Buchenwald spazieren und hat die besten Chancen, im Nationalpark auf **Zwergschnäpper** und **Waldlaubsänger** zu stoßen.

Die Laubwälder der malerischen Halbinsel St. Bartholomä (**25**) erreicht man mit der Fähre vom Bootsanleger Königssee aus. Der Königssee selbst bietet nur wenige Vögel wie beispielsweise **Reiherente**, **Kanadagans** und **Graureiher**. Während der Fährfahrt nach St. Bartholomä passiert man rechterhand die Archenwand, bei der man auf **Wanderfalke** und **Wespenbussard** achten sollte (**26**).

In St. Bartholomä erschließen leichte Wanderwege die Halbinsel, auf der ebenfalls **Zwergschnäpper** und **Waldlaubsänger** beobachtet werden können. Von der Halbinsel geht es mit der Fähre weiter zur Salet-Alm am Südufer des Königssees. Von hier führt ein Wanderweg am Obersee vorbei in den Bereich Fischunkel (ca. 100 Hm; rund 1 Std. von Salet), einem Talkessel, der von steilen Felsen flankiert wird (**27**). Hier und über dem Wasser des Obersees können regelmäßig **Felsenschwalben** beobachtet werden, von denen fast alljährlich wenige Paare auch dort brüten.

Wanderungen zwischen Jenner und Obersee (I)

Start Parkplatz „Göllhäusle" (**28**) (Hinterbrand, 1145 m) nördlich des Jenners und nahe der Mittelstation der Jennerbahn gelegen. Fast alle Wanderungen in das Gebiet beginnen hier. Der Parkplatz liegt an der B 319, die in Berchtesgaden von der B 305 abzweigt. Die Jennerbahn-Talstation wird vom ÖPNV regelmäßig angefahren. Von dort mit der Seilbahn zur Mittel- oder Gipfelstation.

Kurzbeschreibung Aufstieg über die Königsbach-Alm (**29**) zum Schneibsteinhaus (**30**) (1668 m; 2,5 Std.). Vom Schneibsteinhaus kann entweder die Kleine Reiben (ohne Benutzung der Jennerbahn vom Parkplatz Göllhäusle insgesamt 8–8,5 Std.) oder eine noch größere Runde über die Gotzenalm (vom Parkplatz Göllhäusle und zurück 9,5–10 Std.; 20 km) gewandert werden. Beide Touren sind lang und anstrengend. Bitte schätzen Sie die Anforderungen richtig ein. Übernachtungsmöglichkeiten bestehen im Schneibsteinhaus (08652/2596 oder 63715; Ende April bis Ende Oktober), im Carl von Stahl-Haus (nahe Schneibsteinhaus; 08652/2752; ganzjährig) und auf der Gotzenalm (08652/ 690900; Pfingsten bis Mitte Oktober).

Charakter Je nach Variante leichte bis anstrengende Wanderungen; in jedem Fall Tageswanderungen.

Besonders die alpine Zone ist in diesem westlichen Teil des Hagengebirges ornithologisch sehr interessant. Dies gilt jedoch nicht für den südlich des Parkplatzes liegenden Jenner (1874 m), der auch mit der Seilbahn erreicht werden kann. Der Berg ist im Gegensatz zum übrigen Gebiet stark erschlossen, und an sonnigen Sommertagen muss mit großem Andrang gerechnet werden. Der ornithologisch interessanteste Weg zum Schneibsteinhaus führt über die extensiven

Almflächen an der Mittelstation, über die Wasserfall-Alm, die Strub-Alm und die Königsbach-Alm (**29**). Entlang des Schotterweges können **Bergpieper**, **Ringdrossel**, **Misteldrossel** und Murmeltiere beobachtet werden. Daneben kommen auch **Baumpieper** vor, so dass man bei der Bestimmung der Pieper Sorgfalt walten lassen muss. Von der Königsbach-Alm wandert man dann weiter bergauf Richtung „Jenner" und „Schneibsteinhaus" (**31**). Die offenen Flächen südlich des Jenners beherbergen **Birkhühner**, während auf dem Jenner selbst und am Schneibsteinhaus (1668 m) **Alpendohlen** beobachtet werden können. Am Schneibsteinhaus beginnt eine sehr schöne Wanderung durch alpines Gelände: die „Kleine Reiben", die man ab Mitte Mai gehen kann. Sie führt zunächst nach Süden auf den Schneibstein (**31**) (2275 m). Während des Aufstiegs können mit einiger Wahrscheinlichkeit **Schneehühner** beobachtet werden. Auf dem Gipfel sind zeitweise **Schneesperlinge** anwesend. Vom Schneibstein steigt man wieder ab oder man folgt dem Weg weiter Richtung Süden durch felsiges Gelände, über dem gelegentlich der **Steinadler** zu sehen ist. Noch bevor man knapp 4 km hinter dem Schneibstein den Seeleinsee (**32**) (1810 m) erreicht, passiert man den rechterhand (westlich) liegenden Fagstein (**33**) (2164 m). Der Gipfelaufstieg auf diesen Berg ist zwar weglos, aber eine relativ verlässliche Stelle, um **Schneesperlinge** zu beobachten. Vom Fagstein kann man entweder auf den Hauptweg zurück oder über den Südgrat absteigen, um dann auf Steigspuren durch die steile Südwestflanke nach Westen ins Rossfeld zu queren (**34**). Doch Vorsicht: Der Fagstein kann nur ganz im Süden ohne Klettern umrundet werden. Folgen Sie bitte ausgetretenen Pfaden und steigen Sie auf keinen Fall in die Steilabstürze ein! Auf dem Rossfeld (**34**) sind **Birkhühner** relativ häufig. Gute Chancen hat man, wenn man zur Balzzeit und am frühen Morgen entgegengesetzt aufsteigt, so dass man früh am Rossfeld eintrifft. Von diesem geht es weiter auf Steigspuren den Nordwestgrat absteigend zur Priesberg-Alm (1500 m). Die Steigspuren sind durchweg nicht markiert. Der Pfad ist deswegen nur bei guten Bedingungen, mit alpiner Erfahrung und gutem Kartenmaterial anzuraten. Steigt man nicht über den Fagstein ab, so biegt man kurz hinter dem Seeleinsee rechts ab und steigt von dort Richtung Priesberg-Alm auf einem Wanderweg ab, in dessen oberen Bereich oft **Birkenzeisige** zu sehen sind (**35**), und wandert dann Richtung Jenner zurück. Diese Runde ist die Kleine Reiben. Wer eine größere Runde gehen möchte, läuft hinter dem Seeleinsee weiter geradeaus Richtung Süden. Im Bereich Seeleinsee halten sich gelegentlich Steinböcke auf. Der Abstieg erfolgt dann über den Reitweg und die Gotzenalm (**36**). Auf dieser balzen im Frühsommer früh morgens **Birkhühner**. Andere Offenlandarten wie **Bergpieper** und **Ringdrossel** sind hier ebenfalls gut vertreten. Von der Gotzenalm geht es dann Richtung Jenner zurück. Ohne Karte und eine guten Portion Bergerfahrung sollte man weder die Kleine Reiben noch die große Runde angehen.

Das Hohe Brett am Jenner (J)

Start Parkplatz „Göllhäusle" (1145 m) (**28**); Anfahrt sie Wanderung I.

Kurzbeschreibung Vom Göllhäusle über das Schneibsteinhaus (**30**) (1668 m) auf das Hohe Brett (**37**) (2331 m) und zurück.

Charakter 1200 Hm; Aufstieg 3,5–4 Std.; Der Aufstieg kann mit der Jennerbahn abgekürzt werden. Schwindelfreiheit und Trittsicherheit sind unbedingt erforderlich! In einem kurzen, sehr steilen Stück benötigt man die Hände.

Das Hohe Brett (**37**) nahe dem Jenner ist eine relativ verlässliche Stelle für **Schneesperlinge**. Es handelt sich um eine Hochfläche mit alpinen Matten. Vom Schneibsteinhaus (**30**) (1668 m) verläuft der Weg entlang der deutsch-österreichischen Grenze nach Norden. In den felsigen Bereichen kann die **Alpenbraunelle** und am Hohen Brett auch der Schneehase beobachtet werden. **Schneesperlinge** suchen meist in den schütteren alpinen Matten nach Nahrung oder fliegen umher.

Die Rossfeldstraße (K)

Charakter Mit dem Auto befahrbar.

Die Rossfeldstraße bietet im Raum Berchtesgaden die bequemste Möglichkeit, in (sub)alpines Gelände vorzudringen. Der Zugang erfolgt entweder von Oberau oder vom Berchtesgadener Ortsteil Obersalzberg aus über die B 319. Die B 319 zweigt von der B 305 in Berchtesgaden ab. Die „Rossfeldstraße" ist früh ausgeschildert. Ein früher Start ist besonders lohnend, um im oberen Bereich **Birkhühner** beobachten zu können. Daneben lassen sich entlang der Straße auch **Erlen-** und **Birkenzeisig**, **Bergfink** (Winter), **Tannenhäher** und **Bergpieper** (Sommer) beobachten. Die Straße ist mautpflichtig. Wenn die Mautstelle in den frühen Morgenstunden noch nicht besetzt ist, besteht ungehinderter Zugang.

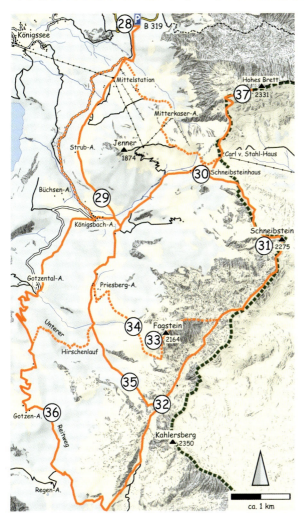

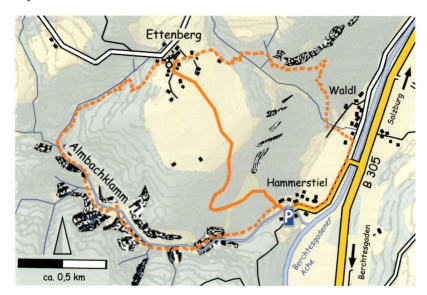

Wanderung von der Almbachklamm nach Ettenberg und zurück (L)

Start Parkplatz Almbachklamm (ca. 500 m). Häufige Busverbindung Berchtesgaden–Salzburg, Haltestelle „Almbachklamm Gh" oder „Kugelmühle Abzw.".

Kurzbeschreibung Rundweg über Ettenberg (832 m) und die Almbachklamm zurück zum Parkplatz.

Charakter 340 Hm; 4 km; 2 Std.; leichte Wanderung.

Von Berchtesgaden fährt man die B 305 Richtung Salzburg und biegt nach wenigen Kilometern links Richtung „Almbachklamm" ab. Nach rund 500 m gelangt man zu einem Parkplatz an dem aus wenigen Häusern bestehenden Ortsteil Hammerstiel (Kugelmühle). Von hier führt ein Wanderweg durch Buchen- und Kiefernwald Richtung Ettenberg nach Nordwesten (bis dorthin 45 min bis 1 Std.). Im Sommer können hier **Berglaubsänger** (schüttere Kiefernbestände) und **Zwergschnäpper** (Buchenwald) sowie mit Glück der **Weißrückenspecht** beobachtet werden. Vor Ettenberg quert man eine weite Grünlandfläche, entlang derer der Weg mit Feldgehölzen gesäumt ist. Hier können **Goldammer** und **Neuntöter** beobachtet werden. An den umgebenden Hängen fliegen im Sommer manchmal **Wespenbussarde**. In Ettenberg mit seinem Wirtshaus und der reizvollen Kapelle angelangt, kann man entweder über die sehr sehenswerte Almbachklamm oder entlang eines östlich von Ettenberg verlaufenden Baches (Buchenwald mit **Waldlaubsänger**) und über den kleinen Ortsteil Waldl zum Parkplatz zurückwandern.

Informationen

Nationalparkverwaltung, Doktorberg 6, 83471 Berchtesgaden, 08652/9686-0. Es gibt Informationsstellen des Nationalparks im Klausbachhaus, an der Wimbachbrücke und am Königssee (Nordufer zwischen Großparkplatz und Schiffsanleger).

In Berchtesgaden selbst bietet das Nationalpark-Haus eine umfassende Ausstellung.
UK L4 Berchtesgadener Alpen, Königssee –
Bad Reichenhall (1:50.000): Bayerisches Landesvermessungsamt.
Literatur: LANGE & LANGE (1995), SCHUSTER (1996), ZEMBSCH & ZEMBSCH (2003).

Artenspezial Bayern

Wiesenweihen bei Würzburg

Die Hellwegbörde in Nordrhein-Westfalen und die Mainfränkischen Platten in Nordbayern sind die deutschen Verbreitungsschwerpunkte dieses attraktiven Greifvogels. In Nordbayern verläuft die Bestandsentwicklung seit 1994 vor allem Dank intensiver Schutzbemühungen stark positiv. Der Brutbestand umfasste 2001 ca. 70 Brutpaare.

Die **Wiesenweihe** erreicht ihre Brutgebiete Anfang Mai und brütet fast ausschließlich in Wintergetreidefeldern.

Wer sich südlich von Würzburg selbst einmal auf **Wiesenweihen**suche begeben will, der hat gute Chancen entlang der B 13 zwischen Burgbernheim im Süden und Ochsenfurt im Norden. Auch bei Gut Seligenstadt, das auf einem ausgeräumten und intensiv

Wiesenweihen-Weibchen. Foto: R. Jahn

landwirtschaftlich genutzten Plateau nordöstlich von Würzburg liegt, brüten **Wiesenweihen**. Von der A 3 Ausfahrt Rottendorf nimmt man die B 8 Richtung „Rottendorf" und biegt nach kurzer Zeit rechts auf die B 22 Richtung Dettelbach ab. Nach 4,5 km zweigt eine Nebenstraße links nach Bibergau ab, die den Ort und ebenso Euerfeld passiert und nach insgesamt 6,2 km nach Gut Seligenstadt führt. Am Südrand von Gut Seligenstadt, also noch bevor man das eigentliche Gut passiert, nimmt man einen Teerweg nach Osten, um nach rund 1,2 km eine einsame Windschutzhecke zu erreichen. Hier lassen sich im Sommerhalbjahr mit großer Regelmäßigkeit **Wiesenweihen** beobachten. Wenn man sich Ende August/Anfang September entlang der Kuppen auf die abgeernteten Felder begibt, hat man auch gewisse Chancen, neben den **Weihen** mit ihren nun flüggen Jungvögeln, durchziehende **Mornellregenpfeifer**, **Brach-** oder **Rotkehlpieper** zu beobachten.

Weißrückenspecht-Männchen. Foto: P. Zeininger

Informationen
Literatur: Krüger et al. (1999), Ranftl (1995).

Alpenspechte
Weißrückenspecht und **Dreizehenspecht** kommen in Deutschland vor allem in den Alpen und in geringerem Umfang auch im Bayerischen Wald vor. Der Dreizehenspecht brütet darüber hinaus auch im Schwarzwald mit ca. 15–20 Paaren.

Den scheuen und seltenen **Weißrückenspecht** in den Wäldern Bayerns zu beobachten, ist sicherlich einer der ornithologischen Höhepunkte in Süddeutschland. Auch in optimalen Mischwäldern, die sich vor allem durch einen hohen Strukturreichtum und einen hohen Totholzanteil auszeichnen, ist der **Weißrückenspecht** nicht häufig. So findet man etwa im Bayerischen Wald pro 1600 Hektar nur ein Paar. Gerne hält sich die Art in süd- und südwestexponierten Hängen auf. Man erhöht die Beobachtungschancen, wenn man folgende Hinweise beachtet:

Am auffälligsten ist der **Weißrückenspecht** zwischen Ende Februar und Anfang Juni, wenn ihn sein charakteristisches Trommeln verrät. Dabei ist das Trommelmaximum ein oder zwei Stunden nach Sonnenaufgang. Nachmittags trommelt er fast gar nicht. Dieser Specht klopft die Nahrung mit lauten und konstanten Schlägen aus den Bäumen. Der **Buntspecht** klopft hingegen in Lautstärke und Frequenz sehr viel unregelmäßiger. Auch die zurückhaltenden „bjück"-Rufe helfen den **Weißrückenspecht** vom Buntspecht („kick") zu unterscheiden.

Potenzieller Beobachtungsort für den Specht im Nationalpark Berchtesgaden

(Kapitel 43) ist, neben den im Abschnitt „Beobachtungsmöglichkeiten" beschriebenen Stellen, der Hang südlich der Eckau-Alm (an der Nordostseite des Hochkalters). In Garmisch-Partenkirchen sollte man sein Glück am Eibsee oder am Aufstieg zur Dammkarhütte versuchen (Kapitel 40).

Die besten Chancen auf den **Dreizehenspecht** hat man zwischen März und Mai und wieder im Oktober, wenn er seine typischen, langen und hinten schneller werdenden Trommelreihen verlauten lässt. Die Art ist nicht scheu, aber sehr heimlich. Oftmals verrät den **Dreizehenspecht** nur ein feines Klopfen. Das ideale Habitat sind Bergfichtenwälder, die von sonnigen Lichtungen unterbrochen sind und einen hohen Totholzanteil haben. So zum Beispiel am Feldberg (Kapitel 20), im Bereich des Eibsees (Kapitel 40), im unteren Bereich des Aufstiegs zur Dammkarhütte (Kapitel 40), an der Nordflanke des Watzmanns im Bereich Kühroint-Alm (Kapitel 43), am Grünten oder am Ponten und Bschießer jeweils im Allgäu (Kapitel 38).

Der Tatzelwurm ist ein empfehlenswerter Platz für beide **Alpenspechte**. Das Gebiet liegt südlich von Rosenheim und kann über die A 93 Ausfahrt „Brannenburg" erreicht werden. Nach der Ausfahrt hält man sich Richtung Westen. An der nächsten großen Kreuzung fährt man geradeaus und kommt auf die private Mautstrecke nach Bayrischzell. Fast 8 km nach der Kreuzung erreicht man einen kleinen Parkplatz (**1**) auf der linken Seite. Wer zur nächsten T-Kreuzung „Oberaudorf/Kiefersfelden" – „Bayrischzell" kommt, ist 300 m zu weit gefahren. Vom Parkplatz folgt man dem gesperrten Fahrweg hinter der Schranke bergauf. Ab (**2**) sollte man auf **Schwarz-**, **Grau-**, **Weißrücken-** und **Dreizehenspecht** achten. Direkt vor dem Forellenteich (**3**) führt ein Weg nach rechts über einen Geländerücken. Hier hält man sich rechts und läuft in den Hang oberhalb des Hauptweges, den man zuvor gekommen ist. Dieser Hangwald (**4**) ist gut für den **Weißrückenspecht**. Bei (**5**) teilt sich der Weg. Nach rechts gelangt man zu einem weiteren Teich (**6**), in dessen Umgebung beide **Alpenspechte** vorkommen. Im Bereich (**7**) hat man einen guten Blick über ein Tal. Dieses Tal und der weitere Weg aufwärts sind gut für das **Auerhuhn** und die **Alpenspechte**. Wieder am Parkplatz und weiter Richtung Bayrischzell fahrend, erreicht man Almweiden und offenen Fichtenwald mit **Ringdrossel** und **Zitronenzeisig** (**8**). Am Tatzelwurm liegt oft lange Schnee und über den Winter besteht regelmäßig Schneekettenpflicht.

Fährt man vom Tatzelwurm nach Oberaudorf, lohnt sich ein Abstecher zur direkt süd-

Dreizehenspecht-Männchen. Foto: K. Wothe

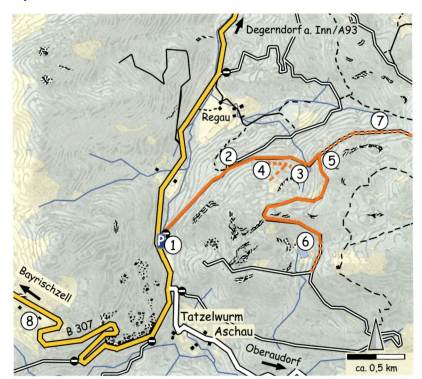

westlich von Oberaudorf liegenden Luegsteinwand, an der mit großer Regelmäßigkeit **Felsenschwalben**, der **Wanderfalke** und sehr unregelmäßig auch der **Mauerläufer** beobachtet werden können. Von Oberaudorf fährt man die St 2089 in Richtung Mühlbach und Kiefersfelden nach Süden. Noch vor Mühlbach nimmt man eine Straße nach rechts in Richtung „Luegsteinsee" und „Campingplatz". Am See blickt man von Süden nach Norden auf die Wand oberhalb des Sees.

Mauerläufer

Der **Mauerläufer** ist in jedem Bestimmungsbuch ein „Hingucker". Die charakteristischen rot-weiß-schwarzen Flügel, die im Flug auffällig leuchten, und der leichte, flatternde, schmetterlingsartige Flug machen den Vogel unverwechselbar. Trotzdem ist der **Mauerläufer** in großen, oft schwer einzusehenden Felspartien keineswegs so auffällig, wie man nach seinem Aussehen meinen sollte. Manchmal verraten ihn seine hohen pfeifenden Rufe und der vor allem im April geäußerte Gesang. Ansonsten benötigt man für eine Beobachtung Glück und Geduld. Neben der Unzugänglichkeit der Brutorte kommt erschwerend hinzu, dass der **Mauerläufer** in seiner deutschen Verbreitung auf den bayerischen Alpenraum beschränkt ist, wo er mit gerade mal 100 Brutpaaren vorkommt.

Mauerläufer brüten in Spalten von Felswänden, wo sie für die Nestanlage die feuchten Wandbereiche bevorzugen. Die Himmelsrichtung scheint egal zu sein. Sie meiden aber klammartige Schluchten und isolierte kleine Felsen im Bergwald. Oftmals ist fließendes Wasser in der Nähe. Die Brutwände sind von Anfang April bis Ende September besetzt. Die besten Monate sind Mai bis Anfang August. Erst danach verlassen die letzten flüggen Mauerläufer das Nest. Im Winter kann die Art sowohl im Alpenvorland, als auch an Felsen der süddeutschen Mittelgebirge gefunden werden. Gerne nimmt der **Mauerläufer** auch Steinbrüche an. Der baden-württembergische Winterbestand wird auf 30 Tiere geschätzt.

Die besten Beobachtungschancen hat man, wenn man sich morgens vor einer geeigneten Wand einen Platz mit guter Übersicht sucht und von dort die Felsbereiche geduldig mit dem Fernglas oder auch dem Spektiv systematisch absucht. Unter den zu den Alpenregionen beschriebenen Stellen sind die Westliche Karwendelspitze und die Stellwand (jeweils Kapitel 40) bei Garmisch-Partenkirchen relativ verlässlich. Einen weiteren Brutplatz findet man am oberen Ausgang der Höllentalklamm, der von Hammersbach in 1,5 Std. Gehzeit erreicht werden kann. Hammersbach liegt 2 km südwestlich von Garmisch-Partenkirchen und wird von der Zugspitzbahn angefahren. Ab dort wo der Weg an Steilheit verliert und die Schlucht sich weitet, kann man sein Glück versuchen.

Informationen
Literatur: BEZZEL (1993a).

Zitronenzeisig
Der **Zitronenzeisig** ist einer der wenigen europäischen Endemiten und auf einige westeuropäische Gebirge beschränkt. Der deutsche Bestand beträgt ca. 3600–5700 Individuen, wovon 800 Brutpaare im Schwarzwald vorkommen.

Im deutschen Alpenraum ist der **Zitronenzeisig** überall dort anzutreffen, wo es im Bereich der Waldgrenze eine enge Verzahnung von offenem Wald mit eingesprengten Fichten und Almwiesen gibt. Dabei wird er von Osten nach Westen immer häufiger. So

Mauerläufer. Foto: G. Strakeljahn

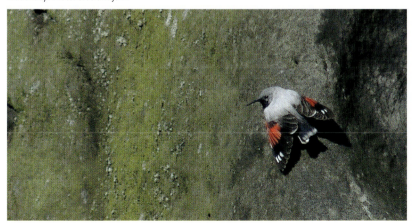

Zitronenzeisig-Männchen. Foto: G. Wendl

gibt es im Raum Berchtesgaden kein regelmäßiges Brutvorkommen, während er im Chiemgau, wenig weiter westlich, bereits gut vertreten ist. Gute Beobachtungsplätze gibt es zum Beispiel im Raum Garmisch-Partenkirchen (Kapitel 40) und im Allgäu (Kapitel 38). Eine weitere Population findet man auf dem Geigelstein südlich des Chiemsees, wo auch das **Auerhuhn** vorkommt.

Das Schwarzwälder Vorkommen beschränkt sich auf die Höhenlagen zwischen 800 m und 1500 m. Das typische Brutbiotop sind subalpine, locker stehende Nadelbaumbestände an Waldrändern oder an der Baumgrenze mit einem hohen Anteil an Offenflächen, wie extensive Weiden, Magerwiesen oder Moorflächen. Verbreitungsschwerpunkte sind der Feldberg im Südschwarzwald und die Hochlagen des Nordschwarzwalds (siehe Kapitel 14 und 20).

Die meisten **Zitronenzeisige** ziehen im Winter ab und kommen im März zurück. Zugzeiten sind Februar bis April und Mitte September bis November. Dann kann man den Zitronenzeisig meist in Trupps auch im Übergang zwischen der Latschenzone und den alpinen Matten beobachten. Der Flugruf hilft beim Finden der wenig auffälligen Vögel.

Typischer Zitronenzeisig-Lebensraum.

Liste der Vögel Süddeutschlands

Die vorliegende Liste soll ein Werkzeug für die Planung Ihrer Exkursionen im süddeutschen Raum sein. Sie kann ebenso als persönliche Checkliste zum Abhaken verwendet werden. Die Liste erhebt keinen Anspruch auf absolute Vollständigkeit. Regelmäßige Seltenheiten sind mit aufgeführt. In den letzten Jahren sind durch die Anwendung molekularer Methoden umfassende neue Erkenntnisse zu den verwandtschaftlichen Beziehungen der Vögel gewonnen worden. BARTHEL und HELBIG haben im Jahr 2005 die Ergebnisse in einer aktuellen Artenliste der Vögel Deutschlands zusammengefasst. Sie wird den neuen Standard vorgeben. Aus diesem Grund richtet sich die folgende Tabelle nach der neuen Artenliste. Für Süddeutschland sind in der Praxis vor allem zwei neue Vogelnamen von Bedeutung. So wurden einige Unterarten der **Schafstelze** zu Semispezies erhoben. Die in Mitteleuropa brütende Art heißt jetzt **Wiesenschafstelze**. Der **Zitronengirlitz** wurde zum **Zitronenzeisig**. Die **Statusspalte** gibt an: **W** = vorwiegend Wintergast, **S** = vorwiegend Sommergast, **G** = mehr oder weniger ganzjährig; **A** = Ausnahmegast oder sehr selten; **N** = Neozoa, Gefangenschaftsflüchtling oder aus einem Auswilderungsprogramm.

Die nächsten vier Spalten sind die **Regionenspalten**. Sie bezeichnen die im Buch bearbeiteten Regionen: **SRH** = Saarland, Rheinland-Pfalz und Hessen, **BW** = Baden-Württemberg ohne die Bodenseeregion, **Bo** = Bodensee, **By** = Bayern. Die Zahlen in der jeweiligen Spalte geben die Wahrscheinlichkeit an, mit der die Art in der jeweiligen Region beobachtet werden kann. Dabei bedeutet **0** = Es ist wahrscheinlich, dass die Art innerhalb weniger Tage Vogelbeobachtung in der richtigen Jahreszeit in der jeweiligen Region gesehen wird, **1** = Es ist wahrscheinlich, dass die Art mit unseren Tipps innerhalb weniger Tage Vogelbeobachtung in der richtigen Jahreszeit gesehen wird, **2** = Die Art ist selten, lokal oder heimlich und **3** = Die Art ist in der Region sehr selten oder sehr lokal, es ist somit unwahrscheinlich, dass sie während einer Tour gesehen wird.

In der **Kapitelspalte** sind die für die jeweilige Art besten Beobachtungsgebiete genannt. Dies bedeutet nicht, dass diese Arten nicht auch anderswo beobachtet werden können. Ein **A** in dieser Spalte steht für alpin und bedeutet, dass die Art nahezu ausschließlich in den Alpen und hohen Mittelgebirgen wie dem Schwarzwald vorkommt. Ein **S** bedeutet, dass detaillierte Beobachtungshinweise in den Artenspezialkapiteln gegeben werden.

Art	Status	SRH	BW	Bo	By	Kapitel
[ ] Schwarzkopf-Ruderente (*Oxyura jamaicensis*)	N/G	2	2	2	2	
[ ] Höckerschwan (*Cygnus olor*)	G	0	0	0	0	
[ ] Singschwan (*Cygnus cygnus*)	W (S)	1–2	2	1	2	26, 28, 29
[ ] Zwergschwan (*Cygnus bewickii*)	W	2	3	1	3	28, 29

Liste der Vögel Süddeutschlands

Art	Status	SRH	BW	Bo	By	Kapitel
[ ] Rothalsgans (*Branta ruficollis*)	N/(A)	3	3	3	3	
[ ] Ringelgans (*Branta bernicla*)	A/N	3	3	3	3	
[ ] Kanadagans (*Branta canadensis*)	N/G	0	1	1–2	1	
[ ] Weißwangengans (*Branta leucopsis*)	(A)/N/G	2	2–3	2–3	2	
[ ] Saatgans (*Anser fabilis*)	W	1	2	2	1–2	6, 13, 35
[ ] Kurzschnabelgans (*Anser brachyrhynchus*)	A/W	3	3	3	3	
[ ] Zwerggans (*Anser erythropus*)	A/W	3	3	3	3	
[ ] Blässgans (*Anser albifrons*)	W	1	1–2	2–3	1–2	6, 13, 35
[ ] Graugans (*Anser anser*)	G	0	0	0	0	
[ ] Schneegans (*Anser caerulescens*)	N/G	3	3	3	3	
[ ] Streifengans (*Anser indicus*)	N/G	1	2	2	1	
[ ] Nilgans (*Alopochen aegyptiaca*)	N/G	0	1	2	1–2	
[ ] Brandgans (*Tadorna tadorna*)	G	1	2	1	1	10, 26, 28, 29, 33
[ ] Rostgans (*Tadorna ferruginea*)	N/G	1–2	1–2	1	1–2	16, 22, 23, 26, 28
[ ] Mandarinente (*Aix galericulata*)	N/G	2	2	2	2	
[ ] Brautente (*Aix sponsa*)	N/G	2	2	2	2	
[ ] Schnatterente (*Anas strepera*)	G	0	0	0	0	
[ ] Pfeifente (*Anas penelope*)	W(S)	0	0	0	0	
[ ] Kanadapfeifente (*Anas americana*)	A	3	3	3	3	
[ ] Krickente (*Anas crecca*)	G	0	≠0	0	0	
[ ] Stockente (*Anas platyrhynchos*)	G	0	0	0	0	
[ ] Spießente (*Anas acuta*)	W(S)	1	1	1	1	
[ ] Knäkente (*Anas querquedula*)	S	1	1	1	1	
[ ] Löffelente (*Anas clypeata*)	G	1	1	1	1	
[ ] Kolbenente (*Netta rufina*)	G	2	1	0	0–1	
[ ] Moorente (*Aythya nyroca*)	A/N/G	3	3	1	3	24
[ ] Tafelente (*Aythya ferina*)	G	0	0	0	0	
[ ] Ringschnabelente (*Aythya collaris*)	A/N	3	3	3	3	
[ ] Reiherente (*Aythya fuligula*)	G	0	0	0	0	
[ ] Bergente (*Aythya marila*)	W	1–2	2	1	1–2	9, 27, 28, 37
[ ] Eiderente (*Somateria mollissima*)	W(S)	2	2	1	1	27, 28, 29, 36, 37
[ ] Eisente (*Clangula hyemalis*)	W	2	2	2	2	
[ ] Trauerente (*Melanitta nigra*)	W	2	2	2	2	
[ ] Samtente (*Melanitta fusca*)	W	1–2	2	1–2	1–2	9, 27, 28, 29, 37
[ ] Schellente (*Bucephala clangula*)	W(S)	1	1	1	1	
[ ] Zwergsäger (*Mergulus albellus*)	W	1	1	1	1	
[ ] Gänsesäger (*Mergus merganser*)	G	1	1	1	0	

Art	Status	SRH	BW	Bo	By	Kapitel
[ ] Mittelsäger (*Mergus serrator*)	W	2	2	1–2	2	27
[ ] Wachtel (*Coturnix coturnix*)	S	1–2	1	1	1	
[ ] Steinhuhn (*Alectoris graeca*)	A	3	3	3	3	A
[ ] Jagdfasan (*Phasianus colchicus*)	N/G	0	0	0	0	
[ ] Rebhuhn (*Perdix perdix*)	G	1–2	1–2	1–2	1–2	
[ ] Haselhuhn (*Tetrastes bonasia*)	G	3	3	3	2	A
[ ] Alpenschneehuhn (*Lagopus muta*)	G	3	3	2	1	A
[ ] Birkhuhn (*Tetrao tetrix*)	G	3	3	2	1	A
[ ] Auerhuhn (*Tetrao urogallus*)	G	3	2	2	2	A
[ ] Rosaflamingo (*Phoenicopterus roseus*)	N/G	3	3	3	3	
[ ] Chileflamingo (*Phoenicopterus chilensis*)	N/G	3	3	3	2	33
[ ] Zwergtaucher (*Tachybaptus ruficollis*)	G	0	0	0	0	
[ ] Haubentaucher (*Podiceps cristatus*)	G	0	0	0	0	
[ ] Rothalstaucher (*Podiceps grisegena*)	W (S)	1	1–2	1	1	
[ ] Ohrentaucher (*Podiceps auritus*)	W (S)	2	2–3	2	2	
[ ] Schwarzhalstaucher (*Podiceps nigricollis*)	G	1	1	0	1	
[ ] Sterntaucher (*Gavia stellata*)	W	2–3	2	1	1	28, 29, 36, 37, 42
[ ] Prachttaucher (*Gavia arctica*)	W	2	2	1	1	27, 28, 36, 37, 42
[ ] Eistaucher (*Gavia immer*)	W	3	3	1–2	2	27, 36, 42
[ ] Gelbschnabeltaucher (*Gavia adamsii*)	A/W	3	3	3	3	
[ ] Kormoran (*Phalacrocorax carbo*)	G	0	0	0	0	
[ ] Zwergscharbe (*Phalacrocorax pygmeus*)	A	3	3	3	3	
[ ] Sichler (*Plegadis falcinellus*)	A	3	3	3	3	
[ ] Löffler (*Platalea leucorodia*)	S	3	3	2	2	29, 33
[ ] Rohrdommel (*Botaurus stellaris*)	W (S)	2	2	2	2	
[ ] Zwergdommel (*Ixobrychus minutus*)	S	2	1–2	1	1	13, 26, 29, 30
[ ] Nachtreiher (*Nycticorax nycticorax*)	S	3	2–3	2	1	32, 33
[ ] Rallenreiher (*Ardeola ralloides*)	A/S	3	3	3	3	
[ ] Kuhreiher (*Bubulcus ibis*)	A/S	3	3	3	3	
[ ] Silberreiher (*Casmerodius albus*)	G	1	1	0	0	
[ ] Graureiher (*Ardea cinerea*)	G	0	0	0	0	
[ ] Purpurreiher (*Ardea purpurea*)	S	1	1	2–3	2–3	13
[ ] Seidenreiher (*Egretta garzetta*)	S	2	2	1–2	1	32, 33
[ ] Schwarzstorch (*Ciconia nigra*)	S	2	2	2	2	
[ ] Weißstorch (*Ciconia ciconia*)	S (W)	1	1	1–2	1	3, 5, 19, 30, 36
[ ] Fischadler (*Pandion haliaetus*)	S	1–2	1–2	1–2	1–2	
[ ] Bartgeier (*Gypaetus barbatus*)	A/G	3	3	3	3	A
[ ] Wespenbussard (*Pernis apivorus*)	S	1	1	1	1	

Liste der Vögel Süddeutschlands

Art	Status	SRH	BW	Bo	By	Kapitel
[ ] Schlangenadler (*Circaetus gallicus*)	A/S	3	3	3	3	39
[ ] Gänsegeier (*Gyps fulvus*)	(N)/G	3	3	3	2–3	43, A
[ ] Schelladler (*Aquila clanga*)	A	3	3	3	3	
[ ] Schreiadler (*Aquila pomarina*)	A	3	3	3	3	
[ ] Zwergadler (*Aquila pennata*)	A (S)	3	3	3	3	
[ ] Steinadler (*Aquila chrysaetos*)	G	3	3	3	1	A
[ ] Steppenweihe (*Circus macrourus*)	A (S)	3	3	3	3	
[ ] Kornweihe (*Circus cyaneus*)	W (S)	1	1	1	1	
[ ] Wiesenweihe (*Circus pygargus*)	S	2	2	2	1	S
[ ] Rohrweihe (*Circus aeruginosus*)	S	1	1	1	1	
[ ] Habicht (*Accipiter gentilis*)	G	1	1	1	1	
[ ] Sperber (*Accipiter nisus*)	G	0	0	0	0	
[ ] Rotmilan (*Milvus milvus*)	S (W)	0–1	1	1–2	1	
[ ] Schwarzmilan (*Milvus migrans*)	S	0	1	0	1	
[ ] Seeadler (*Haliaeetus albicilla*)	W (S)	2	3	3	1–2	31, 42
[ ] Rauhfußbussard (*Buteo lagopus*)	W	2	2	2	2	31
[ ] Mäusebussard (*Buteo buteo*)	G	0	0	0	0	
[ ] Adlerbussard (*Buteo rufinus*)	A	3	3	3	3	
[ ] Merlin (*Falco columbarius*)	W	2	2	1–2	2	3, 17, 26, 31, 36
[ ] Rotfußfalke (*Falco vespertinus*)	A (S)	3	2–3	2	2	29, 36, 42
[ ] Baumfalke (*Falco subbuteo*)	S	1	1	1	1	
[ ] Wanderfalke (*Falco peregrinus*)	G	1	1	1–2	1	
[ ] Würgfalke (*Falco cherrug*)		3	3	3	3	
[ ] Lannerfalke (*Falco biarmicus*)	(A) N	3	3	3	3	
[ ] Turmfalke (*Falco tinnunculus*)	G	0	0	0	0	
[ ] Kranich (*Grus grus*)	S (W)	1	2–3	2–3	2–3	3
[ ] Großtrappe (*Otis tarda*)	A	3	3	3	3	
[ ] Wasserralle (*Rallus aquaticus*)	G	1	1	1	1	
[ ] Wachtelkönig (*Crex crex*)	S	2	1	2	1	17, 39
[ ] Tüpfelsumpfhuhn (*Porzana porzana*)	S	1–2	1–2	1	1	22, 30, 33, 34
[ ] Kleines Sumpfhuhn (*Porzana parva*)	S	3	3	2	2	34
[ ] Zwergsumpfhuhn (*Porzana pusilla*)	A	3	3	3	3	
[ ] Teichhuhn (*Gallinula chloropus*)	G	0	0	0	0	
[ ] Blässhuhn (*Fulica atra*)	G	0	0	0	0	
[ ] Triel (*Burhinus oedicnemus*)	(A)/S	3	2	3	3	19
[ ] Austernfischer (*Haematopus ostralegus*)	G	3	3	3	3	
[ ] Stelzenläufer (*Himantopus himantopus*)	(A)/S	3	3	3	3	
[ ] Säbelschnäbler (*Recurvirostra avosetta*)	S	2–3	2–3	2–3	2–3	

Art	Status	SRH	BW	Bo	By	Kapitel
[ ] Kiebitzregenpfeifer (*Pluvialis squatarola*)	G	2	2	1	1–2	29, 33
[ ] Goldregenpfeifer (*Pluvialis apricaria*)	G	1–2	1–2	1–2	1–2	
[ ] Kiebitz (*Vanellus vanellus*)	S(W)	0	0	0	0	
[ ] Steppenkiebitz (*Vanellus gregarius*)	A	3	3	3	3	
[ ] Weißschwanzkiebitz (*Vanellus leucurus*)	A	3	3	3	3	
[ ] Flussregenpfeifer (*Charadrius dubius*)	S	1	1	1	1	
[ ] Sandregenpfeifer (*Charadrius hiaticula*)	S	1	1	1	1	
[ ] Seeregenpfeifer (*Charadrius alexandrinus*)	S	3	3	3	3	
[ ] Mornellregenpfeifer (*Charadrius morinellus*)	S	1–2	3	3	2	S
[ ] Regenbrachvogel (*Numenius phaeopus*)	S	2	1–2	1	1–2	
[ ] Großer Brachvogel (*Numenius arquata*)	G	1	1	1	1	
[ ] Uferschnepfe (*Limosa limosa*)	S	1–2	1–2	1	1	31
[ ] Pfuhlschnepfe (*Limosa lapponica*)	S(W)	2	2	1–2	2	29
[ ] Waldschnepfe (*Scolopax rusticola*)	S(W)	1	1–2	2	2	12,14, 20
[ ] Zwergschnepfe (*Lymnocryptes minimus*)	W(S)	2–3	2–3	2–3	2–3	
[ ] Doppelschnepfe (*Gallinago media*)	A	3	3	3	3	
[ ] Bekassine (*Gallinago gallinago*)	G	1	1	1	1	
[ ] Odinshühnchen (*Phalaropus lobatus*)	A/S	3	3	3	3	
[ ] Thorshühnchen (*Phalaropus fulicarius*)	A	3	3	3	3	
[ ] Flussuferläufer (*Actitis hypoleucos*)	S	1	1	1	1	
[ ] Terekwasserläufer (*Xenus cinereus*)	A	3	3	3	3	
[ ] Dunkler Wasserläufer (*Tringa erythropus*)	S	1	1	1	1	
[ ] Rotschenkel (*Tringa totanus*)	S	1	1	1	1	
[ ] Teichwasserläufer (*Tringa stagnatilis*)	S	3	3	2–3	1–2	33
[ ] Grünschenkel (*Tringa nebularia*)	S	1	1	1	1	
[ ] Waldwasserläufer (*Tringa ochropus*)	G	1	1	1	1	
[ ] Bruchwasserläufer (*Tringa glareola*)	S	1	1	1	1	
[ ] Kampfläufer (*Philomachus pugnax*)	S	1	1	1	1	
[ ] Steinwälzer (*Arenaria interpres*)	S(W)	2–3	2–3	2	2–3	29
[ ] Sumpfläufer (*Limicola falcinellus*)	A	3	3	3	3	
[ ] Grasläufer (*Tryngites subruficollis*)	A	3	3	3	3	
[ ] Knutt (*Calidris canutus*)	S(W)	3	2	1–2	2	29, 33
[ ] Sanderling (*Calidris alba*)	G	2	2	1–2	1–2	29, 33
[ ] Zwergstrandläufer (*Calidris minuta*)	S(W)	1–2	1	1	1	

Liste der Vögel Süddeutschlands

Art	Status	SRH	BW	Bo	By	Kapitel
[ ] Temminckstrandläufer (*Calidris temminckii*)	S	1–2	1–2	1	1–2	
[ ] Graubrust-Strandläufer (*Calidris melanotos*)	A	3	3	3	3	
[ ] Sichelstrandläufer (*Calidris ferruginea*)	S	1–2	1–2	1	1	
[ ] Alpenstrandläufer (*Calidris alpina*)	G	1	1	1	1	
[ ] Rotflügel-Brachschwalbe (*Glareola pratincola*)	A/S	3	3	3	3	
[ ] Schmarotzerraubmöwe (*Stercorarius parasiticus*)	A/S	3	3	3	3	
[ ] Falkenraubmöwe (*Stercorarius longicaudus*)	A/S	3	3	3	3	
[ ] Spatelraubmöwe (*Stercorarius pomarinus*)	A/S	3	3	3	3	
[ ] Skua (*Stercorarius skua*)	A	3	3	3	3	
[ ] Dreizehenmöwe (*Rissa tridactyla*)	A/G	3	3	3	3	
[ ] Schwalbenmöwe (*Xema sabini*)	A	3	3	3	3	
[ ] Zwergmöwe (*Hydrocoloeus minutus*)	G	1	1	1	1	
[ ] Lachmöwe (*Larus ridibundus*)	G	0	0	0	0	
[ ] Schwarzkopfmöwe (*Larus melanocephalus*)	S (W)	2	2	1	1	13, 29, 31, 32, 33
[ ] Sturmmöwe (*Larus canus*)	G	1	1	1	1	
[ ] Mantelmöwe (*Larus marinus*)	W (S)	2–3	2–3	2–3	2–3	29
[ ] Eismöwe (*Larus hyperboreus*)	A/W	3	3	3	3	
[ ] Silbermöwe (*Larus argentatus*)	G	1	1-2	1	1	5, 29, 37, 41, 42
[ ] Mittelmeermöwe (*Larus michahelis*)	G	1	1	1	1	
[ ] Steppenmöwe (*Larus cachinnans*)	W (S)	1	1-2	1	1	5, 29, 37, 41, 42
[ ] Heringsmöwe (*Larus fuscus*)	G	1	1-2	1	1–2	5, 29, 31, 41, 42
[ ] Zwergseeschwalbe (*Sternula albifrons*)	(A)/S	2–3	3	2–3	3	2, 5, 29
[ ] Lachseeschwalbe (*Gelochelidon nilotica*)	A/S	3	3	3	3	
[ ] Raubseeschwalbe (*Hydroprogne caspia*)	S	2	2	2	2	2, 5, 29, 31, 33
[ ] Weißbart-Seeschwalbe (*Chlidonias hybridus*)	S	3	2–3	1–2	2	26, 29
[ ] Weißflügel-Seeschwalbe (*Chlidonias leucopterus*)	S	3	2–3	2–3	2–3	
[ ] Trauerseeschwalbe (*Chlidonias niger*)	S	1	1	1	1	
[ ] Brandseeschwalbe (*Sterna sandvicensis*)	(A)/S	3	3	2	3	2, 5, 28, 29
[ ] Flussseeschwalbe (*Sterna hirundo*)	S	1	1	1	1	

Art	Status	SRH	BW	Bo	By	Kapitel
[ ] Küstenseeschwalbe (*Sterna paradisaea*)	A/S	2–3	3	2–3	3	2, 5, 29
[ ] Straßentaube (*Columba livia f. domestica*)	N/G	0	0	0	0	
[ ] Hohltaube (*Columba oenas*)	S(W)	1	1	1–2	1–2	
[ ] Ringeltaube (*Columba palumbus*)	G	0	0	0	0	
[ ] Türkentaube (*Streptopelia decaocto*)	G	0	0	0	0	
[ ] Turteltaube (*Streptopelia turtur*)	S	1	1	2	1–2	
[ ] Halsbandsittich (*Psittacula krameri*)	N/G	1	1	3	3	S
[ ] Alexandersittich (*Psittacula eupatria*)	N/G	1	1	3	3	S
[ ] Gelbkopfamazone (*Amazona oratrix*)	N/G	3	1	3	3	S
[ ] Kuckuck (*Cuculus canorus*)	S	0	0	0	0	
[ ] Schleiereule (*Tyto alba*)	G	2	2	2	2	
[ ] Rauhfußkauz (*Aegolius funereus*)	G	2	1	3	1–2	A
[ ] Steinkauz (*Athene noctua*)	G	1	1	3	3	S, 1, 4, 19
[ ] Sperlingskauz (*Glaucidium passerinum*)	G	2	1–2	3	1–2	14, 20, 40, 43
[ ] Zwergohreule (*Otus scops*)	A/S	3	3	3	3	
[ ] Waldohreule (*Asio otus*)	G	1–2	1–2	1–2	1–2	
[ ] Sumpfohreule (*Asio flammeus*)	A/W(S)	3	3	3	3	
[ ] Uhu (*Bubo bubo*)	G	1–2	2	2	1	6, 41
[ ] Waldkauz (*Strix aluco*)	G	1	1–2	1–2	1–2	
[ ] Habichtskauz (*Strix uralensis*)	N/G	3	3	3	3	
[ ] Ziegenmelker (*Caprimulgus europaeus*)	S	1	2–3	3	2–3	11, 12
[ ] Alpensegler (*Apus melba*)	S	3	1	3	3	S
[ ] Mauersegler (*Apus apus*)	S	0	0	0	0	
[ ] Fahlsegler (*Apus pallidus*)	A/S	3	3	3	3	
[ ] Blauracke (*Coracias garrulus*)	A/S	3	3	3	3	
[ ] Eisvogel (*Alcedo atthis*)	G	1	1	1	1	
[ ] Bienenfresser (*Merops apiaster*)	S	3	1	3	3	19
[ ] Wiedehopf (*Upupa epops*)	S	2	1	2	2–3	19
[ ] Wendehals (*Jynx torquilla*)	S	1–2	1	1–2	2	12, 15, 19
[ ] Grauspecht (*Picus canus*)	G	1	1	1	1	
[ ] Grünspecht (*Picus viridis*)	G	0	0	0	0	
[ ] Schwarzspecht (*Dryocopus martius*)	G	1	1	1	1	
[ ] Dreizehenspecht (*Picoides tridactylus*)	G	3	2	3	1	A, S
[ ] Buntspecht (*Dendrocopos major*)	G	0	0	0	0	
[ ] Mittelspecht (*Dendrocopos medius*)	G	1	1	2	1	S
[ ] Weißrückenspecht (*Dendrocopos leucotos*)	G	3	3	3	1–2	A, S

Liste der Vögel Süddeutschlands

Art	Status	SRH	BW	Bo	By	Kapitel
[ ] Kleinspecht (*Dryobates minor*)	G	1	1	1	1	
[ ] Pirol (*Oriolus oriolus*)	S	1	1	1	1	
[ ] Rotkopfwürger (*Lanius senator*)	A/S	3	3	3	3	
[ ] Schwarzstirnwürger (*Lanius minor*)	A/S	3	3	3	3	
[ ] Neuntöter (*Lanius collurio*)	S	1	1	1	1	
[ ] Raubwürger (*Lanius excubitor*)	W(S)	1	1	1	1	
[ ] Alpendohle (*Pyrrhocorax graculus*)	G	3	3	3	1	A
[ ] Elster (*Pica pica*)	G	0	0	0	0	
[ ] Eichelhäher (*Garrulus glandarius*)	G	0	0	0	0	
[ ] Tannenhäher (*Nucifraga caryocatactes*)	G	2	1	2–3	1	A
[ ] Dohle (*Coloeus monedula*)	G	0	0	0	0	
[ ] Saatkrähe (*Corvus frugilegus*)	G	0	0	0	0	
[ ] Rabenkrähe (*Corvus corone*)	G	0	0	0	0	
[ ] Nebelkrähe (*Corvus cornix*)	G	3	3	3	2–3	32
[ ] Kolkrabe (*Corvus corax*)	G	2–3	1	2	1	A
[ ] Beutelmeise (*Remiz pendulinus*)	S	1	1–2	1–2	1	
[ ] Blaumeise (*Parus caeruleus*)	G	0	0	0	0	
[ ] Kohlmeise (*Parus major*)	G	0	0	0	0	
[ ] Haubenmeise (*Parus cristatus*)	G	0	0	0	0	
[ ] Tannenmeise (*Parus ater*)	G	0	0	0	0	
[ ] Sumpfmeise (*Parus palustris*)	G	0	0	0	0	
[ ] Weidenmeise (*Parus montanus*)	G	1	0	0	0	
[ ] Kurzzehenlerche (*Calandrella brachydactyla*)	A/S	3	3	2–3	3	29
[ ] Haubenlerche (*Galerida cristata*)	G	2	2	3	2–3	
[ ] Heidelerche (*Lullula arborea*)	S(W)	1	1	2	2	11, 12, 19
[ ] Feldlerche (*Alauda arvensis*)	G	0	0	0	0	
[ ] Ohrenlerche (*Eremophila alpestris*)	A/W	3	3	3	3	
[ ] Uferschwalbe (*Riparia riparia*)	S	0	0	0	0	
[ ] Felsenschwalbe (*Ptyonoprogne rupestris*)	S	3	3	3	1	A
[ ] Rauchschwalbe (*Hirundo rustica*)	S	0	0	0	0	
[ ] Mehlschwalbe (*Delichon urbicum*)	S	0	0	0	0	
[ ] Rötelschwalbe (*Cecropis daurica*)	A/S	3	3	3	3	
[ ] Bartmeise (*Panurus biarmicus*)	G	2	1	1	2	13, 17, 26, 29
[ ] Schwanzmeise (*Aegithalos caudatus*)	G	0	0	0	0	
[ ] Waldlaubsänger (*Phylloscopus sibilatrix*)	S	1	1	1	1	
[ ] Berglaubsänger (*Phylloscopus bonelli*)	S	3	1–2	2	1	15, A
[ ] Fitis (*Phylloscopus trochilus*)	S	0	0	0	0	
[ ] Zilpzalp (*Phylloscopus collybita*)	S(W)	0	0	0	0	

Liste der Vögel Süddeutschlands 233

Art	Status	SRH	BW	Bo	By	Kapitel
[ ] Iberienzilpzalp (Phylloscopus ibericus)	A	3	3	3	3	
[ ] Goldhähnchenlaubsänger (Phylloscopus proregulus)	A/S	3	3	3	3	
[ ] Gelbbrauen-Laubsänger (Phylloscopus inornatus)	A/S	3	3	3	3	
[ ] Grünlaubsänger (Phylloscopus trochiloides)	A/S	3	3	3	3	
[ ] Feldschwirl (Locustella naevia)	S	1	1	1	1	
[ ] Schlagschwirl (Locustella fluviatilis)	S	3	3	2–3	1	32
[ ] Rohrschwirl (Locustella luscinioides)	S	2	1	1	1–2	13, 17, 26, 29, 42
[ ] Mariskenrohrsänger (Acrocephalus melanopogon)	A/S	3	3	3	3	
[ ] Seggenrohrsänger (Acrocephalus paludicola)	A/S	3	3	3	3	
[ ] Schilfrohrsänger (Acrocephalus schoenobaenus)	S	2	2	2	1	32, 42
[ ] Sumpfrohrsänger (Acrocephalus palustris)	S	0	0	0	0	
[ ] Teichrohrsänger (Acrocephalus scirpaceus)	S	0	0	0	0	
[ ] Drosselrohrsänger (Acrocephalus arundinaceus)	S	1–2	1	1	1	13, 26, 29, 42
[ ] Gelbspötter (Hippolais icterina)	S	0	0	0	0	
[ ] Orpheusspötter (Hippolais polyglotta)	S	1	2–3	2–3	3	5, S
[ ] Zistensänger (Cisticola juncidis)	A	3	3	3	3	
[ ] Mönchsgrasmücke (Sylvia atricapilla)	S (W)	0	0	0	0	
[ ] Gartengrasmücke (Sylvia borin)	S	0	0	0	0	
[ ] Sperbergrasmücke (Sylvia nisoria)	A/S	3	3	3	3	
[ ] Klappergrasmücke (Sylvia curruca)	S	0	0	0	0	
[ ] Dorngrasmücke (Sylvia communis)	S	0	0	0	0	
[ ] Wintergoldhähnchen (Regulus regulus)	G	0	0	0	0	
[ ] Sommergoldhähnchen (Regulus ignicapilla)	S (W)	0	0	0	0	
[ ] Seidenschwanz (Bombycilla garrulus)	W	3	3	3	3	
[ ] Mauerläufer (Tichodroma muraria)	G	3	3	3	1	A, S
[ ] Kleiber (Sitta europaea)	G	0	0	0	0	
[ ] Waldbaumläufer (Certhia familiaris)	G	1	1	1	1	
[ ] Gartenbaumläufer (Certhia brachydactyla)	G	0	0	0	0	
[ ] Zaunkönig (Troglodytes troglodytes)	G	0	0	0	0	
[ ] Star (Sturnus vulgaris)	G	0	0	0	0	
[ ] Rosenstar (Sturnus roseus)	A	3	3	3	3	

Liste der Vögel Süddeutschlands

Art	Status	SRH	BW	Bo	By	Kapitel
[ ] Wasseramsel (*Cinclus cinclus*)	G	1	1	2	1	
[ ] Misteldrossel (*Turdus viscivorus*)	G	0	0	0	0	
[ ] Ringdrossel (*Turdus torquatus*)	S	2-3	1	2	1	A
[ ] Amsel (*Turdus merula*)	G	0	0	0	0	
[ ] Wacholderdrossel (*Turdus pilaris*)	G	0	0	0	0	
[ ] Singdrossel (*Turdus philomelos*)	S (W)	0	0	0	0	
[ ] Rotdrossel (*Turdus iliacus*)	W	1	1–2	1–2	1–2	
[ ] Grauschnäpper (*Muscicapa striata*)	S	0	0	0	0	
[ ] Zwergschnäpper (*Ficedula parva*)	S	3	3	3	1	41, 43
[ ] Trauerschnäpper (*Ficedula hypoleuca*)	S	1	1	1–2	1	
[ ] Halsbandschnäpper (*Ficedula albicollis*)	S	3	1	3	1	15, 16, 32, S
[ ] Steinrötel (*Monticola saxatilis*)	A / S	3	3	3	1–2	38
[ ] Braunkehlchen (*Saxicola rubetra*)	S	1	1	1	1	
[ ] Schwarzkehlchen (*Saxicola rubicola*)	S (W)	1	1	1	1	
[ ] Rotkehlchen (*Erithacus rubecula*)	G	0	0	0	0	
[ ] Sprosser (*Luscinia luscinia*)	A / S	3	3	3	3	
[ ] Nachtigall (*Luscinia megarhynchos*)	S	1	1	1	1–2	
[ ] Blaukehlchen (*Luscinia svecica*)	S	1	1	2	1	6, 8, 13, 30, 32, 34
[ ] Hausrotschwanz (*Phoenicurus ochruros*)	S (W)	0	0	0	0	
[ ] Gartenrotschwanz (*Phoenicurus phoenicurus*)	S	1	1	1	1	
[ ] Steinschmätzer (*Oenanthe oenanthe*)	S	1–2	1–2	1–2	2	10, 14, 29, (S)[1]
[ ] Alpenbraunelle (*Prunella collaris*)	G	3	3	3	1	A
[ ] Heckenbraunelle (*Prunella modularis*)	G	0	0	0	0	
[ ] Haussperling (*Passer domesticus*)	G	0	0	0	0	
[ ] Feldsperling (*Passer montanus*)	G	0	0	0	0	
[ ] Schneesperling (*Montifringilla nivalis*)	G	3	3	3	1	A
[ ] Spornpieper (*Anthus richardi*)	A	3	3	3	3	
[ ] Brachpieper (*Anthus campestris*)	S	2	2	2	2	(S)[1]
[ ] Baumpieper (*Anthus trivialis*)	S	1	1	1	1	
[ ] Wiesenpieper (*Anthus pratensis*)	G	1	1	1	1	
[ ] Rotkehlpieper (*Anthus cervinus*)	A	3	3	2–3	2–3	29, (S)[1]
[ ] Bergpieper (*Anthus spinoletta*)	G	1	1	1	1	
[ ] Strandpieper (*Anthus petrosus*)	A / W	3	3	3	3	
[ ] Gebirgsstelze (*Motacilla cinerea*)	G	0	0	0	0	
[ ] Zitronenstelze (*Motacilla citreola*)	A / S	3	3	3	3	
[ ] Wiesenschafstelze (*Motacilla flava*)	S	0	0	0	0	

Art	Status	SRH	BW	Bo	By	Kapitel
[ ] Gelbkopf-Schafstelze (*Motacilla flavissima*)	A	3	3	3	3	
[ ] Maskenschafstelze (*Motacilla feldegg*)	A	3	3	3	3	
[ ] Aschkopf-Schafstelze (*Motacilla cinereocapilla*)	A?/S	3	3	2	2	
[ ] Thunbergschafstelze (*Motacilla thunbergi*)	S	1	1	1	1	
[ ] Bachstelze (*Motacilla alba*)	G	0	0	0	0	
[ ] Trauerbachstelze (Motacilla yarellii)	A	3	3	3	3	
[ ] Buchfink (*Fringilla coelebs*)	G	0	0	0	0	
[ ] Bergfink (*Fringilla montifringilla*)	W	1–2	1–2	1–2	1–2	
[ ] Kernbeißer (*Coccothraustes coccothraustes*)	G	0	0	0	0	
[ ] Gimpel (*Pyrrhula pyrrhula*)	G	0	0	0	0	
[ ] Karmingimpel (*Carpodacus erythrinus*)	S	3	3	2–3	1	39, 42
[ ] Girlitz (*Serinus serinus*)	S	0	0	0	0	
[ ] Fichtenkreuzschnabel (*Loxia curvirostra*)	G	0	0	0	0	
[ ] Grünfink (*Carduelis chloris*)	G	0	0	0	0	
[ ] Stieglitz (*Carduelis carduelis*)	G	0	0	0	0	
[ ] Zitronenzeisig (*Serinus citrinella*)	S (W)	3	1	3	1	A
[ ] Erlenzeisig (*Carduelis spinus*)	G	0	0	0	0	
[ ] Bluthänfling (*Carduelis cannabina*)	G	0	0	0	0	
[ ] Berghänfling (*Carduelis flavirostris*)	A/W	3	3	3	3	
[ ] Birkenzeisig (*Carduelis flammea*)	G	1	1	1	1	
[ ] Spornammer (*Calcarius lapponicus*)	A/W	3	3	3	3	
[ ] Schneeammer (*Calcarius nivalis*)	A/W	3	3	3	3	
[ ] Grauammer (*Emberiza calandra*)	S (W)	1	1	1–2	1–2	
[ ] Goldammer (*Emberiza citrinella*)	G	0	0	0	0	
[ ] Zaunammer (*Emberiza cirlus*)	G	1	2–3	2	3	12, 21, S
[ ] Zippammer (*Emberiza cia*)	G	1	1–2	2–3	3	5, S
[ ] Ortolan (*Emberiza hortulana*)	S	2–3	2–3	2	2	
[ ] Rohrammer (*Emberiza schoeniclus*)	G	0	0	0	0	
[ ] Zwergammer (*Emberiza pusilla*)	A	3	3	3	3	

[1] In den Artenspezialkapiteln Mornellregenpfeifer (S. 55) und Wiesenweihe (s. 219).

Literatur

Anthes, N. & C. Randler (1996): Die Vögel im Landkreis Ludwigsburg. – Eine kommentierte Artenliste mit Statusangaben. – Ornithologische Jahreshefte für Baden-Württemberg **12**, 1–235.

Barthel, P. & A. Helbig (2005): Artenliste der Vögel Deutschlands. - Limicola **19**, 89-111.

Bauer, H.-G., M. Boschert & J. Hölzinger (1995): Die Vögel Baden-Württembergs, Band 5, Atlas der Winterverbreitung. – Eugen Ulmer (Stuttgart), 557 S.

Baumgärtel, R., M. Ernst, J. Kreuzinger & H. Zettl, H. (2003): 50 Jahre Naturschutzgebiet Kühkopf-Knoblochsaue. – Verlag Herwig Klemp (Darmstadt), Brosch. ca. 80 S.

Beissmann, B. & W. Beissmann (1984): Die Brutvögel des Naturschutzgebietes „Gundelfinger Moos" 1983. – Berichte des Naturwissenschaftlichen Vereins Schwaben **88**, 14–19.

Bezirksstelle für Naturschutz und Landschaftspflege in Freiburg (BNL) (1998): Naturschutzgebiet Taubergießen. – Freiburg, 56 S. + Wanderkarte.

Bezirksstelle für Naturschutz und Landschaftspflege in Freiburg (2004): Die Naturschutzgebiete im Regierungsbezirk Freiburg. – Thorbecke Verlag, 680 S.

Bezirksstelle für Naturschutz und Landschaftspflege in Karlsruhe (2000): Die Naturschutzgebiete im Regierungsbezirk Karlsruhe. – Thorbecke (Stuttgart), 652 S.

Bezzel, E. (1993a): Der Mauerläufer *Tichodroma muraria* im Werdenfelser Land, Oberbayern. – Limicola **7**, 35–48.

Bezzel, E. (1993b): Kompendium der Vögel Mitteleuropas. – Aula Verlag (Wiesbaden), 2 Bände.

Bezzel, E. (1994): Artenliste der Vögel Bayerns. – Garmischer Vogelkundliche Berichte **23**, 1–65.

Bezzel, E. & F. Lechner (1975): Die Vogelwelt des Murnauer Mooses. – Vogelbiotope Bayerns 7, LBV-Garmisch, 24 S.

Bezzel, E. & F. Lechner (1981): Die Vogelwelt des Werdenfelser Landes: Jahresbericht 1980. – Garmischer Vogelkdl. Berichte **9**, 41–48.

Birk, H. & J. Bosselmann (1997): Brandgans (*Tadorna tadorna*) brütet in den Klärteichen Offstein, Ldkrs. Alzey-Worms, TK 6315,3. – Pflanzen und Tiere in Rheinland-Pfalz **8**, 150–151.

Bittner, K. & J. Bosselmann (2000): Winterbeobachtungen am Rhein und den Kiesseen im Neuwieder Becken. – Pflanzen und Tiere in Rheinland-Pfalz **10**.

Bosselmann, J. (1993): Die Vogelwelt des Naturschutzgebietes Laacher See. – Sonderheft Pflanzen und Tiere in Rheinland-Pfalz II, 1–122.

Bosselmann, J. & Mitarbeiter (1998): Die Vogelwelt in Rheinland-Pfalz – Singvögel Passeres. – Sonderheft Pflanzen und Tiere in Rheinland-Pfalz IV, 1–264.

Bosselmann, J. & Mitarbeiter (2000): Die Vogelwelt in Rheinland-Pfalz – Watvögel bis Spechte. – Sonderheft Pflanzen und Tiere in Rheinland-Pfalz V, 1–188.

Bosselmann, J. & Mitarbeiter (2003): Die Vogelwelt in Rheinland-Pfalz – Seetaucher bis Enten. – Sonderheft Pflanzen und Tiere in Rheinland-Pfalz VI, 1–133.

Bosselmann, J. & Mitarbeiter (2004): Die Vogelwelt in Rheinland-Pfalz – Tauchenten bis Trappen. – Sonderheft Pflanzen und Tiere in Rheinland-Pfalz VII, 1–140.

Brandt, T., C. Jülch & K. Wasmer (2005a): Das Federseemoor in Baden-Württemberg. – Der Falke **52**, 109–111.

Brandt, T., C. Jülch & K. Wasmer (2005b): Das Naturschutzgebiet Kühkopf-Knoblochsaue in Hessen. – Der Falke **52**, 56–58.

Braun, M. & G. Groh (1990): Die Zippammer – *Emberiza cia*. – Beiträge zur Fauna von Rheinland-Pfalz (Mainzer Naturwissenschaftliches Archiv) **13**, 247–252.

Brötz, T. (1994): Beitrag zur Fauna und Flora des Ahrtales: Zur Verbreitung von Steinkauz (*Arthene noctua*), Grünspecht (*Picus viridis*) und Neuntöter (*Lanius collurio*) in Streuobstwiesen im Raum Sinzig. – Fauna und Flora in Rheinland-Pfalz **11**, 168–178.

Dietzen, C. & E. Henss (2004): Brutzeitbeobachtungen am Eich-Gimbsheimer Altrhein, Landkreis Alzey-Worms, Rheinland-Pfalz, im Frühjahr und Sommer 2003. – Fauna und Flora in Rheinland-Pfalz **10**, 2.

Dietzen, C. & V. Schmidt (2003): Zum Auftreten der „seltenen" Tauchenten in Rheinland-Pfalz 1989/90 – 2003/03 und die Bedeutung rheinnaher Gewässer als Rastplatz. – Fauna und Flora in Rheinland-Pfalz, Beiheft 30, 229–254.

Dietzen, C., H. G. Folz & E. Henss (2004): Ornithologi-

scher Sammelbericht 2003 für Rheinland-Pfalz. – Fauna und Flora Rheinland-Pfalz, Beiheft 32, 5–222.
FLADE, M. (1998): Neue Prioritäten im deutschen Vogelschutz: Kleiber oder Wiedehopf? – Der Falke **45**, 348–355.
FOLZ, H. G. (1987a): Der rheinhessische Inselrhein als Limikolenrastplatz 1976–1992. – Fauna und Flora in Rheinland-Pfalz **7**, 613–636.
FOLZ, H. G. (1987b): Winter-Schwimmvögel im rheinhessischen Inselrhein. Artenspektrum, Phänologie und Bestandstendenzen. – Naturschutz und Ökologie in Rheinland-Pfalz **4**, 733–747.
FOLZ, H. G. (1999): Phänologie der Zug- und Rastvögel im nördlichen Rheinhessen 1965–1999. – Eigenverlag, (Engelstadt), 126 S.
FOLZ, H. G. & W. HEUSER (2001): Der rheinhessische Inselrhein als Rastplatz für Raubmöwen, Möwen und Seeschwalben 1965–2000. – Fauna und Flora in Rheinland-Pfalz **9**, Heft 3; 911–950.
FÖRSCHLER, M. & DIETZ (seit 1995): Naturkundliche Beobachtungen für den Kreis Freudenstadt unter besonderer Berücksichtigung der Vogelwelt. – Mitteilungsblatt der Ornithologischen Arbeitsgemeinschaft Freudenstadt-Horb (OAGF).
FURRINGTON, H. (2002): Die Vögel im Stadt- und Landkreis Heilbronn. – Ornithologische Jahreshefte für Baden-Württemberg **18**, 1–304.
GEIERSBERGER, I., G. VON LOSSOW, R. PFEIFER & E. BEZZEL (2005): Brutvögel in Bayern. – Eugen Ulmer (Stuttgart), 800 S.
GROH, G. & D. RAUDSZUS (1990): Wieder singen Zippammern am Haardrand. – Pollichia Kurier **6**, 53–54.
GROH, G. (1980): Zur Vogelfauna von Neustadt/Weinstraße und Umgebung. – Naturschutz und Ornithologie in Rheinland-Pfalz **1**, 392–421.
GROH, G. (1985): Beitrag zur Vogelfauna von Neustadt/Weinstraße und Umgebung. – Naturschutz und Ornithologie in Rheinland-Pfalz **4**, 47–65.
GROH, G. (1990): Die Zaunammer – *Emberiza cirlus*. – Beiträge zur Fauna von Rheinland-Pfalz (Mainzer Naturwissenschaftliches Archiv) **13**, 239–245.
GRUMMT, M. & M. WINK (1991): Veränderung des Brutvogelbestandes im Rheinland: Vergleich der Rasterkartierung 1975 und 1990. – Charadrius **27**, 105–112.
GÜNZL, H. (1983): Das Naturschutzgebiet Federsee: Geschichte und Ökologie des größten Moores Südwestdeutschlands. – Führer Natur- und Landschaftsschutzgebiete Baden-Württemberg **7**, 1–115.

HAGEMEIJER, E. J. N. & M. J. BLAIR (Editors) (1997): The EBBC Atlas of European Breeding Birds: Their Distribution and Abundance. – T & A D Poyser (London), 903 S.
HEINE, G., K. BOMMER, H. JOCHEN, G. LANG & R. ORTLIEB (2001): Die Vogelwelt des Rohrsees. – Ornithologische Jahreshefte für Baden-Württemberg 17 (Sonderheft 1), 1–215.
HEINE, G., H. JACOBY, H. LEUZINGER & H. STARK (1999): Die Vögel des Bodenseegebietes. – Ornithologische Jahreshefte für Baden-Württemberg **14/15**, 1–900.
HENSS, E. (1987): 14 Jahre Limikolenzug an den Klärteichen der Zuckerfabrik in Offstein. – Tagungsbericht der GNOR, Nassau.
HEYNE, K. H. (1987): Der Orpheusspötter (*Hippolais polyglotta*) als Brutvogel in Rheinland-Pfalz. – Dendrocopos **14**, 38–43.
Hessische Gesellschaft für Ornithologie und Naturschutz (HGON, Hrsg.) (1993–1999): Avifauna von Hessen Band 1–4. – Eigenverlag (Echzell).
HÖLLGÄRTNER, M. (2004): Bericht zur Erfassung von Purpurreiher (*Ardea purpurea*), Zwergdommel (*Ixobrychus minutus*) und Drosselrohrsänger (*Acrocephalus arundinaceus*) in der Oberrheinebene von Rheinland-Pfalz 2002/2003. – Fauna und Flora in Rheinland-Pfalz **32**, 265–274.
HÖLZINGER, J. (1987): Die Vögel Baden-Württembergs, Band 1, Gefährdung und Schutz. – Eugen Ulmer (Stuttgart), 3 Teilbände, 1796 S.
HÖLZINGER, J. (1997): Die Vögel Baden-Württembergs Band 3.2 Singvögel 2. – Eugen Ulmer (Stuttgart), 939 S.
HÖLZINGER, J. (1999): Die Vögel Baden-Württembergs, Band 3.1 Singvögel 1. – Eugen Ulmer (Stuttgart), 861 S.
HÖLZINGER, J. & M. BOSCHERT (2002): Die Vögel Baden-Württembergs, Band 2.2 Nicht-Singvögel 2. – Eugen Ulmer (Stuttgart), 880 S.
HÖLZINGER, J. & U. MAHLER (2001): Die Vögel Baden-Württembergs, Band 3.2: Singvögel 2. – Eugen Ulmer (Stuttgart), 547 S.
HÖLZINGER, J. & U. MAHLER (2002): Die Vögel Baden-Württembergs, Band 2.3 Nicht-Singvögel 3. – Eugen Ulmer (Stuttgart), 547 S.
KLAUS, S (1997): Zur Situation der waldbewohnenden Rauhfußhuhnarten Haselhuhn (*Bonasa bonasia*), Auerhuhn (*Tetrao urogallus*) und Birkhuhn (*Tetrao tetrix*) in Deutschland. – Berichte zum Vogelschutz **35**, 27–48.
KLUTH, S. & E. BEZZEL (1999): Der Steinadler in Bayern. Populationsdynamik im Wandel der Alpenlandschaft. – Schriftenreihe der Bayerischen Landesanstalt für Umweltschutz **155**, 125–130.

KREUZIGER, J. (2002): Die Vogelwelt des NSG Kühkopf-Knoblochsaue im Wandel der Zeit. – In: Regierungspräsidium Darmstadt (Hrsg.): 50 Jahre Naturschutzgebiet Kühkopf-Knoblochsaue. Hessens bedeutendstes Artenschutzgebiet im Wandel der letzten Jahre, Eigenverlag, 50–55.

KRÜGER, R. M., H. KLEIN, E. HOTH & O. LEUCHS (1999): Die Wiesenweihe *Cyrcus pygargus* – Brutvogel der Mainfränkischen Platten. – Ornithologischer Anzeiger **38**, 1–9.

KUNZ, A. & C. DIETZEN (2002): Die Vögel in Rheinland-Pfalz – Eine aktuelle Artenliste (Stand 01.12.2002). – Fauna und Flora in Rheinland-Pfalz **28**, 207–221.

LANGE, A. & F. LANGE (1995): Berchtesgaden, kennen lernen und erleben – Deutsche Nationalparke. – Edition Commerzbank, VEBU-Verlag GmbH, 160 S.

LINDEINER, A. VON (2004): IBAs in Bayern. – Landesbund für Vogelschutz (Nürnberg), 192 S.

LIPPOK, E. (1998): Zum Auftreten des Mornellregenpfeifers (*Charadrius mornellus*) im Regierungsbezirk Koblenz. – Fauna und Flora in Rheinland-Pfalz **23**, 179–181.

LISSAK, W. (2003): Die Vögel des Landkreises Göppingen. – Ornithologische Jahreshefte Baden-Württemberg **19**, 1–486.

LOHMANN, M. & K. HAARMANN (1989a): Vogelparadiese. Vol. 1: Norddeutschland. – Paul Parey (Hamburg), 319 S.

LOHMANN, M. & K. HAARMANN (1989b): Vogelparadiese. Vol. 2: Süddeutschland. – Paul Parey (Hamburg), 287 S.

LOHMANN, M. & E. RUTSCHKE (1991): Vogelparadiese Band 3: Ost- und Mitteldeutschland. – Paul Parey (Hamburg), 241 S.

LOHMANN, M. (1994): Statusliste der Vögel des Chiemsees (1980–1993). – Avifaunistischer Informationsdienst Bayern **1**, 7–16.

LOHMANN, M. (1995): Chiemsee: Avifaunistischer Kurzbericht 1994. – Avifaunistischer Informationsdienst Bayern **2**, 53.

LOHMANN, M. (1999): „Die Vögel des Chiemgaus". – Das Manuskript ist für 12,50 € bei Dr. Michael Lohmann erhältlich (Greimelstr. 64, 83236 Übersee-Feldwies, lohmann.prien@t-online.de)

MACKE, T. (1980): Zu Verbreitung, Bestand und Ökologie der Zippammer (*Emberiza cia*) im Rheinland. – Charadrius **16**, 1, 5–13.

MÄDLOW, W. & N. MODEL (2000): Vorkommen und Bestand seltener Brutvogelarten in Deutschland 1995/96. – Die Vogelwelt **121**, 189–206.

MAYER, J. & M. RÖHMHILD (1998): Der Altmühlsee im „Neuen Fränkischen Seenland". – Der Falke **12**, 360–367.

MÜLLER, A., A. LANGE & F. PILSTL (1989): Der Starnberger See als Rast- und Überwinterungsgewässer für See- und Lappentaucher (Teil I). – Anzeiger der ornithologischen Gesellschaft in Bayern **28**, 85–115.

NEBELSIEK, U. & J. STREHLOW (1978): Die Vogelwelt des Ammerseegebietes. – Bayerisches Landesamt für Umweltschutz (München), 91 S.

NITSCHE, L. & S. NITSCHE (2002): Naturschutzgebiete in Hessen, schützen - erleben - pflegen. Band I: Main-Kinzig-Kreis und Stadt Hanau. – cognito Verlag(Niedenstein), 256 S.

RANFTL, H. (1995): Brutvorkommen der Rohrweihe (*Circus aeruginosus*) und der Wiesenweihe (*C. pygargus*) 1995 in Bayern. – Avifaunistischer Informationsdienst Bayern **2**, 142–149.

RANFTL, H., M. BACHMANN, J. DORNBERGER, F. GÜNTHER, N. SCHURR, N. ULRICH & C. WEGST (1994): Die Vogelwelt des Altmühlsees 1992 und 1993. – Avifaunistischer Informationsdienst Bayern **1**, 32–41.

RANFTL, H., J. DORNBERGER, N. ANTHES, I. HARRY, U. LANZ, M. WEGST, L. LACHMANN & T. LAU, T. (1995): Die Vogelwelt des Altmühlsees 1995. – Avifaunistischer Informationsdienst Bayern **3**, 57–64.

REICHHOLF, J., K. BILLINGER, H. REICHHOLF-RIEHM & F. SEGIETH (1994): Die Wasservögel am Unteren Inn. Ergebnisse von 25 Jahren Wasservogelzählung: Dynamik der Durchzugs- und Winterbestände, Trends und Ursachen. – Mitteilungen der Zoologischen Gesellschaft Braunau **6**, 1–92.

REICHHOLF-RIEHM, H. (1991): Unterer Inn (Band 2): Vogelwelt der Innstauseen. – Innwerk Aktiengesellschaft, Töging Zweckverband Fremdenverkehr Rottal-Inn (Altötting), 128 S.

REICHHOLF-RIEHM, H. & J. REICHHOLF (1989): Unterer Inn, Ökologie einer Flusslandschaft. – Innwerk Aktiengesellschaft, Töging Zweckverband Fremdenverkehr Rottal-Inn (Altötting), 116 S.

RENNAU, H., E. WITTING & H. PFISTER (2004): Ramsar-Gebiet „Ismaninger-Speichersee mit Fischteichen", 40. Bericht: 1998–2001. – Avifaunistik in Bayern **1**, 97–122.

RUPP, J. & F. SAUMER (1996): Die Wiederbesiedlung des Kaiserstuhls durch den Bienenfresser (*Merops apiaster*). – Naturschutz südlicher Oberrhein **1**, 83–92.

SCHERZINGER, W. (1982): Spechte – Nationalpark Bayerischer Wald. – Wissenschaftliche Schriftenreihe des Bayerischen Staatsministeriums für Ernährung, Landwirtschaft und Forsten **9**, 119 S.

SCHMIDT, M. & D. SCHMIDT (1996): Zur Situation des Alpenseglers *Apus melba* in Freiburg im Breisgau 1990–1995. – Vogelwelt **117**, 355–358.
SCHUSTER, A. (1996): Singvögel im Biosphärenreservat Berchtesgaden, Vogelbestandsaufnahmen und ihre Umsetzung zu Verbreitungskarten mit Hilfe eines GIS. – Forschungsbericht der Nationalparkverwaltung Berchtesgaden im Auftrag des Staatsministeriums für Landesentwicklung und Umweltfragen **34**, 1–116.
STANGE, C. & P. HAVELKA (2003): Brutbestand, Höhlenkonkurrenz, Reproduktion und Nahrungsökologie des Wiedehopfes *Upupa epops* in Südbaden. – Vogelwelt **124**, 25–34.
STOLTZ, M. & H.-W. HELB (2004): Die Entwicklung einer Wiederansiedlungspopulation des Weißstorches *Ciconia ciconia* in Rheinland-Pfalz und im Saarland. – Die Vogelwelt, **125**, 21–39.
STREHLOW, J. (1982): Die Vogelwelt des Ammersee-Gebietes 1976–1980. – Ornithologischer Anzeiger **21**, 43–86.
STREHLOW, J. (1987): Die Vogelwelt des Ammersee-Gebietes. 3. Ergänzungsbericht 1981–1985. – Ornithologischer Anzeiger **26**, 53–113.
STREHLOW, J. (1992): Die Vogelwelt des Ammerseegebietes. 4. Ergänzungsbericht 1986–1990. – Ornithologischer Anzeiger **31**, 1–41.
STREHLOW, J. (1997): Ammerseegebiet 1966–1996. Teil I: Trends ausgewählter Brutvogelarten. – Ornithologischer Anzeiger **36**, 125–142.
STREHLOW, J. (1998): Ammerseegebiet 1966–1996. Teil II: Trends bei Durchzüglern und Wintergästen. – Ornithologischer Anzeiger **37**, 19–25.
STREHLOW, J. (2000): Die Vogelwelt des Ammerseegebietes 1999. – Avifaunistischer Informationsdienst Bayern **7**, 23–29.
STREHLOW, J. (2001): Die Vogelwelt des Ammerseegebietes 2000. – Avifaunistischer Informationsdienst Bayern **8**, 25–33.
STREHLOW, J. (2004): Die Vogelwelt des Ammersee-Gebietes 2002. – Avifaunistik in Bayern **1**, 31–56.
SUDFELDT, C., D. DOER, H. HÖTKER, C. MAYR, C. UNSELT, A. v. LINDEINER & H.-G. BAUER, (2002): Important Bird Areas (bedeutende Vogelschutzgebiete) in Deutschland. – Berichte zum Vogelschutz **38**, 17–109.
VOLLMAR, B. (2002): Die Vogelwelt der Mortkaute. – Pflanzen und Tiere in Rheinland-Pfalz **12**.
WINTERHOFF, W. (1993): Die Pflanzenwelt des NSG Eriskircher Ried am Bodensee. – Beiheft Veröffentlichungen Naturschutz und Landschaftspflege in Baden-Württemberg **69**, 1–280.
WÜST, W. (1981, 1986): Avifauna Bavariae- Band 1 und 2. – Ornithologische Gesellschaft Bayern (München).
ZEMBSCH, H. & C. ZEMBSCH (2003): Kompass Wanderwegweiser, Auf Tour im Berchtesgadener Land. – Deutscher Wanderverlag (Stuttgart), 167 S.

Register

1000-m-Weg 68
Abelsweiher 132
Absberg 137
Ache 12
Achen-Auwald 200f.
Achendelta 199ff.
Achern 64, 103
Achkarren 92f.
Ähnderl 179f.
Aholfing 140ff.
Ahornboden 190
Ahr 16f.
Ahrmündung 16f., 103
Ahrtal 50f.
Ahrweiler 50
Aidenried 161f.
Aigen 146, 148f.
Albtrauf 71
Albuch 76
Albvorland 59, 69ff.
Albvorland, Mittleres 69ff.
Aldingen 102
Alexanderschanze 63
Allerheiligen 65f.
Allersberg 135
Alleshausen 84ff.
Allgäu 167ff., 221, 224
Allgäuer Alpen 167ff.
Allmannsdorf 136f.
Älm 12
Almbachklamm 218
Almer Weiher 140
Alpe 12
Alpenbraunelle 57, 107, 167, 170, 172, 175, 177, 183, 191ff., 204, 211f., 214, 217
Alpendohle 167f., 170, 175, 177, 183, 214, 216, 172f., 191ff., 211f.
Alpengasthof Edelweiß 108
Alpenschneehuhn 57, 107, 167, 173, 175, 177, 190, 192, 204, 211, 214, 216
Alpensegler 59, 90, 103
Alpenspechte 220ff.
Alpenvereinshütten 11
Alphorn 206
Alpspitzbahn 189
Alpspitze 189f.
Alte Ammer 158, 162
Alte Ammermündung 162
Alte Elz 88
Alte Traunsteiner Hütte 208
Alter Rhein 12ff.
Altheim 147
Altholz 142 f.
Altjoch 195
Altmühl 136
Altmühlsee 133ff.
Altmühlzuleiter 136
Altrheinsee 38f.
Altsteigerkopf 65
Alz 202
Ambach 164
Ambach, Erholungsgelände 165
Ameisberg 186f.
Ammer 162f.
Ammerdamm 161
Ammergebirge 182ff.
Ammerhof 162f.
Ammerland 164f.
Ammerwiesen 162
Amper 160
Ampermoos 157, 159

Register

Angerer-Hütte 178
Ansbach 134f.
Aquarium 35f.
archäologischer Moorlehrpfad 86
Archenkanzel 214
Archenwand 215
Artenspezial Baden-Württemberg 101ff.
Artenspezial Bayern 219ff.
Artenspezial Saarland, Rheinland-Pfalz und Hessen 49ff.
Aschau 222
Aschau-Alm 191
Aschauer Kapelle 191
Aschheim 155
Asperg 102
Assmannshausen 28
Atzbach 24
Auenverbund Wetterau 19ff.
Auerhuhn 63, 65f., 68, 97, 99, 167, 191, 204f., 213, 221, 224
Auggenthal 147
Aulendorf 83
Autobahnraststätte Chiemsee 199
Avifaunistische Kommission Bodensee 14
Avifaunistische Kommission Hessen 14
Avifaunistische Kommission Rheinland-Pfalz 13
Avifaunistische Kommission Saarland 13
Avifaunistische Kommissionen 13 ff.

Bad Abbach 140
Bad Buchau 83ff.
Bad Dürkheim 50
Bad Füssing 146, 149
Bad Honnef 50
Bad Kreuznach 52
Bad Krozingen 92
Bad Münster am Stein 52f.
Bad Neuenahr 50
Bad Reichenhall 205f.
Bad Schussenried 83
Bad Überkingen 70, 77
Bad Wurzach 86
Badberg 94
Badberg und Haselschacher Buck, NSG 94
Bad-Dürkheim 47
Baden-Baden 63f.
Baden-Württemberg 58ff.
Badloch, Parkplatz 94
Bächingen 78, 81
Bärenkopf 169f.
Bärental 98
Bahlingen 92
Bahnhof Starnberg 165
Baiersbronn 67
Baldenweger Buck 99
Banngebiet Staudacher 85
Bannwald Napf 99
Bannwald Seewald 99
Banzenheim 97
Bartgeier 204
Bartmeise 40, 44, 59f., 83, 85, 111f., 117f., 128, 158
Basel 101

BASF 54
Baumfalke 27, 30, 33f, 40, 60, 77, 82f., 88, 91, 111f, 117f., 121, 128f., 131, 133, 143, 145, 152, 179, 194, 198, 200, 203
Baumgarten 199f., 206
Baumpieper 68, 83, 90, 109, 114, 169f., 173, 216
Bavarianbirds 12
Bayerische Avifaunistische Kommission 14
Bayerischer Wald 220
Bayerisches Avifaunistisches Archiv 13
Bayerischzell 221f.
Beienheim 24
Bekassine 80, 83, 111, 121, 134, 139, 163, 179, 201
Belchen 100
Benningen 102
Bensheimer Hof 35
Beobachtungsdaten 13
Beobachtungsethik 9ff.
Beobachtungsplattform Katzenbergleithen 150
Beobachtungsturm Eglsee 147
Beobachtungsturm Schopflen 118
Berchtesgaden 206f, 209, 215, 217f., 224
Berchtesgaden, Nationalpark 204ff., 220
Berchtesgadener Ache 205
Berg 165
Bergen-Enkheim 25
Bergente 42, 61, 82, 120, 134, 138, 140, 158, 164f.
Bergfink 64, 158, 164, 217
Berglaubsänger 76, 86, 90f., 167, 172, 179, 183, 190, 193, 205f., 218
Bergpieper 24, 34, 40, 42, 64, 66, 97f., 111, 125, 158, 164, 167, 169f., 183, 190ff., 194, 198, 205, 208, 213, 216f.
Bergtouren 10ff.
Bernardsdorf 57
Bernau 198f.
Bernried 164, 167
Bernried, Hafen 167
Berstadt 21
Betzental 95 f
Beutelmeise 19, 23f., 34, 36f., 39, 42, 60f., 77, 81, 87, 111, 117, 131, 133, 139, 142ff., 146, 148, 152, 154
Bexbach 55
Biber 79, 144
Biberach 83, 85
Biberalpe, Untere 176ff.
Bibergau 220
Biberkessel 65f.
Bickensohl 92f.
Biedensand 40
Bienenfresser 59, 88, 90f.
Biengarten 132f.
Bietigheim-Bissingen 102
Bilzingen 56
Bind-Alm 209f.
Bingen 26ff ,55
Bingenheim 20, 24
Bingenheimer Ried 23f.

Binzen 101
BirdingGermany 8, 12
Birdnet 12
Birgsau 176ff.
Birkenried 80f.
Birkenzeisig 175, 177, 208, 211f., 216f.
Birkhuhn 167, 169, 171ff., 182, 186, 204, 212 ,214, 216f.
Bischoffingen 92
Bismarckturm 65f.
Bisses 20
Blässgans 19, 22, 24, 34, 40, 61, 82, 87, 134, 138, 157
Blätterweiher 132f.
Blaichach 168
Blaueishütte 211
Blaues Loch 88f.
Blaukehlchen 19, 23f, 27, 31, 33ff., 37, 39, 41f., 44, 59ff., 77, 80, 83, 131, 133, 139, 141, 144, 146, 148, 152, 154, 161, 179, 194, 196, 198, 203
Blautal 82
Blofeld 20
Bluthänfling 90, 175, 177
Bobenheim 42
Bobenheim-Roxheim 43
Bodensee 106ff.
bodensee-ornis 12
Bodman 116
Böhl-Iggelheim 48
Böselsteig 209f.
Bötzingen 92
Bogen 140
Bogenhofen 147
Bolgen 172
Bolgengrat 172
Bonn 49f., 53
Bonnau 40
Boppard 52
Bopparder Hamm 52
Bosenstein 66f.
Bottighofen 120
Boxbrunn 132
Brachpieper 56, 126, 220
Brackenhofen 84f.
Brandgans 43f., 59, 117, 121, 133, 145, 149
Brandseeschwalbe 121, 126, 158
Brannenburg 221
Braunau 146f.
Braunkehlchen 20, 44, 64, 66, 77, 80, 83, 86, 128, 139, 158, 179, 181, 194, 196, 200
Bregenz 57, 126, 128
Bregenzer Wald 107
Breisach 92, 95, 97
Breitbrunn 160
Breitengehren-Alpe 177
Breitenloh 203
Brombachsee 133ff.
Bruderlöcher 35f.
Brünstelskopf 185
Brunnhaus 207f.
Bschießer 170ff., 221
Bubenbach 100
Buch 132, 147
Buch am Erlbach 153
Budenheim 27
Bücheberg 136

Büchsen-Alm 217
Buhlbronn 71, 74ff.
Buntspecht 159, 169, 220
Burg, NSG 21
Burgberg 168f.
Burgbernheim 219
Bürgerwald 132
Burghausen 146
Burgrain 187
Burgruine Hohentwiel 110
Burkheim 92

Carl von Stahl-Haus 215, 217
Cassonsgrat 57
Chiemgau 224
Chieming 198f., 201f.
Chiemsee 130f, 197ff.
Chiemseeweg 201
Chileflamingo 148
club300 12

Dammkar 191 f.
Dammkarhütte 191f., 221
Dannberg 131
Darmstädter Hütte 68
Daumen 176
Degerndorf 222
Deggendorf 138ff., 142
Deggingen 70, 77
Deidesheim 48
Dettelbach 220
Dickenwald 184
Dießen am Ammersee 159ff.
Dießener Filze 162f.
Dillingen 79
Dörnigheim 25
Domäne 108 ff.
Donau 77ff., 138ff.
Donau bei Aholfing 130
Donauauen bei Günzburg 77ff.
Donauauen bei Ulm 59, 104f.
Donaueschingen 98
Donaumoos bei Günzburg 77ff., 130
Donaurieden 82
Donaustauf 140
Donauwörth 79, 82
Donzdorf 70
Dornbirner Ach 126
Dorngrasmücke 33, 90, 114
Drachenfels 50
Drei Brüder 207f
Dreifürstenstein 66
Dreikantmuschel 106
Dreizehenspecht 63, 68, 97, 99f., 167, 169, 170, 172, 182, 185, 191, 197, 205, 211, 188f.,193f., 213f, 220ff.
Drosselrohrsänger 37, 39, 60f., 87, 111, 115, 117f, 121, 126, 128, 131, 146, 148, 198
Dudenhofen 48
Dudenhofener Wald 48, 62
Dürrehorn-Alpe 169f.
Dürrenhof 147
Düsseldorf 53
Dunkler Wasserläufer 43, 80
Dutenhofen 24
Dutenhofer See 24

Ebersbach 70

Register 241

Eching 153
Eching am Ammersee 159f.
Echinger Stausee 130, 152ff.
Echzell 20ff.
Eckau-Alm 221
Eckenhütte 186f.
Edmund-Probst-Haus 173, 175
Egglfing 146, 148f.
Egglfing, Staustufe 148
Eggstätt 199
Eglosheim 102
Eglsee 147f.
Eglsee, Beobachtungsturm 147
Ehrwald 184
Eibsee 188f., 221
Eich 37f.
Eicherloh 155
Eichert 71
Eich-Gimbsheimer Altrhein 37ff.
Eichstetten 92, 95
Eichwald 104
Eiderente 121, 158, 161, 164f.
Eimeldingen 102
Einführung 9ff.
Einig 56f
Eisente 111, 138
Eislingen 70
Eistaucher 120, 158
Eisvogel 17, 27, 34, 37, 39, 42, 60f., 87, 111, 115, 133, 154, 161
Elchingen 79
Elisabethensee 38
Ellingen 135
Elmaubach 185
Elsass 97
Eltville 27
Emmausheim 81
Emmendingen 103
Enderndorf 137f.
Endingen 92
Eng 190
Engeratsgundhof 173f.
Engeratsgundsee 173ff.
Ententeich 112f
Entschenkopf 176
Entschenrücken 176
Erbach 27, 30
Erbacher Stausee 82
Erdbeerlochweg 68
Erdbeersee 79f.
Erfelden 35
Erholungsgelände Ambach 165
Ering 146f.
Ering, Staustufe 147f.
Eriskirch 121f.
Eriskircher Ried 107, 120ff.
Erlenzeisig 217
Erlichsee 60
Erling 161
Ermatinger Becken 119
Eschenbach 73
Eschenbacher Wiese 74
Eschenlohe 180, 185
Esterberg 187
Esterberg-Alm 186, 188
Estergebirge 182 f.
Ettal 183, 185
Ettenberg 218
Ettenheim 88
Euerfeld 220
Europäisches Vogelschutzgebiet 33ff., 83
Europareservat 26, 83, 117, 145f., 151
Eutinggrab 68

Fagstein 216f.
Faimingen 82
Faimingen, Kraftwerk 82
Faiminger Stausee 82
Falkenwand 183ff.
Falz-Alm 213f.
Federsee 59, 83ff.
Federseemuseum 83ff.
Federseeried 83
Federseeried, Nördliches 86
Federseeried, Südliches 86
Federseerundweg 85
Federseesteg 83, 85
Feldafing 161, 165
Feld-Alpe 171
Feldberg 59, 90, 97ff., 221, 224
Feldberger Hof 98f.
Feldberghalde 99
Felden 199
Feldherrenhügel 46
Feldlerche 86, 99
Feldschwirl 36, 80, 83, 109, 111, 115, 123, 161, 179, 200f.
Feldseekarwand 99
Feldsperling 25
Feldwies 199
Feldwieser Bucht 200
Feldwieser Hafen 200
Feldwieser Halbinsel 199f.
Feller Bachtal 55
Fellhornbahn 176, 177
Felsenschwalbe 167, 176, 183f., 205, 206, 214f., 222
Felsenweg 98f.
Fereinalm 190f.
Fereiner Straße 191
Fessenheim 97
Fetzersee 81
Feuchtgebiet internationaler Bedeutung 117, 124
FFH-Gebiet 24
Fichtenkreuzschnabel 64, 181, 207, 210, 213f.
Fildern 104
Filstal 71f
Filstal, Unteres 72
Filz 12, 186
Fisch 56
Fischadler 19, 22, 27, 34, 39, 44, 60, 87, 125, 133, 135, 138
Fischener Bucht 162
Fischerdorf 142
Fischingen 90, 101f.
Fischunkel 215
Flims 57
Florstadt 23
Flussregenpfeifer 43, 82
Flussseeschwalbe 26, 40, 77, 82f., 85, 87, 114, 117, 118, 121, 127, 129, 139, 141, 146, 148, 154, 158, 161
Flussuferläufer 173, 193, 206
Forchheim 92
Forsthaus Knoblochsaue 35f.
Frankfurt 25, 34, 103
Fraueninsel 202
Frauenstein 147

Freiberg am Neckar 102
Freibergsee 176
Freiburg im Breisgau 49, 59, 88, 90, 95, 98, 103
Freising 153
Freizeitbussystem 69
Fretterloch 40f.
Freudenstadt 65
Friedrichshafen 83, 122
Friedrichshafen, Jugendherberge 123
Fröhnerhof 45f.
Fuchsbühlweg 68
Fulder Aue 27f.
Funtensee 205
Fussach 126f.
Fussacher Bucht 127, 129

Gaißau 126ff.
Gaißau, Hafen 127, 129
Gams 210
Gamshütte 187
Gänsegeier 204
Gänsesäger 19, 26, 34, 39, 42, 60, 87, 106, 112, 114 ,120, 138, 143, 152, 154, 156ff., 164, 167, 194
Gappenach 57
Garmisch-Partenkirchen 180 ,182ff, 194, 221, 223f.
Gartenbaumläufer 34
Gartenrotschwanz 17, 25, 34, 64, 70, 72ff., 102, 108, 109f., 121
Gau-Algesheim 27, 30
Gäulandschaft 104
Gaulsheim 27f.
Gebirgsstelze 173, 176f, 206, 212
Gefleckte Schnarrschrecke 186
Geigelstein 224
Geiselhöring 140
Geisenheim 27
Geisingen 102
Geislingen 71, 76f.
Geißenheim 20
Geißhorn 176 f.
Gelbkopfamazone 54
Gelbspötter 55, 123, 161
Gemeinmerker Höfe 115
Gering 57
Germersheim 61f.
Gesellschaft für Naturschutz und Ornithologie Rheinland-Pfalz 13
Gettenau 20ff.
Giebel 17f
Giebelhaus 173, 175
Gierschnach 57
Gießen 24
Giessenweg 89
Gimbsheim 37f.
Gingen 69f., 72f.
Glemswald 104
Gmünd 122
Gnadensee 117
Goddelau 34
Göllhäusle 215f.
Göppingen 69 ff, 73, 76f., 82
Göppingen, Stadtfriedhof 71f.
Goldammer 218
Goldregenpfeifer 56
Gottenheim 92

Gottesanbeterin 94
Gottlieber Weg 118
Gotzenalm 215f.
Gotzental-Alm 217
Grabenstätt 199, 201
Grabenstätter Moos 200f.
Grafenaschau 180
Grafrath 159
Grasgehren 172
Graß 20
Graswang 184f.
Grauammer 23, 33, 43, 77, 80, 88
Graugans 34, 39, 131, 157
Graureiher 29, 32f, 36, 39, 42 f., 143, 154, 215
Grauschnäpper 212
Grauspecht 18, 27, 31, 34, 39, 42, 69, 73ff., 79, 83, 86, 90, 104, 114, 121, 143, 146, 158f., 169f., 176, 179, 182, 185, 193f., 197, 201, 207, 212, 221
Greding 135
Gremsdorf 132
Gries 12
Grießer 147f.
Grindenpfad 66
Grindenschwarzwald 63ff.
Gröbl-Alm 185
Große Gieß 30
Großer Alexandersittich 54
Großer Binnensee 161f.
Großer Blaustern 35
Großer Brachvogel 80, 83, 117, 124, 128, 134, 139, 157f., 163, 179, 200
Großer Daumen 173, 176
Großer Heidewanderweg 46
Großer Weitschartenkopf 208
Großer Zunderkopf 185
Großes Michelsried, NSG 35
Großmöwen 17, 18, 37, 162, 165, 194f., 197, 200, 202
Großneuses 132
Großweil 196
Großweingarten 137
Grünbühl 102
Grünenberg 73
Grüner 178
Grünschenkel 43
Grünspecht 17, 25, 34, 39, 42, 72, 74ff., 79, 83, 88, 91, 102, 114, 121, 143, 146, 148, 151, 159, 169, 173, 176, 182, 193, 207, 210, 212
Grünstein 213
Grünten 168, 221
Grüntenhaus 168f.
Grundkopf 176
Grund-Schwalheim 20
Gschwandt 187
Gschwandtnerbauerhütte 186
Gstadt 202
Günzburg 78ff.
Güterweg Katzenbergleithen 150
Güttingen 120
Guggenbichl 203
Gundelfingen 78, 81
Gundelfinger Moos 8of.
Guntershausen 25
Gunzenhausen 134ff.

Gunzesried 169f.
Gut Seligenstadt 57, 219f.

Haardrand 47ff.
Habicht 33, 39, 47f., 50, 104, 114, 143, 194
Hafen Dießen am Ammersee 162
Hafen Gaißau 129
Hafen Gstadt 202
Hafen Seebruck 202
Hagenau 146f.
Hagenauer Bucht 146f.
Hagengebirge 215
Hagsbronn 137f.
Halbinsel Mettnau 112ff.
Halbinsel Sassau 203
Haldenwanger Kopf 178
Hallein 206
Hals-Alm 208ff.
Halsbandschnäpper 69, 71ff., 74ff., 79, 82, 104f., 139, 143
Halsbandsittich 31, 53f.
Halskopf 209
Hammersbach 223
Hammerstiel 218
Hannberg 132
Hard 126f.
Hardt 147
Haselhuhn 97, 167, 189, 191, 205, 207, 210
Hattenheim 27ff.
Haubenmeise 64, 210 f
Haubentaucher 17, 34, 106, 111, 115, 121, 203
Haubersbronn 74
Haus der Natur 99f.
Hausberg 182
Hausen 70, 73
Hausen an der Fils 77
Hausener Wände 76
Hausrotschwanz 210, 212
Hebelhof 99
Hebelschule 103
Heckenbraunelle 172
Hegau 108, 110
Hegau-Klinikum 109
Hegne 117
Hegne, Campingplatz 119
Hegne, Kloster 119
Hegnebucht 119
Heidelberg 53
Heidelerche 45, 47, 90
Heidenfahrt 27ff.
Heidenheim 76
Heidesheim 27
Heidstein 100
Heiningen 70f.
Heinrichs-Talaue-See 37f.
Heinrichswinkel 199
Heiteren 97
Heitzing 148
Hellwegbörde 219
Hengst 174
Hennenkopf 185
Herbolzheim 88
Heringsmöwe 26, 123
Herreninsel 199, 203f.
Herrenkopfbrücke 89
Herrsching am Ammersee 159ff.
Herrschinger Bucht 160f.

Hessdorf 132
Hesselberg 132f.
Hessen 15ff.
Hessental 94
Hessische Gesellschaft für Ornithologie und Naturschutz 13
Heuchelheim 20, 23f.
Hilpoltstein 134
Hilzingen 109
Hindelang 168, 170
Hindenburgbrücke 27f.
Hinter der Mortkaute, NSG 26, 30f., 55
Hinterbergkopf 209
Hinterbrand 215
Hintersee 208ff.
Hinterstein 170ff.
Hintersteiner Tal 173
Hintertal 29
Hirschau 200f.
Hirschauer Bucht 197f., 200f.
Hirschbichl 209f.
Hirschbichlpass 208, 210
Hirtzfelden 97
Hochalmscharte 205
Hochberg 94, 102
Hocheissspitze 209
Hochkalter 206, 209, 211, 221
Hochstadt 25, 103
Hochstätt 203
Hockenheim 61
Höchst 126ff.
Höchstadt an der Aisch 132
Höckerschwan 106
Höllentalbahn 98
Höllentalklamm 223
Hohe Schlüsselblume 35
Hoheneck 102
Hohenstaufen 71f.
Hohentwiel 107ff.
Hohentwiel, Burgruine 110
Hohes Brett 216f.
Hohltaube 27, 39, 90, 104, 109, 158f.
Holenke 108
Holzberg 74f.
Holzhausen 165
Holzheim 73
Holzschwaig 142f.
Homburg 55
Horb 65
Horloff 21f.
Hornisgrinde 63ff.
Hornisgrindenturm 66
Hüttenkopf 178
Hüttenpark Neunkirchen 55
Hungen 20f.

Igelsbach 137
Igelsbachsee 137f.
Ihringen 92, 95f.
Ilmen Aue 27f.
Im Gebirge unterwegs 10ff.
Im G'schleder 88
Immenstadt 168
Immisberg 99
Important Bird Area 56, 71, 111f., 117, 124
Informationszentrum Kraftwerk Walchensee 196
Informationszentrum Unterer

Inn 147f.
Ingelheim 27
Ingelheimer Rheinebene 27ff.
Inheiden 20
Inn, Unterer 145ff.
Innerer Rhein 88
Inning am Ammersee 159f.
Innkreis 146
Innsbruck 190
Inselrhein 26ff.
Inselzone 133
Irching 146, 149
Irschener Winkel 198
Isar 143, 153, 155, 190ff.
Isarmündung 105, 139f., 142ff.
Iseler 171
Ismaning 154ff.
Ismaninger Speichersee 130, 154ff.
Ismaninger Speichersee, Ostbecken 155f.
Ismaninger Speichersee, Teichgebiet 155
Ismaninger Speichersee, Westbecken 155f.
Ismaninger Speichersee, Mitteldamm 154, 156f.

Jägerspitze 19
Jägersteig 191
Jagd-Haus Falleck 209
Jechtingen 92
Jenner 215ff.
Jennerbahn 215
Joch 12
Jugendherberge Friedrichshafen 123
Jungfraufelsen 76

Kaan 56f.
Kaaner Kopf 56f.
Kälbereck 190
Käseralp 173f.
Kailbach 203
Kailbacher Bucht 202f.
Kaiser-Friedrich-Turm 27
Kaiserslautern 45
Kaiserstuhl 59, 90ff., 102
Kalt 57
Kammeneck 99
Kammerhöfe 35
Kammerlinghorn 209
Kampfläufer 43
Kanadagans 34, 39, 61, 112, 215
Kanalweg 201
Kanisfluh 107
Kann-See 18
Kanzach 85
Kappel 88
Kappel-Grafenhausen 88f.
Kappelrodeck 64
Kar 12
Karlboden 210
Karlsruhe 59, 61
Karlsruher Grat 50, 64, 66f.
Karmingimpel 130, 179ff., 194, 196, 198, 201
Karwand 66
Karwendelbahn 191f.
Karwendelgebirge 182f., 187, 191
Karwendelwand 192

Katzenbergleithen 146ff.
Katzenbergleithen, Beobachtungsturm 150
Kehr-Alpe 168
Keilflecklibelle 180
Kemptnerkopf 178
Kerben 56f.
Kernbeißer 62, 71
Kernhof 66
Kesswil 120
Kiebitz 80, 121, 157, 163
Kiebitzregenpfeifer 125
Kiechlinsbergen 92f.
Kiefersfelden 221f.
Kienberg 206, 207
Kieneckspitz 185
Kiesbank-Grashüpfer 186
Kirchberg 92f., 146, 149f.
Kirchham 146
Kirchheim unter Teck 70, 76
Kirchroth 144
Kirchweg 85
Kirrlach 60
Klamm 12
Klappergrasmücke 172, 175, 214
Klärteiche Offstein 43f.
Klausbach 205, 209f.
Klausbachtal 210f.
Kleine Gieß 30
Kleine Reiben 215f.
Kleiner Brombachsee 137
Kleiner Daumen 176
Kleiner Fröhnerhof 46
Kleiner Kühkopf 35
Kleiner Pfeffersee 202
Kleines Seehaus 166
Kleines Sumpfhuhn 154
Kleinspecht 25, 31, 34, 39, 41f., 70, 72, 74ff., 79, 83, 110, 121, 129, 146, 148, 159, 197, 201
Klinik am Eichert 71
Kloster Hegne 119
Kloster Maria Laach 19
Knäkente 24, 36, 42, 111f., 117, 121, 134, 138 f., 154, 158
Knappensee, Oberer 19ff.
Knappensee, Unterer 19ff.
Knittelhorn 209
Knoblochsaue 33ff.
Knutt 125
Kobalt-Hütte 177
Kobern-Gondorf 51f.
Koblat 173, 175f.
Koblat-Hütte 178
Koblatsee 175f.
Koblenz 51 f, 56
Kochel 180, 195f.
Kochelsee 194ff.
Köchel 179
Köln 53f.
Köln, Zoo 54
Königsbach 48
Königsbach-Alm 215ff.
Königschaffhausen 92
Königssee 205, 212, 214, 217
Königseer Ache 205
Kohlersberg 217
Kolbenente 77, 81, 106, 121, 131, 145, 154, 156, 158, 163, 197, 111f., 114f., 117f.
Kolkrabe 63, 66 f., 98, 109,

Register 243

168 f., 183, 190, 194
Kollig 56f.
Kolonie 53
Konstanz 119f.
Konstanz, Kläranlage 118
Kormoran 29, 36, 39, 41, 59, 61, 106, 112, 116, 154, 156f., 200, 202
Kormoraninsel 155
Kormoranrundweg 89
Kornweihe 20, 22, 24, 34, 37, 60, 80, 83, 134, 138, 145, 156, 158f., 163, 194f.
Kornwestheim 102f.
Kraftwerk Kochelsee 195, 197
Kranich 19ff., 34
Krausaue 26, 29
Krausenbechhofen 132
Krautinsel 202
Kreuzeck 190
Kreuzeckbahn 189
Kreuzelspitz 169
Kreuzlingen 120
Krickente 37, 106, 111, 116, 156
Krinner-Kofler-Hütte 191
Kripp 16
Kronau 60
Krönkesswörth 35
Kronwinkl 153
Krumbachalpe, Vordere 169f.
Krün 191
Kuchelberg 185
Kuchen 70, 72
Kuckuck 33, 60, 212
Kühkopf 33ff., 104
Kühkopf-Knoblochsaue 33ff.
Kühroint-Alm 212ff., 221
Kugelmühle 218
Küstenseeschwalbe 26
Kütting 57
Kuhweide 19ff.
Kurzzehenlerche 126

Laacher See 18 f.
Lachmöwe 26, 127, 139, 141, 158, 194
Lachsgang 198 ff.
Lachsganghof 200
Lagune 127f.
Lahnaue 24
Lahnwald Dienstütte 211
Lampertheimer Altrhein 33, 39ff., 104
Landau 47, 50
Landespolizeidirektion Freiburg 103
Landschlacht 120
Landshut 152f.
Landsweiler 55
Landsweiler-Reden 55
Lange Filze 180f.
Langenargen 122
Langenau 77f.
Langenbach 68
Langlau 134, 137
Lappentaucher 42f., 161
Lattengebirge 214
Laubenzedel 136
Laufbichelkirche 176
Laufbichelsee 175
Lauingen 82
Lawinenstrich 12

LBV-Kempten-Oberallgäu 178
Leberts-Au 30
Leeheim 35f.
Leinpfad 27
Leipheim 78f.
Leipheim, Volksfestplatz 79
Leiselheim 92
Lenzenberg 95f.
Leoni 164 ff.
Leutasch 190
Lichelkopf 178
Liggeringen 115
Limikolen 17ff., 19, 22, 24, 27ff., 34, 40, 42f., 59, 61, 77 f., 80ff, 107, 115ff., 121, 123f., 127f., 131, 133, 136, 139, 141, 145, 147ff., 152, 154, 158, 162f., 194, 197, 200, 202
Lindau 120, 122
Linderhof 183, 185
linker Rheindamm 127
Liste der Vögel Süddeutschlands 225ff.
Löffelente 24, 43, 111f., 117, 138, 154, 158
Löffler 149
Lörrach 103
Loisach 186
Loisach-Kochelseemoor 194f.
Lonnig 56f.
Lorch 70
Ludwigsburg 102f.
Ludwigshafen 42, 47, 53f., 116
Luegsteinwand 222
Luisenpark 54

Maifeld 56f.
Mainfränkische Platten 219
Main-Kinzig-Landkreis 25, 103
Mainz 27ff., 38, 53f.
Malerwinkel 215
Manden 73
Mannheim 34, 41, 53f., 59
Mantelmöwe 123
Marbach 102
Marburger Lahntal 56
Mariannenaue 29f.
Markelfingen 114f.
Markgröningen 102
Martinshöfe 95
Mauerläufer 57, 109, 168, 175, 177, 183ff. 192f., 205, 211f., 222f.
Mayen 57
Mayschoß 50f.
Mechtersheim 61f.
Mechtersheimer Tongruben 61f.
Medical Park 199
Meeresenten 18, 26, 30, 41f., 106, 116, 120, 136, 156, 163f., 166f., 197, 202
Meersburg 122
Mehlingen 45f.
Mehlinger Heide 45f.
Meldebogen 13f.
Mendig 19
Merlin 22, 40, 60, 80, 83, 117, 125, 134, 158
Mertloch 57
Metten 140
Mettnau, Halbinsel 112ff.

Mettnau 107
Michelried, NSG 36
Minaberg 150f.
Mindelheimer Hütte 176ff.
Mindelsee 107, 114f.
MiniAvi 13
Mining 146f.
Minkelfeld 56f.
Mistelbrunn 100
Misteldrossel 169f., 210, 216
Mittagspitz 174
Mittelberg 92
Mitteldamm Ismaninger Speichersee 156
Mittelmeermöwe 26, 28, 39, 60, 77, 121, 123, 138, 141, 154, 156, 158, 164, 167, 197, 161f., 194f.
Mittelsäger 60, 120, 134, 140, 158
Mittelspecht 18, 27, 34, 36f., 39, 41f., 47, 62, 69, 71ff., 74ff., 76, 79, 86f., 89, 90, 104, 114, 158f.
Mittelstation Jennerbahn 215, 217
Mittelstation Wank 187
Mittenwald 182ff., 191ff.
Mittereis-Alm 209f.
Mitterkaser-Alm 213, 217
Mittlere Horloffaue 19ff.
Mittlere Isar 152
Mittlere Nickenalpe 173f.
Mittlere Rappen-Alpe 178
Mittlere Stuiben-Alpe 171
Mittlerer Isarkanal 153, 155f.
Mittleres Albvorland 69ff., 104f.
Mittleres Ostsaarland 55
Mittleres Remstal 71, 104
Möggingen 114f.
Möglingen 102
Mörsach 136
Mörz 57
Mösle-Alpe 173f.
Möwen 26ff., 123, 128, 136, 148, 161, 194, 200
Mohrhof 132
Mohrhof-Weihergebiet 131ff.
Mombacher Arm 32
Moorente 107, 112, 114, 140
Moos 12, 111f.
Moosburg 84, 152f.
Moosburger Rundweg 85
Moosburger Stausee 152f.
Moosen-Alm 190
Moosenkopf 190
Moosrundweg Nr. 5 180
Mooswand 210
Mornellregenpfeifer 55ff., 220
Mortkaute 27ff.
Mosel 56
Moseltal 51, 55
Mühlbach 222
Mühlheim 146
Mühlsturzhörner 209
Müllheim 90, 104
München 71, 130, 146, 153ff., 161, 164f., 183, 198, 205
Münsing 167.
Münsterlingen 120
Münstermaifeld 57
Muhr am See 134ff.
Mummelsee 65f.
Mure 12

Murmeltier 216
Murnau 180, 195
Murnauer Moos 130, 179ff.

Nachtigall 19, 27, 31, 33, 39, 42, 60, 77, 87f., 111, 115
Nachtreiher 121, 126, 139, 145, 150f.
Nahe 53
Nahemündung 29
Nahetal 50, 52f.
Nationalpark Berchtesgaden 204ff, 220
Nationalpark Berchtesgaden, Vorfeld 204ff.
Nationalpark Informationsstelle Königssee 215
Nationalpark Informationszentrum Wimbachhaus 211
Nationalparkverwaltung Berchtesgaden 218
Natura 2000 Gebiet 71
Naturpark Südschwarzwald 100
Naturschutzzentrum Eriskirch 121f.
Naturschutzzentrum Federsee 86
Naturschutzzentrum Mettnau 113f.
Naturschutzzentrum Möggingen 114f.
Naturschutzzentrum Ruhestein 65, 68f.
Naturschutzzentrum Südschwarzwald 100
Naturschutzzentrum Wollmatinger Ried 118
Nauheim 37, 57, 103
Nebelhorn 173, 176
Nebelhornbahn 173, 175f.
Nebelhorn-Gipfel 175
Neckar 102
Neckarhausen 53
Neckarrems 102
Neckarweihingen 102
Nerenstetten 79
Nesselbach 136
Neue Ammer 158
Neue Ammermündung 161f.
Neue Traunsteiner Hütte 208
Neuenburg 97
Neuer Rhein 126
Neues Fränkisches Seenland 135
Neufinsing 155
Neunkirchen 55
Neunkirchen, Hüttenpark 55
Neunkirchen-Sinnerthal 55
Neunkirchen-Wellesweiler, Industriegebiet 55
Neuntöter 17, 27, 30, 33, 36, 45, 70, 72, 74, 83, 88, 90, 92, 109, 111, 114, 121, 139, 181, 184, 218
Neuoffstein 44
Neustadt an der Weinstraße 47f.
Neutraubling 140
Neuwied 18
Nickenalpe, Mittlere 173f.
Nickenalpe, Untere 173f.
Niederachdorf 144

Register

Niederbexbach 55
Niederhausen 88f.
Niederlindach 132
Niedermotzing 139, 141f.
Niederrotweil 92f.
Niederstotzingen 78
Niederwald-Denkmal 28
Niederwalgen 57
Niederwalluf 27ff.
Niederwalluf-Schierstein, NSG 30
Nikolausberg 57
Nilgans 34, 39
Nittel 55
nördliche Kalkalpen 204
Nördliches Federseeried, NSG 86
Nordschwarzwald 50, 59, 63ff., 224
Notkarspitze 185
NSG Badberg und Haselschacher Buck 94
NSG Burg 21
NSG Großes Michelsried 35
NSG Hinter der Mortkaute 26, 30 f., 55
NSG Michelsried 36
NSG Niederwalluf-Schierstein 30
NSG Nördliches Federseeried 86
NSG Rheinholz 128
NSG Seeholz 158 f.
NSG Wagbachniederung 60
NSG Wollmatinger Ried-Untersee Gnadensee 117 ff.
Nürnberg 65
Nürtingen 76

Oberammergau 183 ff.
Oberau 184 ff, 217
Oberaudorf 221 f.
Oberbergen 92 ff.
Oberböhringen 76 f.
Oberdischingen 82
Obere Schwand-Alpe 169
Obere Stuiben-Alpe 171
Oberer Knappensee 19 ff.
Oberhausen 60, 89
Oberhausen-Rheinhausen 60
Oberjettenberg 206 f.
Obermotzing 141
Obernberg 146f. 149f.
Obernberg-Altheim 146
Oberrheinebene 101
Oberrotweil 92f.
Obersalzberg 217
Obersee 120, 214f.
Oberstdorf 167f., 175f.
Obertal 173
Obertraubling 140
Oberwalluf 27f.
Oberweimar 57
Ober-Widdersheim 20
Ochsenfurt 219
Ochsenstall 66
Ockenheim 27, 30
Öpfinger Stausee 82
Östlicher Wengenkopf 176
Oestrich 29
Oestrich-Winkel 27
Ofental 209, 211

Ofentalhörnl 209
Offenburg 88
Offingen 78
Oggelshausen 84ff.
Ohrentaucher 60, 115f, 120, 158, 163, 167, 197
Openau 65f.
Oppenheim 35
Orchideenweg 89
Ornithologische Gesellschaft in Bayern 12, 156
Ornithologischer Beobachterring Saar 12
Orpheusspötter 27ff., 54f., 97
Orscholz 56
Orschweier 88
Ortolan 126, 128
Oßweil 102
Osterfelder Kopf 189
Ostermühle 78
Osternach 203f.
Ostrach 173 f.
Ostsaarland, Mittleres 55
Oswald Haus 190
Ottenhöfen 64 f., 67
Ottmannsberg 137
Owen 70, 76

Pähl 161, 163
Palfenhörner 212
Papageien 53f.
Parkplatz Badloch 94
Parkplatz Schützenhaus 89
Passau 146
Pattonville 102
Pegelstand Bodensee 106f.
Pfaffensee 27
Pfannenholzer 174
Pfatter 140, 144
Pfeifente 34, 111f., 120, 138, 154, 158
Pflugfelden 102
Pfrühlmoos 185
Pfuhlschnepfe 125
Pfullingen 71
Philippsburg 60
Pilsensee 159
Pioniersee 18, 68
Pirol 27f., 33, 37, 39, 42, 73, 76f., 88, 114f., 115, 123, 129, 139, 146, 148, 158, 161, 197, 201
Plattenhof 35
Plattling 139f., 144
Pleinfeld 134ff.
Plochingen 70, 77
Plüderhausen 70
Polch 57
Polling 146
Ponten 170f., 221
Poppenweiler 102
Poppenwind 132f.
Potsdamer Platz 56
Prachttaucher 18, 120f., 134, 158, 163, 197
Prien 198f., 202, 204
Prienbach 147
Prienmündung 203
Prien-Osternach 204
Priesberg-Alm 216f.
Puchhof 140f.
Pumpstation Pfrühlmoos 185f.
Purpurreiher 39, 42, 59, 61, 87, 121, 126

Rabenfels 53
Radolfzell 111f., 114, 119
Radolfzeller Aach 111
Radolfzeller Aachmündung 107
Radolfzeller Aachried 111
Radweg Echzell 24
Raimartihof 99
Rain 141
Raisting 159, 162f.
Raistinger Wiesen 157, 162f.
Rallen 42, 152, 154, 199
Rallengraben 41
Rammingen 78f.
Ramsargebiet 26, 145, 163, 197
Ramsau 206, 208
Ramsauer Ache 205
Ramsberg 134, 137
Rappen-Alpe 177f.
Rappenalptal 176ff.
Raritäten 13
Raubseeschwalbe 125, 134, 139, 146, 152
Raubwürger 24, 34, 80, 83, 88, 125, 138, 158f., 163, 179, 194f.
Rauhfußbussard 134
Rauhfußkauz 63, 66, 68, 76, 97, 99f., 167, 183, 205, 214
Rebhuhn 80, 151
Rech 50
Regau 222
Regelsberg 137ff.
Regen-Alm 217
Regental 138
Rehenbühl 137
Reichelsheim 20, 23
Reichenauer Damm 119
Reichenbach i. T. 73
Reichersberg 146, 150f.
Reichersberger Au 145, 149ff.
Reiherente 106, 112, 117, 121, 140, 197, 206, 215
Reiseverbereitung im Internet 12ff.
Reiteralm 206ff.
Reitweg 216f.
Remseck 102
Remstal 74
Remstal, Mittleres 71
Renglischberg 56
Renksteg, Unterer 176
Rettenbach 78
Retterbergsaue 71
Reubel 210
Reutlingen 105
Rheinauenpfad 27
Rheindamm 127
Rheindelta, Vorarlberg 106, 120f., 124ff.
Rheindeltahaus 129
Rheingau 26ff.
Rheingaugebirge 27
Rheinhausen 88
Rheinholz, NSG 128
Rheinland-Pfalz 15ff.
Rheinspitz 126ff.
Rheintal 106
Rheinuferweg 18, 28, 30
Rhinau 88
Rhöndorf 50
Ried 12, 160f.

Ried, Bingenheimer 23f.
Riedbergerhorn 172
Riedberg-Pass 172
Riedboden 193
Riederau 159
Riedheim 79
Riedlingen 83
Riedsee 35ff.
Riedweg 24
Riedwiesen von Wächterstadt 33ff.
Riegel 92
Rimsting 203
Rimsting, Strandbad 203 f
Ringdrossel 59, 64, 66, 68, 97, 107, 167, 169, 170, 172f., 175, 183, 186, 190f., 205, 208, 210, 213f., 216, 221
Ringsheim 88
Rinken 99
Rochusberg 27
Römerberg 62
Römerstraße 56, 82
Römerweg 52
Röttenbach 131
Rohr 86
Rohrammer 159
Rohrbach 86
Rohrdommel 20, 40, 60, 87, 114, 117, 125, 158, 194, 201
Rohrsänger 42, 154
Rohrschwirl 37, 39, 60, 83, 111f., 114, 117f., 128, 144, 198, 201
Rohrsee 86
Rohrspitz 127f.
Rohrweihe 19, 24, 34, 37, 39, 60, 83, 86, 111f., 131, 133, 138, 142, 145, 149, 156, 158f., 194
Romanshorn 120
Rosenheim 221
Rosenhof 140
Rosensteinpark 54
Rossfeld 216
Rossfeldstraße 205, 217
Rosskopf 174, 188f.
Rosswank 186f.
Rostgans 111, 117, 121, 154
Rotach 123
Rotachmündung 121, 123
Rotdrossel 17, 34
Rotenfels 52
Rotfußfalke 60, 82, 86, 125, 128, 158, 163, 200f.
Rothalstaucher 22f., 60, 82, 158, 163, 165ff., 197, 120f., 134
Rothgrabenbrücke 201
Rothmühle 55
Rothsee 135, 138
Rotkehlpieper 78, 126, 128, 220
Rotkopfwürger 71, 88
Rotmilan 33, 39, 60, 74, 76, 83, 86, 70, 139, 157, 163
Rotschenkel 134
Rotttendorf 22
Rotweinwanderweg 50
Routen am Bodensee 107
Roxheim 42 f.
Roxheimer Altrhein 41ff.
Rudersberg 74
Rüber 56 f.
Ruederbomm 120
Rüdesheim 27ff., 53

Register

Rüdesheimer Aue 27f.
Rüdesheimer Berg 30
Rüdesheimer Rottland 28
Rüdesheimer Weinpfad 28
Ruhestein 66ff.
Ruhestein, Naturschutzzentrum 65
Ruhmannsfelden 140
Ruitsch 57
Rust 88f.
Rustenhart 97

Saalach 205ff.
Saar 56
SaarBirding 12
Saarburg 55f.
Saarland 15ff., 54f.
Saartal 55
Saatgans 19, 22, 24, 34, 40, 61, 82, 87, 134, 138, 157
Saatkrähe 90, 156, 158
Säbelschnäbler 125
Säger 30, 32, 136
Salching 140
Salet-Alm 215
Salzachmündung 145f.
Salzburg 198, 205, 218
Salzburger Zoo 204
Samtente 42, 60, 82, 111, 115f, 120f., 134, 140, 158, 164
Sandaue 30
Sanddelta 124, 126f.
Sanderling 125
Sankt Heinrich 164
Sasbach 92, 102
Saugasse 205
Saukopfbrücke 88
Schafalpenköpfe 177
Schaffhausen 109
Schafreiter 190
Schafstelze 225
Schafwaschen 203
Schafwaschener Bucht 197, 203
Schapbach 213
Schapbach-Alm 214
Schärding 146
Scharnitz 184
Scharrau 42
Scheiblhub 147
Schelingen 92, 94
Schellente 34, 87, 106, 112, 116, 120, 138, 140, 154, 156, 158, 194
Scheuer 142f.
Schierstein 27ff., 54
Schifferstadt 48
Schilfrohrsänger 37, 83, 131, 139f, 144, 198, 201, 203
Schiltorn 142
Schlagschwirl 139, 143, 146, 148
Schlangenadler 181
Schlappeswörth-Arm 35
Schlat 70, 73
Schlattan 187
Schlehdorf 195f.
Schleiloch 126f.
Schliffkopf 64f., 67f.
Schliffkopfhotel 68
Schliffkopfrundweg 68
Schloss 53
Schloss Reichardshausen 29f.
Schloßböckelheim 50, 52f.

Schlosspark Biebrich 54
Schlungenhof 135f.
Schmarotzerraubmöwe 126
Schmetterlingshafte 94
Schnait 73
Schnatterente 86, 106, 111f. 116, 120f., 138, 143, 154, 156
Schneeammer 126
Schneegans 154
Schneehase 217
Schneesperling 57, 108, 167, 175, 177, 183, 190, 192f., 205, 216f.
Schneibstein 216
Schneibsteinhaus 215ff.
Schneitzelreuth 206f.
Schönau 100, 206
Schönbuch 104
Schondorf am Ammersee 159
Schopflen, Ruine, Beobachtungsturm 118
Schorndorf 69ff., 74ff.
Schröcker Feld 56
Schützenhaus, Parkplatz 89
Schullandheim Wartaweil 161
Schurrsee 80f.
Schussen 123
Schussenbecken 101
Schussenmündung 121ff.
Schusterwörth 35ff.
Schwabach 135
Schwäbisch Gmünd 70, 74
Schwäbische Alb 101, 104
Schwand-Alpe 168
Schwanengans 39
Schwarzbach-Alm 208
Schwarzbachwacht 207f.
Schwarze Hütte 177f.
Schwarzenberg-Hütte 174
Schwarzhalstaucher 27, 30, 59, 81, 86, 106, 111f, 116f., 119ff., 128, 131, 133, 145, 152, 154, 156, 158, 163, 167, 194, 197, 202f.
Schwarzkehlchen 20, 27, 30, 33, 43, 47, 60, 77, 80, 83, 90, 92, 111, 121, 125, 128, 157, 163, 179, 181, 194, 196, 198, 201
Schwarzkopfmöwe 26, 59, 65, 121, 124f., 128, 133, 139, 141, 146, 149, 152, 154, 158, 161, 197
Schwarzkopf-Ruderente 154
Schwarzmilan 17, 28, 31, 33, 39, 60, 83, 86, 88, 114, 117f., 121, 133, 157, 163, 179, 194
Schwarzspecht 34, 39, 63, 74, 83, 88, 90, 104, 143, 146, 148, 151, 159, 169, 170, 173, 176, 182, 194, 207, 210ff., 221
Schwarzstorch 33, 40, 60, 134, 197
Schwarzwald 63ff., 97 ff., 220, 223f., 226
Schwarzwaldhochstraße 63f.
Schweich 55
Schwertlilie 121, 123
Seeadler 82, 87, 134, 145, 148, 197, 201
Seebach 65, 67
Seebruck 99, 197ff., 202
Seefeld 159

Seehalde, Untere 74
Seehof 203
Seeholz, NSG 158f.
Seekirch 84ff.
Seekopf 64f., 67f.
Seeleinsee 216
Seeregenpfeifer 125
Seeschwalben 17, 29, 123, 128, 136, 148, 161
Seeseiten, Yachthafen 167
Seeshaupt 164ff.
Seeshaupt, Yachthafen 166
Seetaucher 41, 106, 123, 160f., 163ff., 199f., 202
Seetaucherstrecke 107, 120f.
Seethal 199f.
Seewiesenesch 122f.
Seidenreiher 121, 125, 139, 143, 145, 148f.
Seinsbach 191
Seinsbachbrücke 190
Seltenheiten 13, 60, 77, 106, 117, 124, 132, 146
Sibirische Winterlibelle 180
Sichelstrandläufer 125
Silbermöwe 26, 123, 158, 162, 167
Silberreiher 20, 24, 27, 34, 42, 39, 59, 61, 77, 82, 87, 121, 125, 131, 133, 138, 143, 145, 149, 151f., 154, 156, 158, 161, 166, 194, 197
Silbersee 18, 34, 41ff.
Simbach 146f., 149
Singen 108ff., 116
Singen-Weststadt 109
Singschwan 82, 106, 117, 119, 121, 125, 128, 138, 201
Sinnerthal, Kläranlage 55
Sinzig 16
Smaragdeidechse 53, 94
Sonnenberg 185
Sonnenhof 35
Sontheim 78
Sonthofen 168ff., 172
Speicher-Hütte 177f.
Sperber 181, 214
Sperlingskauz 63, 66, 68, 97, 100, 167, 183, 189, 205, 207
Speyer 48, 61f.
Spießente 24, 34, 117, 138, 154ff., 158
Spirke 212
Spörerau 153
St. Bartholomä 215
St. Georgen 146
St. Heinrich, Badeplatz 166
St. Martin 103
St. Peter am Hart 147
St. Wilhelmer Hütte 99
St.Gallen 120
St.-Georg-Kircherl 180f.
St.-Michaelskapelle 47f.
Stadtfriedhof, Göppingen 71f.
Star 60
Starnberg 164f.
Starnberger Bahnhof 165
Starnberger See 130, 157, 163ff., 194
Staudach 148
Staudacher, Banngebiet 85
Staustufe Egglfing 148f.

Staustufe Ering 145, 147f.
Steig 12
Stein am Rhein 111f.
Steinadler 57, 107, 167, 170, 172f., 177, 182, 185, 193, 204, 206, 208, 210ff., 216
Steinbock 177, 216
Steinberg 169f.
Steinberg-Alpe 169f.
Steinberg-Gipfel 169f.
Steinernes Meer 214
Steinheim 20f., 76
Steinkauz 16., 25, 37, 90, 92, 101ff.
Steinmäuerle 68
Steinrötel 107f., 167, 178
Steinschmätzer 43, 56, 60, 64, 66, 68, 125, 128, 139, 163, 167, 175, 177f., 200
Steinsee 18
Steintalhörnl 209
Steinwälzer 125
Stellwand 184f., 223
Stelzenläufer 139, 149, 151
Steppenmöwe 26, 121, 123, 158, 162, 164, 167, 195
Sterntaucher 18, 82, 120f., 125, 134, 158, 163 ,197
Stift Reichersberg 151
Stillach 176f.
Stillachtal 176, 178
Stockacher Aachmündung 107, 115f.
Stockheim 137
Stöttham 202
Strandbad Rimsting 203f.
Straßkirchen 140
Straubing 139f.
Streifengans 39, 154
Streudorf 136
Streuobstwiesen bei Nauheim 37
Strichweiher 132f.
Strub-Alm 216f.
Stuben-Alm 213
Stubenberg 146
Stühlinger 103
Stuiben-Alpe, Mittlere 171
Stuiben-Alpe, Obere 171
Stuibenkopf 171
Stummellerche 13
Sturmmöwe 26, 158, 194
Stuttgart 54, 71f., 74, 83, 109
Stuttgart, Zoo 54
Südliches Federseeried 86
Südzuckerfabrik 43 f.
Süßen 70, 73
Sumpfohreule 34
Sumpfrohrsänger 123, 143, 200f.
Sumpfseeschwalben 128, 131, 148, 152, 154, 157, 197, 199, 202f.
Sylvensteinspeicher 190

Tafelente 37, 106, 111f., 117, 121, 140, 197
Tamm 102
Tannenhäher 63, 66, 68, 76, 98, 164, 167, 170, 179, 181f., 188, 205, 207f., 210, 212, 217

246 Register

Tannenmeise 64, 211
Tatzelwurm 221f.
Taubergießen 59, 87ff., 104
Teck, Burg 76
Teck, Westhang 76
Tegernheim 140
Teichrohrsänger 111f., 114, 117, 201
Teichwasserläufer 146, 149
Temminckstrandläufer 43, 125
Teufelsee 22 f.
Tiefenbach 76, 83ff.
Titisee 98, 100
Todtnau 98
Todtnauer Hütte 99
Trais-Horloff 20f.
Trauerschnäpper 33, 75, 82, 121, 146, 176, 212
Trauerseeschwalbe 17, 19, 26, 40, 59, 87, 125, 127, 134, 139, 144, 146, 156, 158
Traunreuth 201f.
Traunsteiner Hütte 207
Traunsteiner Hütte, Alte 208
Traunsteiner Hütte, Neue 208
Trebur 37
Treuchtlingen 135
Triel 97
Trier 55
Trift-Hütte 176ff.
Trimini 195
Tüpfelsumpfhuhn 40, 59, 77, 111, 117, 125, 131, 133f., 134, 139, 144f., 152, 179, 181, 197
Türsattel, 173
Turteltaube 33, 39, 60, 88, 91f., 96, 143
Tuttlingen 103
Tutzing 161, 164f.

Übelhorn 169
Überlinger See 116
Übersee 198
Überseer Bach 198
Ürzig, Bahnhof 55
Uferschnepfe 125, 128, 134, 139, 142
Uferschwalbe 23, 37, 39, 42
Uhu 34, 36, 51, 82, 91, 183, 194, 197
Ulm 59, 82
Umweltstation Altmühlsee 138
Uniklinikum Freiburg 103
Unterböhringen 70, 73
Unterbreitenlohe 137
Untere Biberalpe 176ff.
Untere Nickenalpe 173f.
Untere Seehalde 74
Unterer Hirschlauf 217
Unterer Inn 130, 145ff.
Unterer Knappensee 19ff.
Unterer Renksteg 176
Unteres Filstal 72
Unterjettenberg 206f.
Unterkirche-Alpe 170
Untersberg 204f.
Untersee 106, 117, 189
Unter-Widdersheim 20ff.
Urbach 70, 74
Urfahrn 203
Urmitzer Werth 17f.

Ursenwang 73
Utphe 20 ff.
Utting am Ammersee 159f.
Uttwil 120

Viecht 153
Vogelhäusle 118
Vogelinsel 134f.
Vogelskopf 65
Vogelwarte Radolfzell 113
Vogtsburg 94
Volksfestplatz Leipheim 79
Vorarlberger Rheindelta 107, 124ff.
Vordere Krumbachalpe 169 f.
Vorderfischen 162 f.
Vorderriss 190
Vorfeld Nationalpark Berchtesgaden 204 ff.
Vorwort 8 ff.
Vulkanpfad 110

Wachtel 33, 80, 83, 86, 125, 157, 179, 181, 201
Wachtelkönig 83f., 86, 130, 179, 181, 186, 194
Wachterlsteig 207
Wagbachniederung, NSG 59ff.
Waghäusel 59ff.
Walchensee 195f.
Wald 136
Waldbaumläufer 19, 34, 64, 210, 212f.
Waldheim Liederkranz Gingen 73
Waldkauz 34, 39
Waldl 218
Waldlaubsänger 19, 34, 67, 76, 83, 99, 159, 176, 194, 197, 206, 215, 218
Waldohreule 24, 39, 88
Waldschnepfe 48, 62f., 76, 97
Waldshut 103
Walhalla 140
Wallfahrtskirche Waghäusel 60f.
Wallgau 184
Wanderfalke 15, 17, 22, 24, 28, 34, 50, 60, 63, 66f., 76ff, 82, 92 ,97, 99, 109f., 133, 138, 158, 168ff., 182, 184, 190f., 204, 206, 215, 222
Wank 186ff.
Wankhütte 186
Wartaweil 157
Wartaweil, Schullandheim 161
Wasenweiler 92
Wasseramsel 47, 64, 70, 73, 176f., 183, 193ff., 198, 205f., 210, 212
Wasserfall-Alm 216
Wasserralle 24, 34, 37, 39, 43, 59, 61, 83, 87, 111f., 114f., 117, 121, 133, 139, 144f., 148, 152, 158, 194f., 197
Wattweiler 56
Watvögel 24, 43, 80, 117, 121, 123
Watzmann 206, 221

Watzmann-Nordflanke 212
Watzmann-Nordseite 204
Watzmannhaus 212f.
Watzmannkar 213f.
Webenheim 56
Webenheimer-Wattweiler Höhe 56
Weckesheim 20, 23
Wehr 19
Weilbach 146
Weilheim 161, 166
Weilheim an der Teck 70
Weisendorf 131
Weißbart-Seeschwalbe 59, 125, 127, 139, 146, 158
Weißenburg 134f.
Weißflügel-Seeschwalbe 125, 127, 146
Weißrückenspecht 167, 173, 176, 179, 182, 184, 188f., 191, 194, 197, 205, 207, 218, 220ff.
Weißstorch 20, 24, 31, 33, 40, 60, 83, 86, 91, 131f.
Weißwangengans 154
Weitschartenkopf, Großer 208
Weixerau 153
Welling 57
Welsches Loch 39ff.
Welzental 96
Welzheim 74
Welzheimer Wald 104
Wendehals 45, 47, 60, 69, 72f., 76, 88, 90, 93f.
Wendlingen am Neckar 70, 77
Weng 146
Wengenkopf 176
Wental 76
Wernau 70, 77
Wernauer Baggerseen 77
Wespenbussard 33, 39, 47, 60, 70, 88, 90, 96, 143, 179, 184, 194, 198, 204, 215, 218
Westernach 203f.
Westhang Teck 76
Westliche Karwendelspitze 191f., 223
Westlicher Wengenkopf 176
Westried 180
Westweg 68
Wetterau 23
Wettersteingebirge 182f.
Wetterwinkel 126ff.
Wiedehopf 47, 59, 90ff., 126, 128
Wiesach 169
Wiesbaden 29ff., 53
Wiesenfelden 140
Wiesenpieper 64, 66, 68, 83, 97, 99
Wiesenschafstelze 83, 86, 200, 226
Wiesenweihe 56f., 126, 219f.
Wiesmet 133f., 136
Wildsee 63, 65, 67, 68
Wilhelma 54
Willers-Alpe 170f.
Willersbach 169
Wimbach 205, 212
Wimbachbrücke 211f.
Wimbachgries 211

Wimbachgries-Hütte 212
Wimbachhaus 211
Wimbachklamm 212
Wimbachschloss 205, 212
Wimbachtal 205, 211f.
Winkel 27
Winkeler Aue 27ff.
Winkelwiesen-Alpe 170
Winningen 51f.
Wittenweiler 88
Wittibreut 146
Wittlicher Senke 55
Wölfersheim 23
Wörth 140
Wörthsee 159
Wolfsberg 202f.
Wollmatingen 117
Wollmatinger Ried 86, 107, 111, 117
Wollmatinger Ried-Untersee-Gnadsee, NSG 117
Worms 37, 39, 41, 43, 53
Würzburg 219f.
Wurzacher Ried 86
Wustbach 169
Wustbachtobel 168
Wyhl 92

Yachthafen Bernried 167
Yachthafen Seeseiten 167
Yachthafen Seeshaupt 166

Zastler Hütte 99
Zaunammer 47ff., 49ff., 109f.
Ziegenmelker 45, 47ff., 62
Zipfels-Alpe 170ff.
Zippammer 28, 49ff., 64, 66f., 109
Zirbelkiefer 210
Zirleseck 171
Zitronengirlitz 225
Zitronenzeisig 59, 64, 66, 68, 98f., 107, 167, 172f., 175, 182ff., 186, 190f., 205, 221, 223f., 226
Zollhaus Taubergießen 88f.
Zoologische Staatssammlung 156
Zugspitzbahn 223
Zugspitze 184, 188
Zugspitz-Zahnradbahn 188
Zweibrücken 56
Zweifelgehren-Alpe 168f.
Zwerenberg 71
Zwergdommel 59, 112, 117, 119, 125ff., 131, 145, 148
Zwerglibelle 180
Zwergmöwe 17, 26, 40, 59, 121, 125, 134, 152, 154, 156, 158, 160, 164, 166f., 197, 202
Zwergsäger 19, 22, 26, 34, 40, 42f., 60, 87, 111, 125, 134, 138, 140, 154, 156, 158
Zwergschnäpper 182, 184, 194, 197, 205f., 215, 218
Zwergschwan 121, 123, 125, 128
Zwergseeschwalbe 126
Zwergstrandläufer 43, 145
Zwergtaucher 22, 27, 34, 37, 43, 61, 115, 156

Impressum

Mit 127 Farbfotos von M. Delpho (1, S. 104), M. Göggelmann (1; S. 82), F. Hecker (1; S. 57), R. Jahn (2; S. 56, 219), K. Krätzel (1; S. 142), A. Limbrunner (1; S. 203), G. Moosrainer (1; S. 101), A. Schulz-Bernick (1; S. 181), Silvestris/Hecker (1; S. 510), G. Strakeljahn (1; S. 223), K. Weixler (4; S. 171, 173, 175, 177), G. Wendl (1; S. 224), K. Wothe (1; S. 221) und P. Zeininger (1; S. 220); alle anderen Fotos von den Autoren.

104 farbige Karten von Christoph Moning.

Umschlaggestaltung von eStudio Calamar unter Verwendung einer Aufnahme von Peter Zeininger. Das Bild zeigt einen Halsbandschnäpper.

Bibliographische Informationen
Der Deutschen Bibliothek

Die Deutsche Bibliothek verzeichnet diese Publikation in der Deutschen Nationalbibliografie; detaillierte bibliografische Daten sind im Internet unter http://dnb.dbb.de abrufbar.

Gedruckt auf chlorfrei gebleichtem Papier.

© 2005 Franckh-Kosmos Verlags GmbH & Co. KG, Stuttgart
Alle Rechte vorbehalten
ISBN-13: 978-3-440-10445-3
ISBN-10 3-440-10445-1
Lektorat: Rainer Gerstle
Produktion: Siegfried Fischer / Johannes Geyer
Printed in Italy / Imprimé en Italie

Informationen senden wir Ihnen gerne zu

Bücher · Kalender
Experimentierkästen · Kinder- und Erwachsenenspiele

Natur · Garten · Essen & Trinken
Astronomie · Hunde & Heimtiere
Pferde & Reiten · Tauchen
Angeln & Jagd · Golf
Eisenbahn & Nutzfahrzeuge
Kinderbücher

KOSMOS

Postfach 10 60 11
D-70049 Stuttgart
TELEFON +49 (0)711-2191-0
FAX +49 (0)711-2191-422
WEB www.kosmos.de
E-MAIL info@kosmos.de

Erstmals singende Vögel auf DVD!

Bergmann/Engländer
Die Kosmos Vogelstimmen-DVD
ca. 130 Filme (Laufzeit je ca. 1 Minute), Begleitbuch
€/D 29,90; €/A 30,80; sFr 50,20
ISBN 978-3-440-10280-0

- 100 heimische Vogelarten in 100 Filmen – mit Rufen und Gesängen in „schnabelsynchronem" Originalton!

- Abspielbar nach Lebensräumen, Verwandtschaftsgruppen oder alphabetischer Artenliste

- Ein Videowörterbuch erklärt Fachbegriffe aus der Vogelstimmenkunde in Bild und Ton

www.kosmos.de   Preisänderung vorbehalten